U0416853

“十三五”国家重点图书出版规划项目

自动驾驶技术系列丛书

自动驾驶

汽车平台技术基础

杨世春 肖赟 夏黎明 蒋晓琳 华旸 ◎ 编著

清華大學出版社

北京

内 容 简 介

自动驾驶汽车是指能够通过车载传感系统感知道路环境、自动规划行车路线并控制车辆到达预定目标的一种智能汽车。自动驾驶汽车集自动控制、体系结构、人工智能、视觉计算等众多技术于一体，是计算机科学、模式识别和智能控制技术高度发展的产物。本书对自动驾驶汽车研究与开发所涉及的平台技术进行了系统介绍，主要内容包括：自动驾驶汽车硬件平台、自动驾驶汽车软件平台、自动驾驶汽车开发平台、自动驾驶汽车软件计算框架和自动驾驶汽车辅助开发平台等。

本书可以作为高等院校车辆工程、交通工程专业在校学生的教材，也可供从事自动驾驶汽车相关行业的工程技术人员使用和参考。

图书在版编目(CIP)数据

自动驾驶汽车平台技术基础/杨世春等编著. —北京：清华大学出版社，2020.3（2025.1重印）
（自动驾驶技术系列丛书）
ISBN 978-7-302-54973-4

Ⅰ. ①自…　Ⅱ. ①杨…　Ⅲ. ①汽车驾驶—自动驾驶系统　Ⅳ. ①U463.61

中国版本图书馆 CIP 数据核字(2020)第 030564 号

责任编辑：黄　芝
封面设计：刘　键
责任校对：焦丽丽
责任印制：曹婉颖

出版发行：清华大学出版社
网　　址：https://www.tup.com.cn，https://www.wqxuetang.com
地　　址：北京清华大学学研大厦 A 座　　**邮　　编**：100084
社 总 机：010-83470000　　**邮　　购**：010-62786544
投稿与读者服务：010-62776969，c-service@tup.tsinghua.edu.cn
质量反馈：010-62772015，zhiliang@tup.tsinghua.edu.cn
课件下载：https://www.tup.com.cn，010-83470236
印 装 者：三河市龙大印装有限公司
经　　销：全国新华书店
开　　本：185mm×260mm　　**印　　张**：12　　**字　　数**：289 千字
版　　次：2020 年 6 月第 1 版　　**印　　次**：2025 年 1 月第 7 次印刷
印　　数：10201～11000
定　　价：59.80 元

产品编号：083011-01

丛书编写委员会

序言

随着我国汽车保有量的不断增加，伴随而来的道路交通事故频发、城市交通拥堵加剧和环境污染等一系列问题日益凸显，不仅给人们出行和城市发展乃至我国经济、社会和环境的可持续发展带来了严峻的挑战，也严重阻碍了我国汽车工业的持续健康发展。步入汽车社会不久的中国已经被交通安全、城市拥堵、大气污染、土地空间和能源短缺等诸多问题严重困扰，这些问题成为制约我国经济与社会发展、城镇化进程和汽车工业发展的主要因素。

以现代智能汽车为核心，基于人工智能、互联网、大数据和云计算技术，具有高度智能化的人、车、路、网、云和社会一体化的新型智能交通系统是解决这一矛盾的根本途径。通过对道路交通信息和车载环境感知信息的高度融合、大系统建模，实现对交通和汽车的动态实时规划，集成控制道路交通设施和汽车行驶，实现以安全、畅通、高效和绿色交通为目标的道路交通流量、流速和流向的最优化，智能汽车是其核心单元。

智能汽车是汽车电子信息化和智能化的现代高科技产物，是集环境感知、规划决策和控制执行等功能于一体的现代运载工具和移动信息处理平台，具有典型的多学科和跨学科特点，它既是传统技术的继承与发展，又是许多新兴科学技术应用的结晶。开展智能汽车从基础理论到关键技术的研究，特别是人工智能技术的应用，对于提升汽车技术、加强传统技术与现代电子信息和人工智能技术的深度融合具有十分重要的意义。这也是本丛书的出发点和立意所在。

汽车自动驾驶技术，以及未来与车联网结合实现的智能网联技术，高度融合了现代环境传感、信息处理、通信网络、运动控制等技术，以实现安全可靠的自动驾驶为目标。特别是近年来以深度学习为代表的人工智能技术，不仅成为引领这一轮科技革命和产业变革的战略性技术，而且在包括汽车自动驾驶在内的许多领域凸显其技术优势，为推动汽车自动驾驶技术的发展与大规模产业化奠定了关键的技术基础。深度学习通过构建多隐层模型，通过数据挖掘和海量数据处理，自动学习数据的特征、内在规律和表示层次，从而有效地解决汽车自动驾驶中许多复杂的模式识别难题。随着深度学习理论和算法的不断发展，可以预期许多新的技术还将不断涌现或完善，以提高深度学习的计算效率和识别或预测的准确性，从而为深度学习乃至人工智能技术在汽车自动驾驶领域的广泛且深入应用开辟更为广阔的应用前景。本丛书对此作了较为详尽的介绍，这也是其新颖之处。

百度作为一家具有过硬搜索技术的互联网公司，也在人工智能和无人驾驶等领域形成了具有重要国际影响力的技术优势。百度也是我国互联网造车势力中的重要代表力量，早在2013年就开始了无人驾驶汽车项目，近年来更是取得了世界瞩目的进展和成果。其开发的以开放性著称、面向汽车自动驾驶行业合作伙伴的软件平台Apollo就是一个典范，为合作伙伴提供技术领先、覆盖范围广、超高自动化水准的高精地图、海量数据仿真引擎、深度学习自动驾驶算法等。本丛书对Apollo平台的介绍着笔不少，相信对从事汽车自动驾驶领域研究与应用的读者会大有裨益。

这是一套共六册的关于汽车自动驾驶的系列丛书，由来自北京航空航天大学、百度等一批活跃在汽车自动驾驶理论研究与技术应用一线的中青年优秀学者和科研人员执笔撰写。它不仅涵盖的范围广泛，而且内容也十分丰富翔实。值得关注的是，它涉及的知识体系和应用领域已大大超越了传统的汽车领域，广泛地涵盖了电子信息、自动控制、计算机软硬件、无线通信、人工智能等在内的许多学科。它不仅是汽车自动驾驶的技术丛书，也是跨学科融合、多学科交叉的平台。这套丛书内容深入浅出、理论结合实践、叙述融合实例，各册彼此相对独立又相得益彰。作为教材或参考书，本丛书将为这个领域的教学与人才培养提供一个较好的选择，为刚步入智能驾驶世界的读者开启一扇大门，也为深耕智能驾驶领域的科研和工程技术人员提供一套有价值的技术参考资料。

邓伟文　北京航空航天大学交通科学与工程学院院长

前言

汽车产业是国民经济的战略性、支柱性产业，与人民群众生活密切相关。汽车是新技术应用的重要载体，随着信息通信、互联网、大数据、云计算、人工智能等新技术在汽车领域广泛应用，汽车正由人工操控的机械产品加速向智能化系统控制的智能产品转变，智能汽车已成为产业技术的战略制高点。发展自动驾驶汽车是解决汽车社会面临的交通安全、道路拥堵、能源消耗、环境污染等问题的重要手段。当前，业界对自动驾驶汽车的研发热情高涨，然而市面上缺少对自动驾驶汽车相关技术进行系统介绍的书籍。本书编者将多年从事自动驾驶汽车教学与科研的丰富经验梳理总结成册，对自动驾驶汽车研发涉及的关键技术平台进行了系统介绍。本书在编写过程中借鉴了同类书籍的优点，同时将自动驾驶汽车的最新研究成果与百度 Apollo 平台的最新技术吸收进来，因此本书具有较强的综合性和前沿性，有利于读者理解和掌握智能驾驶汽车最新的核心技术。

本书为高等院校车辆工程、交通工程专业的学生编写，同时也可供从事智能汽车技术研究的有关工程技术人员参考。全书共分为 6 章。第 1 章为自动驾驶汽车概述，包括自动驾驶汽车的行业发展现状及发展趋势；第 2 章介绍自动驾驶汽车硬件平台，包括自动驾驶汽车电子电气架构、感知系统、计算平台、线控系统、控制平台、通信总线及自动驾驶汽车机械设计相关内容；第 3 章介绍自动驾驶汽车软件平台，包括自动驾驶汽车软件架构、操作系统等内容；第 4 章介绍自动驾驶汽车开发平台，详细介绍了百度 Apollo 开发平台和 Autoware 开发平台，并对其他开发平台进行了简要介绍；第 5 章介绍自动驾驶汽车软件计算框架，简要介绍了机器人操作系统（ROS），并重点对 Apollo 平台计算框架——Cyber RT 进行了详细介绍；第 6 章介绍自动驾驶汽车辅助开发平台，包括典型的仿真平台和数据平台，并对百度 Apollo 仿真平台和数据平台的具体使用方式进行了介绍。

本书由北京航空航天大学联合百度公司共同编写，在编写过程中得到了来自北京航空航天大学和百度公司的多位专家、教师、学生的参与和支持，包括北京航空航天大学的曹耀光、华旸、马飞、梅鹏、陈昱伊、李强伟等，以及百度公司的鲍万宇、冯宗宝、路娜、毛继明、宋国、唐盈、辛建康（按姓氏拼音排列）等。谨在此向他们致以深切的谢意。

由于编写时间短、编者水平有限，加之经验不足，本书难免有疏漏之处，恳请各位同行和读者批评指正。

编　者

2019年8月

目录

第1章 自动驾驶汽车概述

1.1 自动驾驶汽车概念与分级

自动驾驶汽车是指能够通过车载传感系统感知道路环境、自动规划行车路线并控制车辆到达预定目标的一种智能汽车。自动驾驶汽车利用多种车载传感器完整感知车辆周围的动态环境信息，这些信息包括道路、车辆位置、其他车辆与行人、障碍物等，并控制车辆的转向和速度，从而使车辆能够安全、可靠地在道路上行驶。自动驾驶汽车集自动控制、体系结构、人工智能、视觉计算等众多技术于一体，是计算机科学、模式识别和智能控制技术高度发展的产物。自动驾驶汽车的技术架构与数据流向如图1.1所示。

1.1.1 SAE与NHTSA自动驾驶分级

自动驾驶技术的发展并非一蹴而就，从手动驾驶到完全自动驾驶，其间需要经历相当长的缓冲期。统一自动驾驶等级的概念对于这一发展过程具有非常重要的意义，它有助于消除人们对自动驾驶概念的混淆，实现对不同自动驾驶能力的区分和定义。

当前，全球汽车行业中两个最权威的分级系统由美国国家公路交通安全管理局(NHTSA)和国际自动化工程师协会(SAE)提出。2013年，美国国家公路交通安全管理局首次发布了自动驾驶汽车分级标准，将驾驶自动化的描述分为5个层级。2014年1月，SAE制定了J3016自动驾驶分级标准。把自动化的描述分为L0～L5这6个等级，以区分不同层次的自动驾驶技术之间的差异。

两个分级标准拥有一个共同之处，即自动驾驶汽车和非自动驾驶汽车之间存在一个关键区别，即汽车本身是否能控制一些关键的驾驶功能，例如转向、加速和制动。在对自动驾驶汽车的描述上，尽管两种标准中使用的语言略有不同，但都使用相同的分类系统。具体内容如表1.1所示。

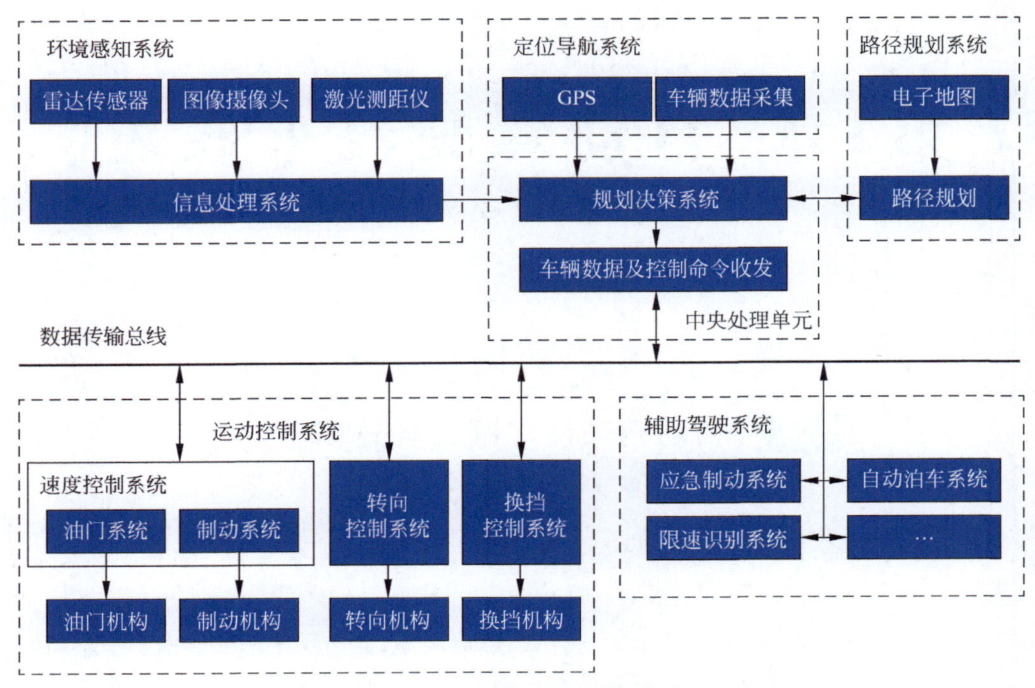

图 1.1 自动驾驶汽车技术架构

表 1.1 自动驾驶分级

自动驾驶分级		名称	定义	驾驶操作	周边监控	接管	应用场景
NHTSA	SAE						
L0	L0	人工驾驶	由人类驾驶员全权驾驶汽车	人类驾驶员	人类驾驶员	人类驾驶员	无
L1	L1	辅助驾驶	车辆对方向盘和加减速中的一项操作提供驾驶，人类驾驶员负责其余的驾驶动作	人类驾驶员和车辆	人类驾驶员	人类驾驶员	限定场景
L2	L2	部分自动驾驶	车辆对方向盘和加减速中的多项操作提供驾驶，人类驾驶员负责其余的驾驶动作	车辆	人类驾驶员	人类驾驶员	
L3	L3	条件自动驾驶	由车辆完成绝大部分驾驶操作，人类驾驶员需保持注意力集中以备不时之需	车辆	车辆	人类驾驶员	
L4	L4	高度自动驾驶	由车辆完成所有驾驶操作，人类驾驶员无须保持注意力，但限定道路和环境条件	车辆	车辆	车辆	
	L5	完全自动驾驶	由车辆完成所有驾驶操作，人类驾驶员无须保持注意力	车辆	车辆	车辆	所有场景

NHTSA 对于自动驾驶技术的分级包含如下所述的 5 个等级。

(1) L0：无自动化。没有任何自动驾驶功能、技术，驾驶员对汽车所有功能拥有绝对控制权。驾驶员需要负责启动、制动、操作和观察道路状况。任何驾驶辅助技术，只要仍需要人控制汽车,都属于L0。

(2) L1:单一功能自动驾驶。驾驶员仍然负责驾驶过程的绝对安全,但可以将一些控制权转移到系统管理,其中一些功能已经可以自动执行,例如自适应巡航控制(ACC)、紧急制动辅助(EBA)、车道保持支持(LKS)。

(3) L2:部分自动驾驶。驾驶员和车辆协同控制,驾驶员不能让手和脚同时离开对车辆的控制,仍需处于待命状态,负责驾驶安全,并在短时间内随时准备接管车辆的驾驶权。例如,结合ACC和LKS形成的跟车功能。该等级的核心不是车辆需要有两个以上的自动驾驶功能,而在于驾驶员已经不再是主要操纵管理者。

(4) L3:有条件的自动驾驶。即在有限的条件下实现自动控制,例如,在预先设定的路段(例如高速、低流量的城市路段)中,自动驾驶系统可以独立负责整个车辆的控制,然而,在特殊紧急情况下,驾驶员仍然需要接管,但系统需为驾驶员预留足够的警告时间。L3级别将解放驾驶员,无须随时监控道路状况,将驾驶安全主控权交给车辆自动驾驶系统。

(5) L4:完全自动驾驶,无须驾驶员的干预。在无须人协助的情况下由出发地驶向目的地。仅需起点和终点信息,汽车将全程负责行车安全,并完全不依赖驾驶员干涉。行车时可以无人乘坐(如无人货运车)。

SAE与NHTSA这两个分级标准的区别主要在于对完全自动驾驶级别的定义与划分。与NHTSA不同,SAE将其包含的L4级别再划分为L4和L5两个级别。SAE的这两个级别都可定义为完全自动驾驶,即车辆已经能够独立处理所有驾驶场景、完成全部驾驶操作,完全不需要驾驶员的接管或介入。这两个级别仍存在区别,L4级别的自动驾驶通常适用于城市道路或高速公路这类场景;而L5级别的要求更严苛,车辆必须在任何场景下做到完全自主驾驶。

SAE的分级是大多数政府和企业使用的标准。美国交通运输部在2016年9月发布关于自动化车辆的测试与部署政策指引时,明确将SAE International J3016标准确立为自动驾驶车辆定义的全球行业参照标准。在此之后,来自全球各地的多家企业单位都认可并效仿该标准,评定和研发自身的自动驾驶产品。

1.1.2 SAE分级的更新

随着汽车行业自动化系统技术的不断提升,为了更加正确地引导自动驾驶汽车行业的发展,SAE对参照标准进行了多次更新。2018年修订版SAE J3016TM《标准道路机动车驾驶自动化系统分类与定义》进一步细化了每个分级的描述。

SAE官方表示:SAE对部分或全部动态驾驶任务(Dynamic Driving Task,DDT)的机动车驾驶自动化系统进行了多次描述,为汽车行业提供了一个分类标准,其中包含6个级别的驾驶自动化的详细定义,从无驱动自动化(L0级)到全驱动自动化(L5级)及其在道路上的操作。该等级适用于装配车辆在任何给定路况的操作情况下进行的自动驾驶。虽然给定的车辆可以配备或提供在不同级别下执行的驾驶自动化系统,但在任何给定情况下展现出来的驾驶自动化的水平由一个或多个相应的技术状态和参数特征来决定。

SAE在更新版本的标准中,提出了动态驾驶任务,并依据动态驾驶任务的执行者和具体内容来定义自动驾驶处于的级别,并认为驾驶中有3个主要的参与者:用户、驾驶自动化系统以及其他车辆系统和组件。

在本次SAE版本中,诸如电子稳定控制和自动化紧急制动等主动安全系统,以及其他某些类型的驾驶员辅助系统(如车道保持辅助系统等),不在此次驾驶自动化分类标准的范围之内。原因是它们并不是部分或全部动态驾驶任务(DDT)的长期运行基础,它们仅在特殊情况下针对潜在的危险情况提供暂时性的短暂干预。由于主动安全系统动作的瞬时特性,其干预措施不会改变或消除驾驶员或自动驾驶程序正在执行的部分或全部动态驾驶任务(DDT),因此这些不在自动化驾驶的范围之内。

另外,SAE在本次更新中强调了防撞功能:包含干预型主动安全系统在内的防撞功能可以配置在具备有任何级别的行驶自动化系统的车辆中。对于执行完整DDT的自动驾驶系统(ADS)功能(即级别L3~L5),防撞功能是自动驾驶系统(ADS)功能的一部分。

1.1.3 中国自动驾驶分级

中国对自动驾驶的分级首次出现在《中国制造2025》重点领域技术路线图中,将汽车按智能化和网联化两个发展方向进行分级。与SAE自动驾驶分级基本保持对应,SAE-China将自动驾驶汽车分为DA、PA、CA、HA、FA 5个等级,考虑了中国道路交通情况的复杂性,加入了对应级别下智能系统能够适应的典型工况特征,如表1.2所示。

表1.2 中国自动驾驶汽车分级

智能化等级	等级名称	等级定义	控制	监视	失效应对	典型工况
人监控驾驶环境						
1	驾驶辅助(DA)	系统根据环境信息执行转向和加减速中的一项操作,其他驾驶操作都由人完成	人与系统	人	人	车道内正常行驶,高速公路无车道干涉路段,停车工况
2	部分自动驾驶(PA)	系统根据环境信息执行转向和加减速操作,其他驾驶操作都由人完成	人与系统	人	人	高速公路及市区无车道干涉路段,换道、环岛绕行、拥堵跟车等工况
自动驾驶系统监控驾驶环境						
3	有条件自动驾驶(CA)	系统完成所有驾驶操作,根据系统请求,驾驶人需要提供适当的干预	系统	系统	人	高速公路正常形式工况,市区无车道干涉路段
4	高度自动驾驶(HA)	系统完成所有驾驶操作,特定环境下系统会向驾驶员提出响应请求,驾驶人可以对系统请求不进行响应	系统	系统	系统	高速公路全部工况及市区有车道干涉路段
5	完全自动驾驶(FA)	系统可以完成驾驶人能够完成的所有道路下的操作,不需要驾驶人介入	系统	系统	系统	所有行驶工况

关于网联化等级，中国根据网联通信内容的区分将其进行了如表 1.3 的划分。

表 1.3 网联化等级

网联化等级	等级名称	等级定义	控制	典型信息	传输需求
1	网联辅助信息交互	基于车-路、车-后台通信，实现导航等辅助信息的获取以及车辆行驶与驾驶人操作等数据的上传	人	地图、交通流量、交通标志、油耗、里程等信息	传输实时性、可靠性要求较低
2	网联协同感知	基于车-车、车-路、车-人、车-后台通信，实时获取车辆周边交通环境信息，与车载传感器的感知信息融合，作为自车决策与控制系统的输入	人与系统	周边车辆/行人/非机动车位置、信号灯相位、道路预警等信息	传输实时性、可靠性要求较高
3	网联协同决策与控制	基于车-车、车-路、车-人、车-后台通信，实时并可靠获取车辆周边交通环境信息及车辆决策信息，车-车、车-路等各交通参与者之间信息进行交互融合，形成车-车、车-路等各交通参与者之间的协同决策与控制	人与系统	车-车、车-路间的协同控制信息	传输实时性、可靠性要求最高

1.2 自动驾驶汽车关键技术

自动驾驶汽车技术架构较为复杂，涉及了多领域的交叉互容，例如汽车、交通、通信等，基于自动驾驶相关的软硬件、辅助开发工具、行业标准等各方面关键问题，自动驾驶汽车关键技术可大体划分为以下几个部分。

(1) 环境感知技术：自动驾驶汽车需要对周围环境进行实时、高质量的信息获取，以计算机视觉为核心的图像处理技术、依赖车辆与周围物体空间物理交互(激光雷达、毫米波雷达、超声波雷达)的障碍物检测技术为汽车感知环境的基础技术，此外，多源信息融合也是环境感知技术中的关键与难点之一。

(2) 智能决策技术：智能决策系统是自动驾驶汽车行驶过程中的“指挥者”，涉及危险突发情况、优先级判别、场景特征考量、运动规划、人机实时交互等多方面的综合处理。

(3) 控制执行技术：基于汽车这一轮式机器人的结构与动力学特点，自动驾驶系统需要基于智能决策模块形成的目标行为与轨迹完成针对车辆横、纵向运动的精准实时控制，保证汽车行驶的安全性、可靠性是控制执行技术发展的目标。

(4) V2X 通信技术：包括车辆专用通信系统、实现车间信息共享与协同控制的通信保障机制、移动自组织网络技术、多模式通信融合技术等。

(5) 云平台与大数据技术：包括智能网联汽车云平台架构与数据交互标准、云操作系统、数据高效存储和检索技术、大数据的关联分析和深度挖掘技术等。

(6) 信息安全技术：包括汽车信息安全建模技术，数据存储、传输与应用三维度安全体系，汽车信息安全测试方法，信息安全漏洞应急响应机制等。

(7) 高精地图与高精度定位技术：包括高精地图数据模型与采集式样、交换格式和物理存储的标准化技术，基于北斗地基增强的高精度定位技术，多源辅助定位技术等。

(8) 标准法规：包括 ICV 整体标准体系，以及涉及汽车、交通、通信等各领域的关键技术标准。

(9) 测试评价：包括 ICV 测试评价方法与测试环境建设。

自动驾驶汽车关键技术框架与分层见图 1.2。

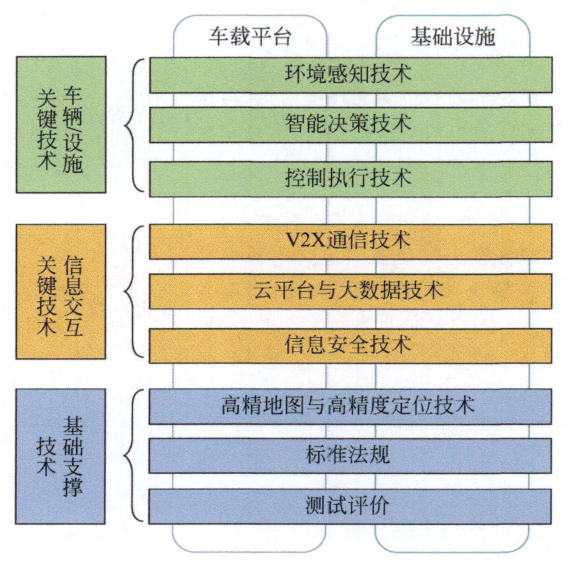

图 1.2 自动驾驶汽车关键技术框架

依据上面对自动驾驶关键技术的解析，自动驾驶汽车的核心体系又可分为感知系统、决策系统、执行系统 3 个层次，如图 1.3 所示。其产业链涉及汽车、电子、通信、互联网、交通等多个领域，按照产业链上下游关系主要包括以下厂商。

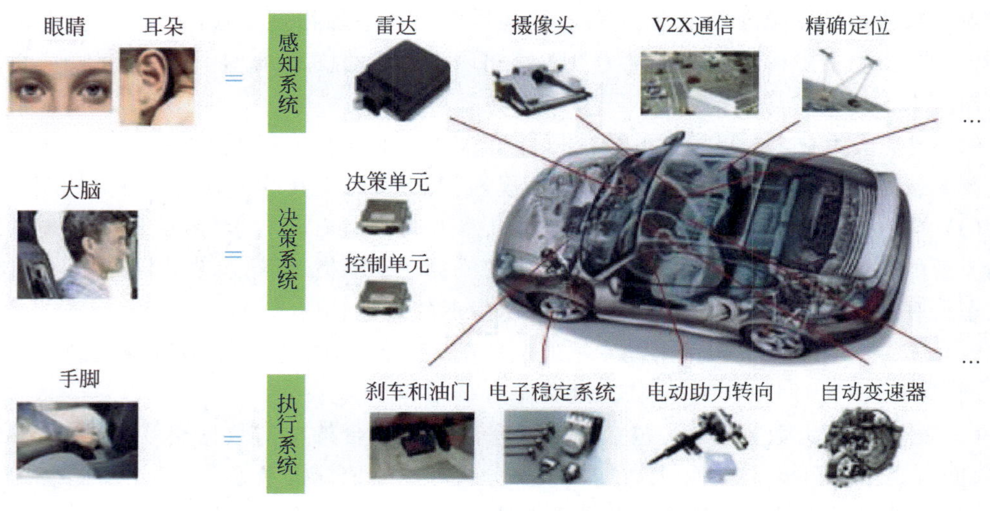

图 1.3 自动驾驶技术层级

（1）芯片厂商：开发和提供车规级芯片系统，包括环境感知系统芯片、车辆控制系统芯片、通信芯片等。

（2）传感器厂商：开发和供应先进的传感器系统，包括机器视觉系统、雷达系统（激光雷达、毫米波雷达、超声波雷达）等。

（3）汽车电子/通信系统供应商：能够提供智能驾驶技术研发和集成供应，如自动紧急制动、自适应巡航、V2X 通信系统、高精度定位系统等。

（4）整车企业：提出产品需求，提供智能汽车平台，开放车辆信息接口进行集成测试。

（5）平台开发与运营商：开发车联网服务平台，提供平台运营与数据挖掘分析服务。

（6）内容提供商：高精地图、信息服务等的供应商。

1.3　自动驾驶汽车发展现状

当前全球自动驾驶产业已迎来了快速发展的机遇。全球汽车销量经过数年的增速下降之后，在 2016 年迎来再次增速上升，但 2017 年增速又开始下降，全球汽车销量的增长空间已经明显不足，车企正积极寻求突破。

国外的特斯拉、谷歌等公司，国内的百度等公司针对无人驾驶相关测试都进行了大量投入，传统汽车企业如奔驰、宝马、奥迪、本田等厂商，其自动驾驶技术安全辅助驾驶系统、车载信息服务系统已相对成熟。得益于 V2X 通信技术、车载传感器技术、车辆线控技术逐渐发展和积累，自动驾驶前景受到了广泛的关注，其在市场中应用的热度也愈发高涨。

智能交通一直以来都是我国交通运输领域发展的前沿方向，自动驾驶技术逐步走向成熟的过程也为智能交通产业的发展带来了良机，大力促进了交通运输领域的产业革命。

我国政府对自动驾驶汽车技术的支持力度也日渐增加。“十二五”期间，国家 863 计划部署了对智能车路协同的关键技术的研发，在实际道路上进行了应用试验。具有自主知识产权的合作式智能运输系统、专用短程通信等一批国家标准，也在 2014 年正式发布。此外，工业和信息化部于 2015 年发布的《中国制造 2025》明确提出，我国要在 2025 年掌握自动驾驶的总体技术以及各项关键技术，建立起比较完善的智能网联汽车自主研发体系、生产配套体系以及产业群，要基本完成汽车产业的转型升级。

在政策和市场的共同作用下，我国的自动驾驶技术得到了迅猛发展。国内外对于自动驾驶技术研发进程的推进从未停止，相关技术的迭代与创新将让自动驾驶技术在不久的将来真正走进人们的日常生活，走进千家万户。

1.4　本章小结

本章简要介绍了自动驾驶汽车的基本概念、关键技术和全球总体发展趋势。自动驾驶产业正处在一个快速成长期，自动驾驶领域竞争激烈，主流的自动驾驶企业都在不断扩张自己的版图，各大软件平台、硬件平台技术的更迭与推进都印证着自动驾驶产业化时代的到来已经不再遥远。

参考文献

[1] 陈卓，等. 智能汽车决战2020[M]. 北京：北京理工大学出版社，2018.

[2] 刘少山，唐洁，吴双，等. 第一本无人驾驶技术书[M]. 北京：电子工业出版社，2017.

[3] 王泉. 从车联网到自动驾驶[M]. 北京：人民邮电出版社，2018.

[4] 2018年全球自动驾驶汽车行业市场发展趋势预测[EB/OL].（2018-04-25）[2019-04-06]. http://www.chyxx.com/industry/201804/634216.html.

[5] 英媒：首款真正自动驾驶汽车上路行驶[EB/OL].（2017-11-15）[2019-04-06]. http://www.cnii.com.cn/wlkb/rmydb/content/2017-11/15/content_2012784.html.

[6] 没什么存在感的欧洲，又要错过自动驾驶这场大变革吗？[EB/OL].（2018-12-10）[2019-04-06]. https://www.leiphone.com/news/201809/opIbIAKkTKCQWt5f.html.

[7] 日本自动驾驶汽车政策概述[EB/OL].（2018-10-30）[2019-04-06]. http://www.istis.sh.cn/list/list.aspx? id=11633.

[8] 真正控制自动驾驶汽车市场三大巨头，却如此的低调[EB/OL].（2017-06-21）[2019-04-06]. https://www.sohu.com/a/150811199_202311.

[9] 自动驾驶技术的发展历史：它究竟是从哪里开始的？又是如何发展的呢？[EB/OL].（2018-09-03）[2019-04-06]. http://m.elecfans.com/article/760433.html.

[10] 自动驾驶平台盘点[EB/OL].（2018-09-25）[2019-04-06]. https://mp.weixin.qq.com/s/K1pEvzyQLgcJm0suV908-g.

[11] 11家自动驾驶平台盘点[EB/OL].（2018-02-07）[2019-04-06]. https://mp.weixin.qq.com/s/Q4B_JbJZZq9YlNCrV3Cl9g.

[12] 最新自动驾驶分级标准SAE J3016详解[EB/OL].（2018-08-08）[2019-04-06]. https://www.sohu.com/a/245935078_560178.

[13] SAE更新自动驾驶分级[EB/OL].（2018-07-04）[2019-04-06]. https://www.sohu.com/a/239224891_492540.

[14] 国家制造强国建设战略咨询委员会.《中国制造2025》重点领域技术创新绿皮书[M]. 北京：电子工业出版社，2016.

[15] 智能网联汽车技术的发展现状及趋势[EB/OL].（2017-10-23）[2019-04-06]. https://mp.weixin.qq.com/s/uQVPqLbfsVNnvprGiCQB-Q.

[16] 自动驾驶汽车的分级标准，其对自动化的描述共有4个级别[EB/OL].（2018-07-10）. [2019-04-06]. http://www.elecfans.com/d/708369.html.

[17] 李克强，戴一凡，李升波，等. 智能网联汽车（ICV）技术的发展现状及趋势[J]. 汽车安全与节能学报，2017，8(01)：1-14.

[18] SAE自动驾驶分级标准自动化系统分类与定义重新修订的资料概述[EB/OL].（2018-07-10）[2019-04-06]. http://www.elecfans.com/d/708369.html.

[19] 过去自动驾驶技术分级遭吐槽？SAE刚刚将分级标准更新了[EB/OL].（2018-06-26）[2019-04-06]. http://www.cnhan.com/html/tech/20180626/829523.htm.

[20] SAE更新自动驾驶分级，主动安全系统不再影响分级[EB/OL].（2018-06-29）[2019-04-06]. http://tech.ce.cn/news/201806/29/t20180629_29570846.shtml.

[21] 无人驾驶的分级以及产品化后会带来的改善[EB/OL].（2017-05-24）[2019-04-06]. https://blog.csdn.net/broadview2006/article/details/72672984.

[22] 吴忠泽. 智能汽车发展的现状与挑战[J]. 时代汽车，2015(07)：42-45.

[23] 杨艳，高玉英. 智能网联产业链分析——激光雷达成关键部件[J]. 汽车与配件，2018(18)：56-61.

[24] 曹晓昂. 汽车能否更智能？[J]. 汽车纵横，2015(07)：32-33.

[25] 梁敏健. 智能车行车环境视觉感知关键技术研究[D]. 长安大学，2017.

[26] 韩中海. 复合工况下智能车辆的局部路径规划[D]. 重庆理工大学，2018.

[27] 环球老虎财经. 涨不停的新能源汽车之后买什么？自动驾驶！[EB/OL]. (2015-12-12)[2019-04-06]. http://blog.sina.com.cn/s/blog_bc94f18a0102wjen.html.

[28] 许凯. 高速行驶工况下智能车辆转向系统混杂控制研究[D]. 合肥工业大学，2018.

[29] 宋文芳，高妍. 百川归海 智创未来——百度自动驾驶汽车研发纪实[J]. 科技创新与品牌. 2016(01).

[30] 自主可控目标明确 2025 年形成新能源汽车完整产业链[EB/OL]. (2015-12-29)[2019-04-06]. http://www.chinaequip.gov.cn/2015-12/29/c_134961147.html.

[31] 节能与新能源汽车技术路线图战略咨询委员会，中国汽车工程学会. 节能与新能源汽车技术路线图[M]. 北京：机械工业出版社，2018.

第2章 自动驾驶汽车硬件平台

2.1 硬件平台概述

自动驾驶汽车利用计算机代替人类实现驾驶功能，这就需要在有人驾驶汽车的基础上增加感知定位系统、计算平台、控制执行系统等一系列能够实现车辆环境感知、决策与驾驶动作执行的系统。在车辆内部，为了辅助各系统的正常运行，通信总线、控制单元以及整车的电子电气架构都要进行相应的改进甚至重新设计。这些硬件系统共同构成了自动驾驶汽车的硬件平台，如图 2.1 所示。

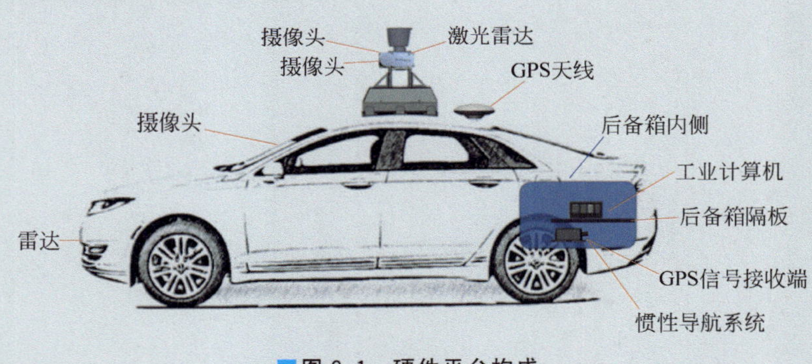

图 2.1 硬件平台构成

2.2 自动驾驶汽车电子电气架构

2.2.1 概念及发展趋势

“电气”即是与电相关的意思，可以作为定语形容所有与电相关的事物，例如电气系统、电气零件、电气功能等。“电子电气”其实可以用“电气”来替代，因为电子也是与电相关的，所以电气当然也包括电子。但目前在汽车行业内，电子电气架构已经成为约定俗成的叫法，因此正式名称为“电子电气架构”而不是“电气架构”。

电子电气架构是汽车电子电气系统的顶层设计，目的是在政策法规和设计指标等约束条件下，对功能、成本和装配等方面进行具体分析，得出最优的电子电气系统架构。随着平台化、模块化等开发理念在车辆开发过程中的应用，电子电气系统大多采用基于平台化规划，即构建利于复用、裁剪、扩展的电子电气架构，用于支撑目标市场的不同车型。

由于汽车配置复杂程度的增加，电子电气系统也变得越来越复杂。因此，其成本也越来越高，这就使得电子电气系统优化升级变得十分重要。由于以上原因，先进的电子电气架构(Electronic & Electrical Architecture，EEA)设计就应运而生，取代了传统的原始线束设计。

2.2.2 典型电子电气架构

随着电子电气技术的发展，为了达到体积更小、重量更轻、工作更可靠的目标，电子元件、连接器、线束等正在朝着小型化发展。同时，自动化制造工艺与装配技术的发展，提高了产品的可靠性、生产的灵活性，并使产品一次下线成为可能。由于越来越多的功能增加到汽车中，汽车的电子化程度不断提高。

汽车电子电气架构在宏观上概括为物理架构和逻辑架构的结合，但微观上实现是通过众多电子电器件的协同配合，或集成或分布式的系统级的电子电气架构。受到不断增长的市场需求(功能需求、行业特点)的影响，汽车电子电气架构平台的发展主要经历了以下 4 个阶段：关联式分布系统架构、联合式分布系统架构、联合式分布系统架构(升级过渡)以及综合式集权域系统架构，如图 2.2 所示。

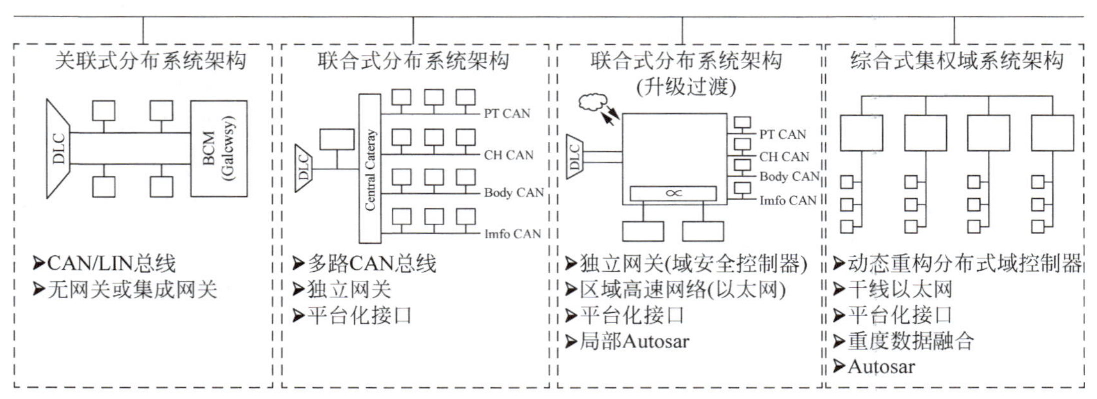

图 2.2 电子电气架构平台演变历程

关联式分布系统架构属于传统独立式子系统，各功能域之间进行弱连接。联合式分布系统架构是一种基础域控制器(电源模式、网络管理、防火墙等)，将整车各功能模块联合，来满足互联网汽车、自动驾驶辅助系统(ADAS)等功能。联合式分布系统架构(升级过渡)是一种区域强化域控制器，将传统子系统紧密连接起来，使自动驾驶车辆能够接入互联网。

2.2.3 电子电气架构发展趋势

随着激光雷达、毫米波雷达、摄像头等大量传感器的加入，汽车逐步走向智能化，而汽车电子电气架构从数据传输协议、自动驾驶系统的冗余性设计到软件框架都需要重新设计，以满足智能汽车的高数据传输量、人机交互功能以及智能驾驶安全性。对于整车企业来说，汽车电子电气架构改变带来的，并非仅仅是像零部件企业那样进行业务结构调整，还需要车企在产业链条中重新收拢一些曾经流失的控制权。

在传统的汽车电子架构中，车辆的电子电气部件大部分都是以硬线方式连接，或者局部以 LIN 和 CAN 协议的连接方式组成。这种方式会增加线束长度和重量，也会增加布线工艺和成本。有数据显示，一辆中高端车的线束系统成本为 550～650 美元，重量大约为 60kg，长度大约为 5000m；而按照原有电子电气架构，在自动驾驶时代需要的线束长度会更长。对于对续航和价格都高度敏感、同时在智能化浪潮中肩负更多数据传输压力的自动驾驶汽车来说，简化传统电子电气架构迫在眉睫。因此，在新型电动汽车的正向开发中，借助于芯片、电子元器件等成本下降，整车企业都在以车载以太网和域控制器为核心器件对汽车电子架构进行模块化设计。大幅度缩减线束长度，可以降低电线电阻，进而减少能量损耗，对于提升续航将会起到积极的作用。同时，安装 100m 线比安装 1500m 线更快速便捷，这也意味着汽车产能会快速提升，成本也将得到有效控制。

在传统的车身架构中，汽车主要以 CAN 协议传输数据，其 500Kb/s 的传输速率已无法满足未来智能化和数字化汽车的发展。为了满足未来自动驾驶汽车不断增加的数据处理要求，目前主要厂商正在研发中的可拓展型电子电气架构至关重要。

对电子电气架构的重要改进已经持续了 30 多年。回顾过去，汽车电子电气架构距今最近的一次真正变革出现在 1983 年：博世(Bosch)集团推出了 CAN(控制器局域网)协议。当时，首款采用 CAN 总线的车型为 1986 款 BMW860 轿跑。此后，CAN 总线一直在车辆的电子电气架构中发挥重要作用。作为一种集中式网络，CAN 总线可以广播车辆的全部数据流，允许车内的各种控制器和传感器相互沟通。

CAN 总线的出现改善了当时电子电气架构的效率与操作性。另外，这种总线还显著降低了系统的复杂度，而复杂度降低又意味着可以减少布线数量。在这种情况下，CAN 总线不仅可协助车辆实现最高减重 45kg，还能节约珍贵的安装空间。CAN 与 LAN(局域网)技术都非常稳定，可以让车辆的设计拥有更高的灵活度。虽然 CAN 网络已经承担很多功能，但由于未来车辆的传感器数据将比现在多很多，因此 CAN 总线也无法满足需求。除此之外，CAN 总线架构的带宽和吞吐量均相对有限，难以应对未来车辆在数据流处理、网络安全及“终极”机器学习方面的需求。

CAN 总线因为其传输数据的功能性将继续留在电子电气架构的子网中，不过与 CAN 总线相比，正在快速发展的以太网可以提供比前者高 1000 倍的带宽。该技术的稳定表现已经得到充分验证，几乎每个家庭、每台计算机都在使用以太网。正因如此，以太网开始更多在汽车主动安全等对速度与容量有较高要求的应用中发挥作用。未来，以太网将成为一种主要技术，与 CAN 总线并行工作。但因 CAN 总线的成本更低，对带宽要求不高，系统也无须升级到以太网络。此外，配合 CAN 总线使用时，为了使以太网总线不会被一些优先级不高的指令阻塞，可以让以太网单纯负责一些更关键的安全系统，然后将一些与驾乘舒适度有关的功能交给 CAN 总线处理。“CAN＋车载以太网”构成双主干网络总线架构，CAN 协议主要负责时效要求更高、数据量小的信息传输，而车载以太网则主要作用于不同的域之间，以实现数据量大的信息互通。

2.3 自动驾驶汽车感知系统

现有的车载传感器主要包括超声波雷达、激光雷达、毫米波雷达、车载摄像头、红外探头等。主流的自动驾驶感知平台以雷达和车载摄像头为主,并呈现多传感器融合发展的趋势。基于测量能力和环境适应性,预计雷达和车载摄像头会持续保持其感知平台霸主的地位,并不断地与多种传感器融合,发展出多种组合版本。

表2.1中给出了现有的多种传感器在远距离测量能力、分辨率、温度适应性等诸多自动驾驶关键特性上的性能表现,可见各种传感器各有优劣,无法在安装单一传感器的情况下完成对自动驾驶功能性与安全性的全面覆盖。这也显示了多传感器融合的必要性。因此,完备的自动驾驶系统应该是各个传感器之间借助各自所长相互融合、功能互补、互为备份、互为辅助。

表2.1 主流车载传感器性能对比

性　　能	激光雷达	毫米波雷达	摄像头	GPS/IMU
远距离测量能力	优	优	优	优
分辨率	良	优	优	优
低误报率	良	优	一般	优
温度适应性	优	优	优	优
不良天气适应性	较差	优	较差	优
灰尘/潮湿适应性	较差	优	较差	较差
低成本硬件	较差	优	优	良
低成本信号处理	较差	优	较差	良

2.3.1 激光雷达

激光雷达又称光学雷达(Light Detection And Ranging,LiDAR),是一种先进的光学遥感技术,它通过首先向目标发射一束激光,然后根据接收—反射的时间间隔确定目标物体的实际距离。同时结合这束激光的发射角度,利用基本的三角函数原理推导出目标的位置信息。由于激光具有能量密度高、方向性好的特点,激光雷达的探测距离往往能达到100m以上。与传统雷达使用不可见的无线电波不同,激光雷达的探测介质是激光射线,使用的波长集中在600～1000nm,远低于传统雷达的波长。又因为雷达具有波长越短探测精度越高的特点,故激光雷达可以用于测量物体距离和表面形状。激光雷达的精度可达厘米级。激光雷达在自动驾驶运用中拥有两个核心作用。

(1) 三维建模进行环境感知。通过激光扫描可以得到汽车周围环境的三维模型,运用相关算法比对上一帧和下一帧环境的变化可以较容易地探测出周围的车辆和行人。

(2) SLAM加强定位。三维激光雷达的另一大特性是同步建图(SLAM),实时得到全局地图。通过和高精地图中特征物的比对,可以实现导航及加强车辆定位精度等功能。

LiDAR以线数及距离两大因素为标准,价格从几百美元到几万美元不等。单线激光雷达的应用在国内已相对较广,像扫地机器人使用的便是单线激光雷达。单线激光雷达可以获取二维数据，但无法识别目标的高度信息，而多线激光雷达则可以识别 2.5 维甚至是三维数据，在精度上会比单线雷达高很多。目前，在国际市场上推出的主要有 4 线、8 线、16 线、32 线、64 线和 128 线。随着线数的提升，其识别的数据点也随之增加，所要处理的数据量也非常巨大。例如，Velodyne 的 HDL-32E 传感器每秒能扫描 70 万个数据点，而百度无人车和谷歌无人车配备的 Velodyne HDL-64E 通过 64 束的激光束进行垂直范围 26.8°、水平 360°的扫描，每秒能产生的数据点高达 130 万。Velodyne HDL-64E 激光雷达如图 2.3 所示，主要由上下两部分组成。每部分都发射 32 束的激光束，由两块 16 束的激光发射器组成，背部包括信号处理器和稳定装置。

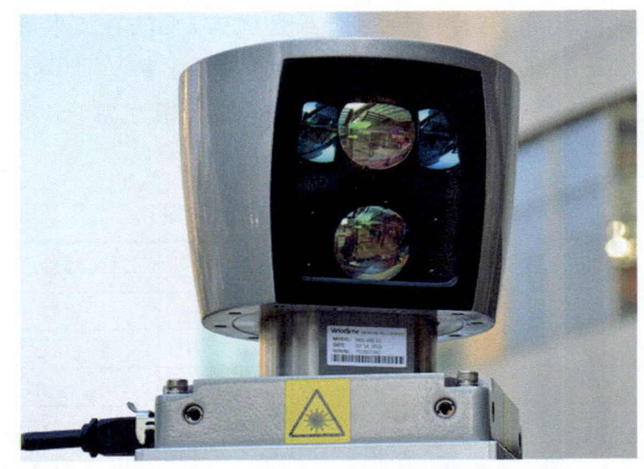

图 2.3 Velodyne HDL-64E 激光雷达

激光雷达的激光发射器线束越多，每秒采集的数据点就越多。线束越多就代表激光雷达的造价越昂贵，以 Velodyne 的产品为例，64 线束的激光雷达价格是 16 线束的 10 倍。谷歌无人车、百度无人车均使用的是高端配置的多线束雷达产品。Velodyne HDL-64E 激光雷达单个定制的成本在 8 万美元左右，如表 2.2 所示。目前，Velodyne 公司已经开发出了相对便宜的 LiDAR 传感器版本 HDL-32E 和 HDL-16E。其中 HDL-16E 由 16 束激光取代 64 束激光，支持 360°无盲区扫描，牺牲一定的数据规模，每秒只提供 30 万个数据点，但是售价仍高达 8000 美元，如表 2.2 所示。

表 2.2 Velodyne 激光雷达

参　　数	HDL-64E	HDL-32E	HDL-16E
价格	8 万美元左右	2 万美元	8000 美元
激光束数量	64	32	16
扫描范围	120m	100m	100m
精度	±2cm	±2cm	±2cm
数据频率	1 300 000 像素/秒	700 000 像素/秒	300 000 像素/秒
角度(垂直/水平)	26.8°/360°	40°/360°	30°/360°
功率	60W	12W	8W

激光雷达想在无人车上普及首先应该降低价格。有两种解决办法：其一是采用低线数雷达配合其他传感器，但需搭配拥有极高计算能力系统的无人车；其二是采用固态激光雷

达。现有旋转部件的激光雷达技术较为成熟，国外主流生产厂家为 Velodyne 和 Ibeo。Velodyne 采用激光发射、接收一起旋转的方式，产品涵盖 16/32/64 线；Ibeo 采用固定激光光源，通过内部玻璃片旋转的方式改变激光光束方向，实现多角度检测，产品涵盖 4/8 线。

激光雷达最贵的就是机械旋转部件，固态激光雷达无须旋转部件，采用电子设备替代，因而体积更小，方便集成在车身内部，系统可靠性提高，成本也可大幅降低。由于缺乏旋转部件，水平视角小于 180°，所以需要多个固态激光雷达组合在一起配合使用。

固态激光雷达目前处于样机研发阶段，一是来自 Quanergy 的固态(Solid State)激光雷达 S3，如图 2.4 所示。S3 采取相控阵技术，内部不存在任何旋转部件，仅为一盒名片大小，单个售价初步定在 250 美元，量产后可能降至 100 美元。二是由 Velodyne 与福特共同发布的混合固态激光雷达 VLP-16 PUCK，2020 年计划量产价为 500 美元，2025 年计划把成本控制在 200 美元以内。奥迪无人车 A7 Piloted Driving 就采用了 Ibeo 和 Valeo 合作的 Scala 混合固态激光雷达，在外观上看不到旋转部件，但内部仍靠机械旋转实现激光扫描。Quanergy、Velodyne、麻省理工学院等都在推进固态激光雷达的研发，其核心在于上游半导体工艺的突破，例如高功率和高波束质量的辐射源、高灵敏度接收技术、产品良品率等，如果这些关键指标获得突破，固态激光雷达的实用化有机会让成本下降至 100 美元。固态激光雷达产品由于采用电子方案去除了机械旋转部件，因此具有低成本(几百美元级别)和体积小、可集成至传统车辆外观中的特点。行业对固态雷达的出现仍处于观望态度，主要因为：首先，对成本是否能大幅下降抱有疑问；其次，激光特性在大雾等天气并不适用。

图 2.4 Quanergy S3 固态激光雷达

在自动驾驶领域，激光雷达是目前最有效的方案，被认为是最精准的自主感知手段，其有效感知范围超过 120m，而精度可以达到厘米级。但由于现阶段价格高昂，无法部署在量产车上，是目前最难以跨越的硬件门槛。多线激光雷达的成本下降将会显著加速自动驾驶汽车的量产。

2.3.2 摄像头

车载摄像头的工作原理是：首先采集图像，将图像转换为二维数据；然后，对采集的图像进行模式识别，通过图像匹配算法识别行驶过程中的车辆、行人、交通标志等；最后，依据目标物体的运动模式或使用双目定位技术，估算目标物体与本车的相对距离和相对速度。

相比其他传感器，自动驾驶车辆上配置的摄像头采集的数据量远大于 LiDAR 产生的数据量，可以获得最接近人眼获取的周围环境信息。同时，现今摄像头技术比较成熟，使用成本很低。但是，摄像头作为感知工具同样存在缺点。首先，基于视觉的感知技术受光线、天气影响较大，在恶劣天气和类似于隧道内的昏暗环境中其性能难以得到保障；其次，物体识别基于机器学习资料库，需要的训练样本很大，训练周期长，也难以识别非标准障碍物。此外，由于广角摄像头的边缘畸变，得到的距离准确度较低。

从应用方案出发，目前摄像头可划分为单目前视、单目后视、立体（双目）前视和环视摄像头 4 种，如表 2.3 所示。

表 2.3 4 种常用摄像头应用场景

摄像头类别	应用场景
单目前视摄像头	ACC、LDW、LKA、FCW、AEB、TSR、AP、PDS、DMS
单目后视摄像头	AP
立体前视摄像头	ACC、LDW、LKA、FCW、AEB、TSR、AP、PDS、DMS
环视摄像头	AP、SVC

单目前视摄像头一般安装在前挡风玻璃上部，用于探测车辆前方环境，识别道路、车辆、行人等。先通过图像匹配进行目标识别（各种车型、行人、物体等），再通过测量目标物体在图像中的大小估算目标距离。这要求对目标物体进行准确识别，然后建立并不断维护一个庞大的样本特征数据库，保证这个数据库包含待识别目标物体的全部特征数据。如果缺乏待识别目标物体的特征数据，就无法估算目标的距离，导致自动驾驶系统出错。因此，单目前视视觉方案的技术难点在于机器学习模型的智能程度或者模式识别的精度。

单目后视摄像头一般安装在车尾，用于探测车辆后方环境，技术难点在于如何适应各种恶劣环境。

立体（双目）前视摄像头通过对两幅图像视差的计算，直接对前方景物（图像所拍摄到的范围）进行距离测量，而无须判断前方出现的是什么类型的障碍物。依靠两个平行布置的摄像头产生的“视差”找到同一个物体所有的点，依赖精确的三角测距，就能够算出摄像头与前方障碍物的距离，实现更高的识别精度和更远的探测范围。使用这种方案，需要两个摄像头有较高的同步率和采样率，因此技术难点在于双目标定及双目定位。相比单目，双目的解决方案没有识别率的限制，无须先识别再测量；直接利用视差计算距离精度更高；无须维护样本数据库。双目摄像头的测距精度依赖两个摄像头的安装距离，对安装精度和设备刚性也有比较高的要求。在实际的使用过程中，在大部分常见障碍物测距上没有明显的优势。优势在于测距算法不依赖于检测算法，对障碍物类型不依赖。缺点在于处理规则性物体时容易出现错误。因为检测原理上的差异，双目视觉方案在距离测算上相比单目以及其他感知技术所需要的硬件及计算量的要求都上了一个新台阶，这也是双目视觉方案在应用时的一个难关。车载双目摄像头如图 2.5 所示。

环视摄像头一般至少包括 4 个摄像头，分别安装在车辆前、后、左、右侧，实现 360°环境感知，难点在于畸变还原与对接。

根据自动驾驶不同功能的需要，摄像头的安装位置也有不同，主要安装在前部、后部、侧

图 2.5 车载双目摄像头

方以及内置，如表 2.4 所示。实现(半)自动驾驶时全套自动驾驶辅助系统将需要安装 6 个以上摄像头。

表 2.4 摄像头安装位置

安装部位	摄像头类型	应用场景
前视	单目、双目	FCW、LDW、SR、ACC、PCW
环视	广角	全景泊车、LDW
后视	广角	后视泊车辅助
侧视	广角	盲眼检测、替代后视镜
内置	广角	闭眼提醒

前视摄像头一般采用 55°左右的镜头以得到较远的有效距离，双目摄像头需要装在两个位置，成本较单目摄像头贵 50%以上。前视摄像头可以实现车道偏离预警、车辆识别应用、车辆识别、行人识别、道路标识识别等 ADAS 主动安全的核心功能，未来将成为自动紧急制动(AEB)、自适应巡航(ACC)等主动控制功能的信号入口。这种摄像头安全等级较高，应用范围较广，是目前开发的热点。环视使用的是广角摄像头，通常在车四周装备 4 个，进行图像拼接以实现全景图，通过辅助算法可实现道路感知。后视采用广角或者鱼眼镜头，主要为倒车使用。侧视一般使用两个广角摄像头，完成盲点检测等工作，可代替后视镜；这一功能也可由超声波雷达替代。内置使用的同样是广角镜头，安装在车内后视镜处，完成在行驶过程中对驾驶员的闭眼提醒。

车载摄像头需要具备的首要特性是高速采集图像的能力，特别是在高速行驶场合，系统必须能记录关键驾驶状况、评估这种状况并实时启动相应措施。在 140km/h 的速度下，汽车每秒要移动接近 40m 的距离。为避免两次图像信息获取间隔期间自动驾驶的距离过长，要求车载摄像头具有最慢不低于 30f/s 的影像捕捉速率。在汽车制造商的规格中，甚至提出了 60f/s 和 120f/s 的要求。在功能上，车载摄像头需要在复杂的运动路况环境下保证采集到稳定的数据。具体要求如下。

(1) 高动态：在较暗环境及明暗差异较大时仍能实现识别，要求摄像头具有高动态的特性。

(2) 中低像素：为降低计算处理的负担，摄像头的像素并不需要非常高。目前 30 万～120 万像素已经能满足要求。前视摄像头为了实现远距离物体成像需要更高像素，200 万～

500万甚至更高像素已经成为发展趋势。

(3) 角度要求：对于环视和后视，一般采用135°以上的广角镜头，前置摄像头对视距要求更大，一般采用55°的范围。

同时，相比工业级与消费级摄像头，车载类型在安全级别上要求更高，尤其是对前置镜头的安全等级要求更高。主要体现如下。

(1) 温度要求：车载摄像头工作温度范围在−40～80℃。

(2) 防磁抗振：汽车启动时会产生极高的电磁脉冲，车载摄像头必须具备极高的防磁抗振能力以及极低的对外电磁辐射能力。

(3) 较长的寿命：车载摄像头的寿命要求至少满足8～10年的稳定工作。

2.3.3 毫米波雷达

毫米波雷达通过发射无线电信号(毫米波波段的电磁波)并接收反射信号来测定汽车车身周围的物理环境信息(如汽车与其他物体之间的相对距离、相对速度、角度等)，感知系统根据所探知的物体信息进行目标追踪和识别分类，进而结合车身动态信息进行数据融合，完成合理决策，降低事故发生概率。

毫米波的频段范围为30～300GHz，波长为1～10mm，介于厘米波和光波之间，因此毫米波兼有微波制导和光电制导的优点。雷达测量的是反射信号的频率转变，并计算其速度变化。毫米波雷达可以检测30～100m远的物体，高端的雷达能够检测到更远的物体。同时，毫米波雷达不易受天气状况限制，即使是雨雪天也能正常运作，穿透雾、烟、灰尘的能力强；具有全天候、全天时的工作特性，且探测距离远，探测精度高，被广泛应用于车载距离探测，如自适应巡航、碰撞预警、盲区探测等。

相比激光雷达，毫米波雷达精度低、可视范围角度偏小，一般需要多个雷达组合使用。毫米波雷达传输的是不可见的电磁波，因此它无法检测上过漆的木头或塑料，行人的反射波也较弱。同时，毫米波雷达对金属表面非常敏感，一个弯曲的金属表面会被误认为是一个面积很大的表面。因此，马路上的一个小小的易拉罐甚至也可能被毫米波雷达判断为很大的路障。此外，毫米波雷达在隧道里的效果同样不佳。

毫米波雷达的工作频段包括24GHz、60GHz、77GHz和79GHz等，主流工作频段为24GHz和77GHz，分别应用于中短距和中长距测量。相较24GHz，77GHz毫米波雷达对物体分辨的准确度可提高2～4倍，测速和测距精确度提高3～5倍，能检测行人和自行车，且设备体积更小，更便于在车辆上安装和部署。如表2.5所示，长距离雷达的侦测范围更广，可适配行驶速度更快的车辆，但是相应地探测精度下降，因此更适用于自适应巡航这类的应用。典型的长距离雷达有博世集团的一款产品，其探测前向距离为250m；典型的短距离雷达有大陆集团的一款产品，其探测距离为前向60m、后向20m。

表2.5 长距雷达与短距雷达主要参数对比

分类	长距雷达	短距雷达
探测距离/m	280	30/120
车速上限/(km/h)	250	150
精度	0.5m	厘米级
主要应用范围	自适应巡航	车辆环境监测

为完全实现自动驾驶辅助系统的各项功能，一般需要配置“1 长＋4 中短”一共 5 个毫米波雷达，目前全新奥迪 A4 采用的就是“1 长＋4 短”的 5 个毫米波雷达的配置。以自动跟车 ACC 功能为例，一般需要 3 个毫米波雷达。车正中间安装一个 77GHz 的长距离雷达(LRR)，探测距离为 150～250m，角度为 10°左右；车两侧各安装一个 24GHz 的中距离雷达(MRR)，角度都为 30°，探测距离为 50～70m。

电磁波频率越高，距离和速度的检测解析度越高，因此频段发展趋势是逐渐由 24GHz 向 77GHz 过渡的。1997 年，欧洲电信标准学会确认 76～77GHz 作为防撞雷达专用频道。早在 2005 年，原信息产业部发布《微功率(短距离)无线电设备的技术要求》，将 77GHz 划分给车辆测距雷达。2012 年，工业和信息化部进一步将 24GHz 划分给短距车载雷达业务。2015 年，日内瓦世界无线电通信大会将 77.5～78.0GHz 频段划分给无线电定位业务，以支持短距离高分辨率车载雷达的发展，从而使 76～81GHz 都可用于车载雷达，为全球车载毫米波雷达的频率统一指明了方向。最终，车载毫米波雷达将会统一于 77GHz 频段(76～81GHz)，该频段带宽更大、功率水平更高、探测距离更远。

2.3.4 导航定位系统

在任何驾驶条件下，自动驾驶车辆均依赖于两种信息：汽车位置和汽车行驶的速度，收集这些信息需要整合多种复杂技术，其中全球导航卫星系统(Global Navigation Satellite System，GNSS)起主要作用。当自动驾驶汽车拥有高精度的位置信息之后，就可以跟高精地图进行匹配，从而形成良好的导航功能。GNSS 系统也能为车载传感器的时间同步或者导航提供最基础的时空信息。

目前世界上著名的卫星导航系统有美国的全球定位系统(Global Positioning System，GPS)、俄罗斯的全球导航卫星系统(Global Navigation Satellite System，GLONASS)、中国的北斗卫星导航系统(Beidou Navigation Satellite System，BDS)以及欧盟伽利略(Galileo)系统。

1. GPS

GPS 是为了满足军事部门对高精度导航和定位的要求而由美国国防部建立的，能向陆海空三大领域提供实时、全天候和全球性的导航服务，并且能满足情报收集、核爆监测和应急通信等军事要求。

GPS 提供具有全球覆盖、全天时、全天候、连续性等优点的三维导航和定位能力，作为先进的测量、定位、导航和授时手段，除了在军事上起着举足轻重的作用，在国家安全、经济建设和民生发展的各个方面都扮演着重要角色。

GPS 由 3 部分构成，即空间卫星部分、地面监控部分和用户接收部分。空间卫星部分又称为空间段，21 颗 GPS 工作卫星和 3 颗在轨备用卫星构成完整的“21＋3”形式的 GPS 卫星工作星座。这种星座构型能满足在地球上任何地点、任何时刻均能观测到至少 4 颗几何关系较好的卫星来用于定位。地面监控部分又称为地面段，由分布在全球的一个主控站、3 个注入站和若干个监测站组成。用户接收部分又称为用户段，接收来自作为基础设施的空间段和地面段提供的导航、定位和授时服务，这些服务已广泛应用于各个领域。

2. GLONASS

GLONASS是苏联建设的导航系统，同样能够为陆海空的民用和军用提供全球范围内的实时、全天候的三维连续导航、定位和授时服务。GLONASS也由空间段、地面段、用户段三大部分组成，但与GPS相比，各部分的具体技术有较大的差异。空间段由24颗GLONASS卫星组成，其中有21颗正常工作卫星，3颗备份卫星。如果GLONASS星座完整，则可以满足在地球上任何地点任何时刻都能收到来自至少4颗卫星的信号，从而获取可靠的导航定位信息。地面监控部分包括系统控制中心和跟踪控制站网，这些跟踪控制站网分散在俄罗斯所有领土上。用户段能接收卫星发射的导航信号，从而获取需要的位置、速度和时间信息。

3. BDS

北斗卫星导航系统是中国正在实施的自主研发、独立运行的全球卫星导航系统，于2012年12月27日启动区域性导航定位与授时正式服务。由16颗导航卫星组成的北斗二号系统已向包括我国及周边地区在内的亚太大部分地区提供服务。截至2018年年底，北斗三号系统星座部署完成。2018年12月27日开始，北斗开始提供全球范围内的导航、定位与授时服务。

除了与上述导航系统提供的导航、定位和授时功能等相同的服务外，北斗卫星导航系统还具有一项特殊的功能，那就是短报文通信。从组成结构来看，该系统同样分为空间段、地面段和用户段。空间星座部分由5颗地球静止轨道(Geostationary Orbit，GEO)卫星和30颗非地球静止轨道(Nongeostationary Orbit，NON-GEO)卫星组成。"GEO＋MEO＋IGSO"的星座构型是北斗卫星导航系统的完整布局，MEO(Medium Earth Orbit)指中高度轨道，IGSO(Inclined Geosynchronous Satellite Orbit)指倾斜地球同步轨道。这种布局最大的优点则是同样保证了在地球上任意地点任意时刻均能接收来自4颗以上导航卫星发射的信号，观测条件良好的地区甚至可以接收到10余颗卫星的信号。地面段包括监测站、上行注入站、主控站。用户段组成及功能同前两个系统基本相同。

4. Galileo

Galileo卫星系统也是一个正在建设中的全球卫星导航系统，其目的是摆脱欧洲对美国全球定位系统的依赖，打破其垄断。该系统的基本服务免费，但要使用高精度定位服务需要付费。Galileo系统也分为空间段、地面段、用户段3大部分。空间段是由分布在3个轨道上的30颗MEO卫星构成，其中包括27颗工作星和3颗备份星。地面段由两个地面操控站、29个伽利略传感器达到站、5个S波段上行站和10个C波段上行站组成，传感器达到站及上行站均分布于全球。用户段则提供独立于其他卫星导航系统的5种基本服务。

除了以上4个全球卫星导航系统外，还有一些其他已完成或正在建设的区域性卫星导航系统，如日本的QZSS、印度的IRNSS等。

GPS能提供全球性、全天候的定位、授时信息，并且有长期精度高、误差不随时间累积的优点。但在复杂的动态环境，尤其是在大城市中，GPS信号容易受到高楼、高架桥、隧道等建筑物的遮挡和严重的多路径效应干扰，导致 GPS 定位信息容易产生米级甚至更大量级的误差。另外，由于 GPS 的更新频率低(10Hz)，在车辆快速行驶时很难给出精准的实时定位。单纯依赖 GPS 的导航很有可能导致交通事故。因此，GPS 通常辅助以惯性传感器(IMU)用来增强定位的精度。IMU 是测量加速度与角速度的高频(1kHz)传感器，惯性导航的优点是不依赖外界信息、抗干扰、数据更新频率高、短期精度高、能输出姿态信息等；但是，纯惯性导航的误差会随着导航时间的延长而迅速累积。

通过基于卡尔曼滤波的传感器融合技术，我们可以融合 GPS 与 IMU 数据。结合 GPS 的定位精度高、误差无积累的特点，与 IMU 的自主性和实时性的优点，一方面可以实现导航设备之间优势互补，增强系统动态适应的能力，并使整个系统获得优于局部系统的精度；另一方面可以提高空间和时间的覆盖范围，从而实现真正意义上的连续导航。因此，GPS/IMU 组合的优势有以下几点。

(1) 系统精度的提高。利用 GPS 的长期稳定性弥补 IMU 误差随时间累积的缺点。GPS/IMU 组合后的导航误差要比单独的 GPS 或单独的惯导系统可能达到的误差都小。

(2) 系统抗干扰能力的增强。利用 IMU 的短期高精度弥补 GPS 系统易受干扰、信号易失锁等缺点，同时借助 IMU 的姿态信息、角速度信息可进一步提高 GPS 系统快速捕获或重新锁定卫星信号的能力。

(3) 导航信息的补全。GPS/IMU 组合系统与单纯 GPS 相比，除了可以提供载体运动的三维位置和速度信息外，还可提供加速度、姿态和航向信息；GPS/IMU 组合系统可提供 100Hz 甚至高于 100Hz 的数据更新率。

IMU 惯性器件的标定技术由于加速度计、陀螺仪等惯性器件本身存在缺陷，会产生一些器件误差，如标度因数误差等。另外，在对 IMU 进行集成时，各个器件之间的非正交安装会引起交叉耦合误差。以上这些误差可以通过器件标定加以补偿，以达到提高其精度的目的。

2.4 自动驾驶汽车计算平台

2.4.1 计算平台概述

计算平台是计算机系统硬件与软件的设计和开发的基础。其具有一定的标准性和公开性，同时也决定了该计算机系统的硬件与软件的性能。硬件的基础是中央处理器(CPU)，软件的基础是操作系统。自动驾驶任务的复杂性，意味着开发人员需要兼顾软件和硬件的协同。当传感器接收信息后，数据继而被导入计算平台，由功能各异的芯片进行处理。因此，计算平台的选择会直接影响到自动驾驶系统的实时性和鲁棒性。工程师需要衡量的指标包括计算平台的性能、功耗和功能安全。为了保证自动驾驶的实时性，软件响应的最大延迟必须在可接受范围内，对计算资源的要求相应也变得极高。

自动驾驶系统的计算量随着传感器数据量和精度的提升而剧增，这使得开发者不得不重新思考对应的计算架构。众多企业提出了很多解决方案，但由于自动驾驶系统对于安全性、实时性等方面的要求，能被行业普遍接受的主要有以下几种。

2.4.2 计算平台方案

1. 基于 GPU 的计算平台

GPU(图形处理器)的多核心、高内存带宽等设计优点,意味着它在并行计算、浮点运算时的性能是 CPU 的数十倍甚至上百倍。特别是当人工智能在自动驾驶领域广为应用后,使用 GPU 运行深度学习模型,在本地或云端对目标物体进行切割、分类和检测,不仅花费的时间大幅缩减,也无须更多的数据处理设备支持,可以实现比 CPU 更高的应用处理效率。所以,凭借强大的计算能力以及对深度学习应用的有力支持,GPU 正逐渐成为自动驾驶技术开发的主流平台解决方案。

以 GPU 起家的 NVIDIA 公司,在 2016 年至 2018 年陆续发布了一系列针对深度学习的芯片,例如 2016 GTC 开发者大会上发布的 Tesla P100(如图 2.6 所示),以及后来推出的深度学习芯片 Tesla P4 和 Tesla P40。

图 2.6 NVIDIA Tesla P100 高性能 GPU 处理器

2. 基于 FPGA 的计算平台

FPGA 即现场可编程逻辑门阵列,是一种高性能、低功耗的可编程芯片,用户可以通过烧录 FPGA 配置文件来自定义芯片内部的电路连接,以实现特定功能。而且这种烧录是可擦写的,用户完全可以根据产品需求进行任意化功能配置。自 Xilinx 在 1984 年创造出 FPGA 以来,这种可编程逻辑器件凭借性能、开发时间、成本、稳定性和长期维护方面的优势,在通信、医疗、工控和安防等领域占有一席之地,在过去几年也有极高的应用增长率。目前业内 FPGA 供应商主要有 Xilinx、Altera(2015 年被英特尔公司收购)、Lattice、Actel 这 4 家公司。

对比 GPU 和 CPU,FPGA 的主要优势在于硬件配置灵活、能耗低、性能高以及可编程等,适合进行感知计算。目前出现的针对编程的软件平台,进一步降低了开发人员的应用门槛,使 FPGA 在自动驾驶感知技术领域的应用更广。以 2017 年 7 月上市的奥迪 A8 为例,这款主打人工智能概念的车型搭载了量产版的 NAS 多域控制平台,其中由 Altera 提供的 Cyclone V SoC(图 2.7)就是基于 FPGA 技术打造的视觉解决方案,针对传感器融合应用做了优化,可以实时高效地完成对目标物体的检测。

不过 FPGA 产品本身迭代比较慢,四年才会产生新一代的产品,所以它无法满足自动驾驶技术高速发展的需求。此外,当开发者对门阵列和内存的需求比较大时,FPGA 的成本也会变得比较高。

图 2.7 Cyclone V SoC 多域控制平台

3. 基于 DSP 的计算平台

DSP(Digital Signal Processor)芯片，也称为数字信号处理器，是一种特别适合进行数字信号处理运算的微处理器，其主要应用是实时快速地实现各种数字信号处理算法。在其设计方案中，DSP 的数据和地址总线分开，允许取出和执行指令完全重叠，执行上一条指令的同时可取出下一条指令进行译码，大幅提升了微处理器的运行速度。此外，DSP 的架构设计特点使其在数学运算和数据处理方面有不错的表现，因此在时间关键型应用中，DSP 超过通用处理器的强大数据处理能力和高运行速度是其两大优势，这也奠定了它在自动驾驶应用中的基础。

知名芯片供应商美国德州仪器公司(Texas Instruments, TI)是 DSP 解决方案的拥护者。它面向自动驾驶辅助系统(ADAS)及自动驾驶技术领域推出了 TDA2x 汽车系统级芯片(System on Chip, SoC)系列。TDA2x 在低功耗封装中将高性能、视觉分析、视频、图形以及通用处理内核进行结合，可实现包括前置摄像环绕视图以及传感器融合在内的 ADAS 应用。此外，德州仪器开发的 Vision Celeration Pac 还可补充 TMS320C66x 数字信号处理器系列内核，让更多 ADAS 算法同步运行。TI TDA2x 还可作为融合雷达与摄像机传感器数据的中央处理器，帮助做出更稳健的 ADAS 决策。

值得一提的是，DSP IP 平台授权厂商 CEVA 公司发布了第四代图像和计算机视觉处理器 IP 产品 CEVA-XM4。这个新 IP 可以支持实时三维深度图生成和用于三维扫描的点云(Point Cloud)数据处理，单个 CEVA-XM4 内核可以完成典型的“目标检测与跟踪”用例，功耗大约只有现今最先进 CPU 簇的 10%，芯片面积只有现今最先进 CPU 簇的 5%。

4. 基于 ASIC 的计算平台

ASIC 即专用集成电路，是为某种特定需求而专门定制的芯片。一旦设计制造完成，内部的电路和算法就固定了，无法再改变。它的优势在于体积小、功耗低、计算性能和计算效率高，并且芯片出货量越大成本越低。

FPGA 和 ASIC 的区别，类似于用乐高积木搭建和去工厂开模定制生产的区别。FPGA 上市速度快，一次性投入小，用户不需要介入芯片的布局布线和工艺问题，可以随时改变其逻辑功能，但性能差一些，量产后成本降不下来；ASIC 芯片需要开模生产，流片成本很高，设计固化后不可更改，研发费时，上市速度慢，前期投入很高，但是性能优越，一旦量产单片成本就会很低。半导体业界无数的实例表明，FPGA 往往是定制化 ASIC 的前哨站，一旦某个应用的量足够大，定制化就会变得更经济。

图 2.8 Mobileye 生产的 EyeQ5 芯片

目前比较知名的应用 ASIC 技术开发自动驾驶相关芯片的厂商是 Mobileye，英特尔公司已经于 2017 年完成对 Mobileye 的收购。它的下一代视觉 SoC 芯片 EyeQ5 见图 2.8，装备有 4 种异构的全编程加速器，分别对专有算法进行优化，包括计算机视觉、信号处理和机器学习等。这种加速器架构尝试为每一个计算任务适配最合适的计算单元，硬件资源的多样性使应用程序能够节省计算时间并提高计算效能。

此外，同样被英特尔公司收入麾下的 Nervana 也属于 ASIC 芯片供应商。加入英特尔之后，其计划推出的面向深度学习应用的定制芯片 Nervana Engine 比 CPU 在深度学习训练上能多发挥 10 倍的性能。

以往，处理器都是作为标准平台提供给业界，软件工程师拼命优化编译器、代码、任务调度等来达到更高的性能表现。但是，这在现阶段已经无法满足产品快速上市的要求。新的自动驾驶计算平台，实际上是应算法和软件的需求而诞生的。例如，为了更好地支持深度卷积神经网络极大规模的矩阵运算，需要考虑如何使用二值化方法来降低对于硬件乘法器的需求等。而为了满足功能安全的需求，需要硬件级别的虚拟化，这就要求处理器架构设计方面考虑多核、VMM、设备 I/O 请求管理等。最终能否提供同时满足经济性和性能要求的计算平台，是自动驾驶汽车从样车转向量产车的关键因素之一。

2.5 车辆线控系统

2.5.1 概述

车辆线控技术指用电子信号代替由机械、液压或气动的系统连接的部分，如换挡连杆、节气门拉线、转向器传动机构、制动油路等。它的出现不仅改变了系统连接方式，还包括了操纵机构和操纵方式的变化，以及促进执行机构的电气化。车辆线控系统的实现意味着汽车由机械到电子系统的转变。线控技术要求网络的实时性好、可靠性高，而且一些线控部分要求功能实现冗余，以保证在发生一定的故障时仍可实现这个装置的基本功能。

自动驾驶车辆的路径规划等驾驶决策是由传感器根据实际的道路交通情况识别进而得出的，决策的执行都是通过电信号，这就需要对传统汽车的底盘进行线控改造以适用于自动驾驶。自动驾驶车辆线控底盘主要包含5大系统，分别为线控转向、线控制动、线控换挡、线控节气门、线控悬挂，如图2.9所示。线控节气门、线控换挡、线控转向和线控制动都是面向自动驾驶执行端方向最核心的产品，其中又以制动技术难度更高。

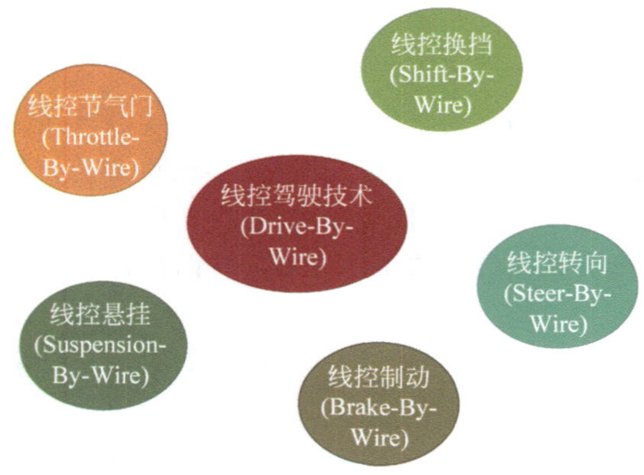

图2.9 自动驾驶车辆线控底盘构成

2.5.2 线控节气门

线控节气门指通过用线束来代替拉索或者拉杆，在节气门部位装一只微型电动机，用电动机驱动节气门开合。线控节气门主要由加速踏板、踏板位移传感器、ECU(电控单元)、CAN总线、伺服电动机和节气门执行机构组成，如图2.10所示。

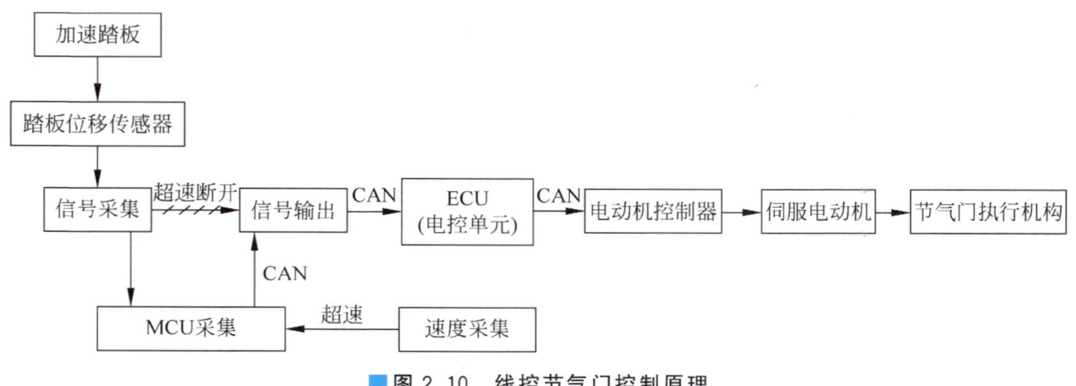

图2.10 线控节气门控制原理

当前线控节气门或电子节气门技术已经成熟。针对传统燃油车，线控节气门现在基本是标准配置，混合动力和电动汽车中都是线控节气门，基本不需要换挡，若有也会是线控。线控节气门系统经过多年的发展，已经不是最初的电动机控制节气门概念了，而逐渐发展成为根据加速踏板的位置，由ECU决定节气门的开合大小以及喷油量、喷油时间间隔，其核心技术在于踏板位置信号的实时性和喷油量、喷油时间的精确控制。

2.5.3 线控换挡

线控换挡技术是将传统的机械手动挡位改为手柄、拨杆、转盘、按钮等电子信号输出的方式。线控换挡对燃油车自动变速器的控制方式不会改变，技术难度小，该技术对自动驾驶影响不大。线控换挡技术已经发展得非常成熟，随着自动驾驶汽车技术逐步落地，将会是未来整车的标准配置。

2.5.4 线控转向

线控转向是指取消方向盘与转向车轮之间的机械连接，采用电信号控制车轮转向，可以自由设计汽车转向系统角传递特性和力传递特性，实现许多传统转向系统不具备的功能。线控转向系统主要由方向盘总成、转向执行总成、线控转向系统控制器等组成，如图 2.11 所示。目前研究较多的为含有机械齿轮齿条转向器的转向执行总成。

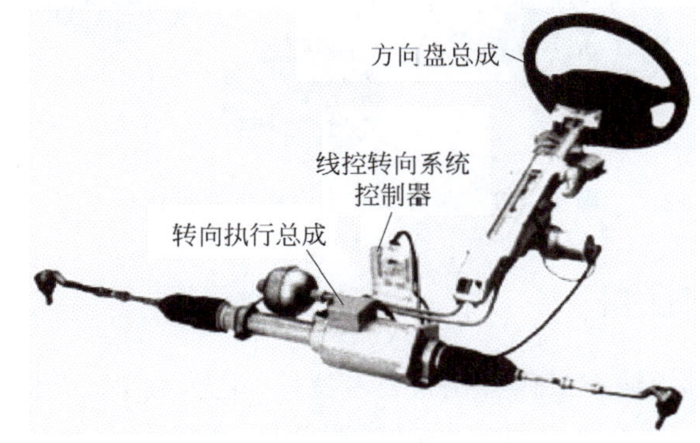

图 2.11 线控转向系统

线控转向系统的工作原理是，驾驶者操纵方向盘，系统控制器采集方向盘转角、车速和横摆角速度等传感器信号，通过预先设置的控制策略对汽车转向运动进行控制，同时路感模拟系统根据汽车不同行驶工况对路感进行模拟并反馈给驾驶人。

传统方向盘可以由操纵杆、按钮和开关等部件代替。为了减少驾驶者操控装有线控转向系统汽车的不适感，目前绝大多数线控转向总成中仍保留了方向盘组件。由于没有了机械连接，车轮转向由传统的驾驶者控制改变为电或液压驱动系统控制；考虑到系统的安全性，有的线控转向系统同时具有两套驱动系统，如采用双电机或者电液复合硬件冗余控制系统，以便于其中一套驱动系统发生故障时可以及时采用备用驱动系统，保证汽车基本转向功能。对于四轮独立转向电动车可采用 4 个转向电机直接独立控制各个车轮转向。

2.5.5 线控制动

线控制动是指采用电线取代部分或全部制动管路，通过控制器操纵电控元件来控制制动力大小。线控制动系统由制动踏板模块、车轮制动作动器、制动控制器等部分组成。制动踏板模块包括制动踏板、踏板行程传感器、踏板力感模拟器。踏板行程传感器通过检测驾驶者的制动意图并将其传递给制动控制器，控制器综合纵向/横向加速度传感器、横摆角速度传感器等信号进行计算，并控制车轮制动作动器快速而精确地提供所需的制动压力，同时制动踏板模块接收控制器送来的信号，控制踏板力感模拟器产生力感，以提供给驾驶人相应的踏感信息。

线控制动系统主要分为电子驻车制动系统(Electronic Porking Brake,EPB)、电液线控制动系统(Electronic Hydraulic Brake,EHB)和电子机械制动系统(Electro-Mechanical Brake,EMB)等类型。

其中,EMB为完全线控制动系统,由于成本及可靠性等问题,还没有用于量产车。EHB系统由于具有可以精确地独立控制各个轮缸压力,系统响应快,通过控制算法可以方便地实现再生制动,并与其他如制动防抱死系统(Anti-lock Brake System,ABS)、电子稳定性控制系统(Electronic Stability Program,ESP)等功能结合,提高车辆制动稳定性,且使能量回收最大化等优点,在量产汽车上已得到实际应用。采用EHB实现再生制动的典型车型是丰田Prius,该车是迄今产销量最大的一款混合动力汽车。图2.12为EHB线控制动系统主要组成单元。

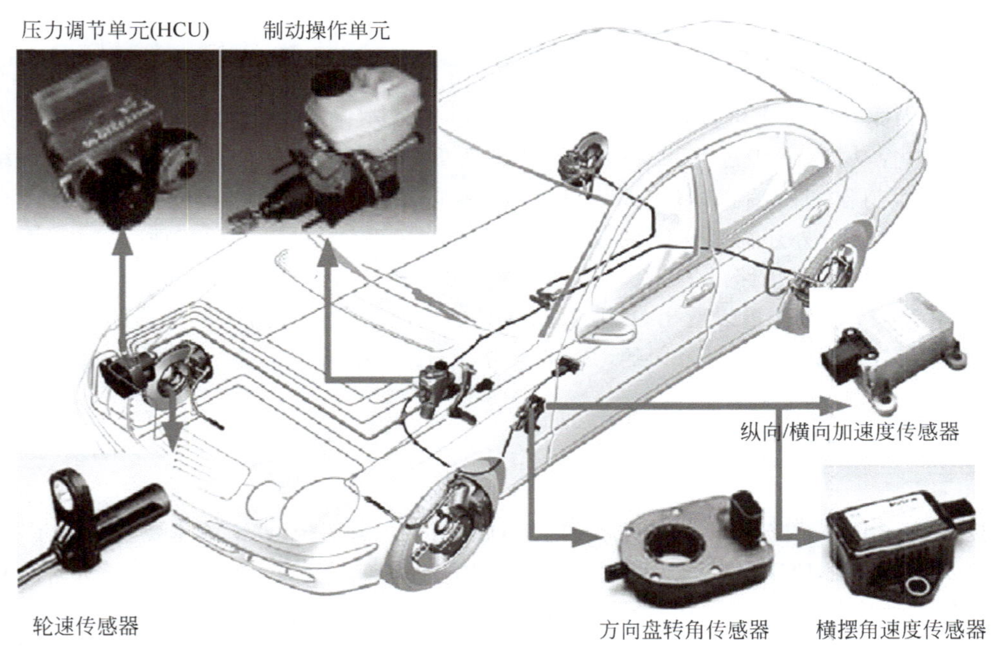

图2.12 EHB线控制动系统

自动驾驶车辆对于制动系统的响应速度和可靠性有着很高的要求,所以目前应用较多的线控制动系统主要为EHB和EMB。其主要区别在于制动力的来源,EHB是由液压蓄能器来提供制动压力,而EMB是由电动机来提供制动压力。也正因为制动压力来源不同,这两种方式各有优劣。

EHB采用液压蓄能器来提供压力,可以连续多次提供制动压力,与传统制动系统相比,液压制动阀的安装位置更加灵活,安装在靠近制动器位置时,可以缩短管路,减少液压阀的使用,避免过长管路带来的额外消耗,也可以让操作更加便利。同时,因为与传统制动结构相差不大,不需要重新进行系统设计,也没有新增部件,因此在紧急状态下,可以直接向前轮施加制动压力,不需要备用系统。

EMB系统的工作原理如图2.13所示。EMB使用电动机来提供制动力,相比传统的液压制动系统,电信号响应速度更快,制动性能会得到优化,结构会有所简化,省去复杂的液压

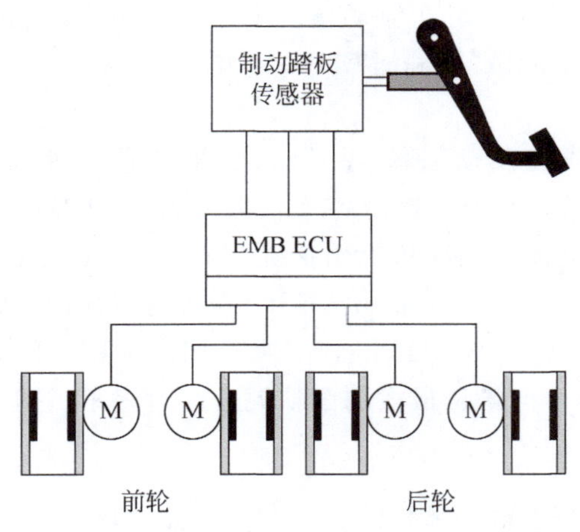

图 2.13 EMB 系统工作原理

控制结构，因而在装备测试方面同样具有优势，维护成本降低。此外，电动机驱动的方式便于增加电控功能，便于进行系统改进设计。最重要的是，因为 EHB 液压控制技术结构复杂，有经验门槛，且专利基本上由巨头控制，所以 EMB 对于新兴市场或者企业而言更具备竞争优势。另外还需要提到的是，EMB 没有液压系统，对于电动车而言，也就不存在因为液体泄漏而导致短路的隐患。

从两者的优劣对比可以看出，EHB 是 EMB 的过渡阶段。目前博世公司的 iBooster、大陆集团的 MKC1 以及采埃孚公司的 IBC 都属于 EHB 的范畴。

2.6 车辆控制平台

控制平台由电子控制单元(ECU)与通信总线两大部分组成。ECU 主要实现控制算法，通信总线主要实现 ECU 及机械部件间的通信功能。控制平台是无人车的核心部件，集成着车辆的各种控制系统，主要包括汽车防抱死制动系统(ABS)、汽车驱动防滑系统(ASR)、汽车电子稳定程序(ESP)、电子感应制动控制系统(SBC)、电子制动力分配(EBD)、辅助制动系统(BAS)、安全气囊(SRS)和汽车雷达防碰撞系统、电控自动变速器(EAT)、无级变速器(CVT)、巡航控制系统(CCS)、电子控制悬架(ECS)、电控动力转向系统(EPS)等。

2.6.1 电子控制单元

电子控制单元(Electronic Control Unit，ECU)又称"车载计算机"，是汽车专用微机控制器，如图 2.14 所示。发动机工作时，ECU 采集各传感器的信号进行运算，并将运算结果转变为控制信号，控制被控对象的工作。在发动机工作时，不断地与采集来的各传感器的信号进行比较和计算，再利用比较和计算后的结果完成对发动机的点火、怠速、废气再循环等多项参数的控制。它还有故障自诊断和保护功能。存储器也会不停地记录行驶中的数据，成为 ECU 的学习程序，为适应驾驶习惯提供最佳的控制状态，这称为自适应程序。在高级轿车上，有时配置多个 ECU，如防抱死制动系统、四轮驱动系统、电控自动变速器、主动悬架系统、安全气囊系统、多向可调电控座椅等都有各自的 ECU。

图 2.14 汽车电子控制单元

CPU 是 ECU 中的核心部分，它具有运算与控制的功能。在发动机运行时，它采集各传感器的信号进行运算，并将运算的结果转变为控制信号，控制被控对象的工作。它还实现对存储器(ROM、RAM)、输入/输出接口(I/O)和其他外部电路的控制。Power Train ECU 采用的 CPU 基本来自于 Infineon、ST 和 Freescale。Bosch 的 32 位 ECU ME9 系列主要使用 Freescale 的 PowerPC 内核的 MPC55 系列 CPU，其中 ME9 在美国市场上销售的 NffiD17 系列则使用基于 Infineon Tricore 内核的 TC17xx CPU。

2.6.2 域控制器

随着自动驾驶的发展，其所涉及的感知、控制、决策系统复杂性更高，与车身其他系统的信息交互和控制也越来越多，各方都希望其能变成一个模块化的、可移植性的、便于管理的汽车子系统。此时，专门定位于自动驾驶的域控制器系统应运而生。自动驾驶的域控制器，需具备多传感器融合、定位、路径规划、决策控制、无线通信、高速通信等能力。通常需要外接多个摄像头、毫米波雷达、激光雷达以及 IMU 等设备，实现功能包含图像识别、数据处理等。由于要完成大量运算，域控制器一般都要匹配一个核心运算力强的处理器，能够提供自动驾驶不同级别算力的支持。

应用域控制器可实现模块化开发，将功能划分为单独的域有众多优势，车辆域控制器架构如图 2.15 所示。这有助于强调各个子系统的功能安全和网络安全需求，简化自动化算法的开发和部署，方便在各个子系统中扩展功能。

下面分别介绍国内外厂商推出的域控制器产品特性。

1. 国外厂商

1) 德尔福

以典型的 zFAS 为例(图 2.16)，这款基于德尔福提供的域控制器设计的产品，内部集成了 NVIDIA Tegra K1 处理器、Mobileye 的 EyeQ3 芯片以及 Altera 的 Cyclone 5 FPGA 芯片，各个部分分别处理不同的模块。Tegra K1 用于 4 路环视图像处理，Cyclone 5 FPGA 负责障碍物识别、地图融合及各种传感器的预处理工作，EyeQ3 负责前向识别处理。

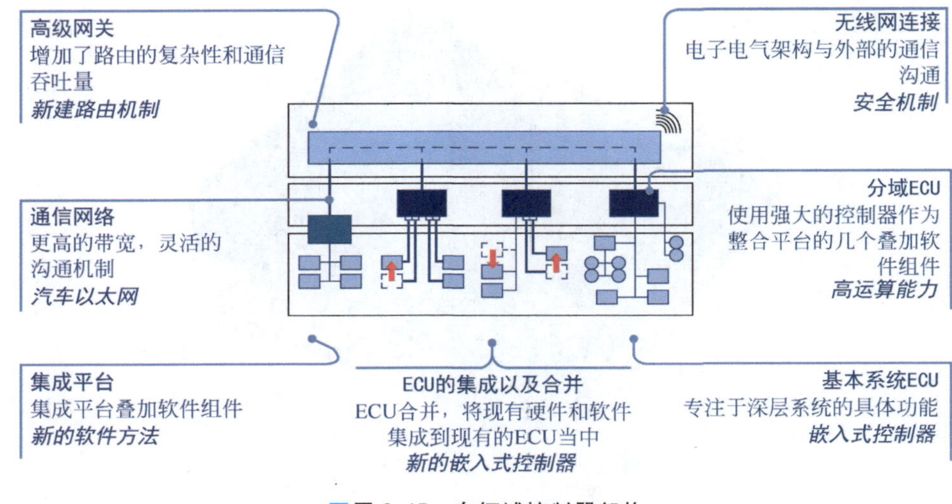

图 2.15 车辆域控制器架构

图 2.16 德尔福 zFAS 域控制器

2）麦格纳

2017 年 8 月底，麦格纳在德国首次公布了最新研发的 MAX4 自动驾驶平台。整个解决方案融合了摄像头、高清雷达、激光雷达和超声波雷达等在内的传感器系统，以及域控制器处理系统、软件系统。作为一个高度集成的自动驾驶传感器和计算平台，MAX4 具有定制化和高扩展性的特点，可实现 L4 级别的自动驾驶，同时适用于城市道路和高速公路路况。

3）采埃孚

采埃孚的 ProAI 域控制器会对图像及雷达数据进行处理，该控制器具有 8 核 CPU 架构的 Xavier 芯片，拥有 70 亿个晶体管以及相应的数据处理能力。采埃孚 ProAI 域控制器如图 2.17 所示。

该处理芯片每秒可管理高达 30 万亿次操作（TOPS），且功耗仅为 30W。凭借其开放的架构，采埃孚 ProAI 具有高扩展性——硬件部件、互联化的传感器、评估软件和功能模块可以根据所需的用途和自动驾驶等级进行调整。

图 2.17　采埃孚 ProAI 域控制器

4）大陆集团

大陆集团也推出了类似的域控制器——辅助及自动驾驶控制单元 ADCU，如图 2.18 所示。ADCU 提供了一个多用途的处理计算平台，非常适合实现高度自动驾驶（HAD）系统中的各种应用。

图 2.18　自动驾驶控制单元 ADCU

通过集成精选的硬件和软件，ADCU 可以实时监控车辆运动轨迹并规划路径。而且，ADCU 还可以执行基于车载环境传感器和其他信号输入的环境模型，涵盖了从路径规划算法到决定最佳路径（从安全、便利、环保的角度）最后到协调多执行器（如制动、悬架控制等）协同工作等。其接口涵盖底盘、动力总成、驾驶辅助和多种通信方式（FlexRay、LIN 等），并且支持 AUTOSAR 架构。这是一个模块化分级式处理平台，支持中央域模式的车辆拓扑结构。主机厂可以针对环境识别或驾驶功能进行模块化选择和部署，扩展软件还可以根据每台车不同的基础设施和计算功能进行优化调配。

5）伟世通

伟世通推出的自动驾驶域控制器——DriveCore 是一款专门针对自动驾驶研发的、安全可靠的域控制器。该平台的亮点在于灵活、模块化、可定制。DriveCore 可以整合一系列来自不同厂家的软、硬件平台，如摄像头、激光雷达等传感器的数据，支持全数字仪表、先进车载显示屏技术、驾驶员监测、抬头显示，以及伟世通的软件开发工具，以满足不同自动驾驶技术研发的需求，特别是L3及L3+级别的自动驾驶技术的开发。DriveCore与伟世通此前推出的座舱域控制器SmartCore类似。DriveCore支持汽车制造商自由选择不同的硬件与软件、算法等，快速开发出自动驾驶解决方案及产品，加快新技术或产品的上市速度。

2. 国内厂商

1）东软睿驰

面向L3和L4级别的高级别自动驾驶技术，东软睿驰推出了基于NXP自动驾驶芯片S32V的自动驾驶中央域控制器，可以满足当前整车厂对于自动驾驶的需求。在硬件方面，该控制器的安全性较高，可支持多路高清摄像头、多路激光雷达、毫米波雷达、超声波雷达的同时接入。在软件方面，该控制器定制性较强，便于整车厂后期的个性化定制开发。该控制器套件不仅提供基础软件，还提供了环境感知、传感器融合、决策控制套件；并提供传感器接口，支持第三方嵌入自己的应用，可实现典型场景下的自动驾驶。该控制器支持前方160m车辆检测，100m行人、摩托车、自行车检测及车道线检测，移动障碍物检测，能够识别美国、欧洲、日本、中国等多个国家和地区的限速标识。

2）新悦智行

新悦智行开发的一款基于NVIDIA GPU自主设计开发的低成本WiseADCU，对标NVIDIA Drive PX2，集成12路GSML视频输入接口、12路CAN-FD通信接口、2路AVB车载以太网通信接口，2+2路USB 2.0/3.0，搭载2颗Tegra Parker SoC、2颗Pascal GPU、2颗Cortex-R5 MCU。除了与整车接口外，还可以实现与HD摄像头、激光雷达、毫米波雷达、RTK/IMU定位系统、LTE通信模块的无缝对接。

3）武汉环宇智行

武汉环宇智行开发的名为TITAN-Ⅲ的自动驾驶车辆控制器，是基于NVIDIA公司的Jetson TX2设计的，运行Ubuntu操作系统。支持FPDLINK Ⅲ接口摄像头接入，支持USB、CAN、RS-485/232、Ethernet、I/O等多种硬件接口接入，支持SATA硬盘存储，内置4G通信模块、高精度定位模块、V2X模块。计算性能和端口配置基本满足现阶段车辆自动驾驶的传感器接入、感知融合、规划决策等功能需要。具有体积小、功耗低、易部署等特点。TITAN-Ⅲ支持同时接入12个摄像头、6个激光雷达和5个毫米波雷达的计算量，整机功耗在60W左右。对比之前用工控机达到以上同样实时计算量的方案：至少需要3～4个i7级别的工控机，并且工控机之间需要用千兆交换机连接，整套设备会把车辆的后备箱塞满，且计算功耗高于1500W。

2.7 通信总线

随着汽车各系统的控制方式逐步向自动化和智能化转变，汽车电气系统变得日益复杂。为满足各电子系统的实时性要求，须对汽车数据，如发动机转速、车轮转速、节气门踏板位置等信息实行共享，因此汽车通信总线需要不断进化。如表2.6所示，目前，车用总线技术被美国汽车工程师协会(SAE)下属的汽车网络委员会按照协议特性分为A、B、C、D 4类。

表 2.6 4 种车用总线性能对比

类别	总线名称	通信速度	应用范围
A 类	LIN	10～125Kb/s(车身)	大灯、灯光、门锁、电动座椅等
B 类	CAN	125Kb/s～1Mb/s	汽车空调、电子指示、故障检测等
C 类	FlexRay	1～10Mb/s	发动机控制、ABS、悬挂控制、线控转向等
D 类	MOST/1394	10Mb/s 以上	汽车导航系统、多媒体娱乐等

A 类总线面向传感器或执行器管理的低速网络，它的位传输速率通常为 10～125Kb/s。A 类总线以 LIN (Local Interconnect Network，本地互联网络)为代表，是由摩托罗拉与奥迪等企业联手推出的一种新型低成本的开放式串行通信协议，主要用于车内分布式电控系统，尤其是面向智能传感器或执行器的数字化通信场合。

B 类总线面向独立控制模块间信息共享的中速网络，速率一般为 125Kb/s～1Mb/s。B 类总线以 CAN(Controller Area Network，控制器局域网络)为代表。CAN 网络最初是博世公司为欧洲汽车市场开发的，只用于汽车内部测量和执行部件间的数据通信，逐渐发展并完善技术和功能。1993 年，ISO 正式颁布了道路交通运输工具数字信息交换高速通信控制器局域网络(CAN)国际标准(ISO 11898-1)，近几年低速容错 CAN 的标准 ISO U519-2 也开始在欧洲的一些车型中得到应用。

C 类总线面向闭环实时控制的多路传输高速网络，位速率多为 1～10Mb/s。C 类总线主要用于车上动力系统中对通信的实时性要求比较高的场合，主要服务于动力传递系统。汽车厂商大多使用 FlexRay 作为 C 类总线。

D 类总线面向多媒体设备、高速数据流传输的高性能网络，位速率一般在 10Mb/s 以上，主要用于 CD 等播放机和液晶显示设备。D 类总线带宽范畴相当大，用到的传输介质也有多种，其又被分为低速(IDB-C 为代表)、高速(IDB-M 为代表)和无线(Bluetooth 为代表) 3 大范畴。

下面主要介绍本地互联网络(LIN)、控制器局域网络(CAN)，以及高速容错网络协议(FlexRay)。

2.7.1 本地互联网络

本地互联网络(LIN)是面向汽车低端分布式应用的具有低成本、低速串行等特点的总线形式。LIN 总线的工作原理是采用单个主控制器、多个从设备的模式，在主从设备之间只需要一根电压为 12V 的信号线。这种主要面向“传感器/执行器控制”的低速网络，其最高传输速率可达 20Kb/s，应用于电动门窗、座椅调节、灯光照明等控制系统。2001 年第一辆使用 LIN 总线的汽车下线，标志着 LIN 总线技术在汽车上开始普及，它的目标是为现有汽车网络提供辅助功能，在不需要 CAN 总线的带宽和多功能的场合使用，降低成本。LIN 相对于 CAN 节省的成本来自 3 方面：采用单线传输、硅片中硬件或软件的低成本实现及无须在从属节点中使用石英或陶瓷谐振器。这些优点是以较低的带宽和受局限的单宿主总线访问方法为代价的。通过 CAN 网关，LIN 网络还可以和汽车的其他系统进行信息交换，实现更丰富的功能，如图 2.19 所示。

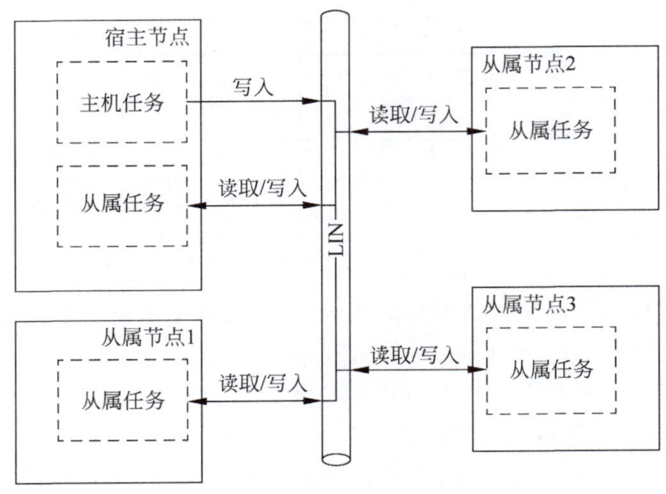

图 2.19 LIN Bus 系统结构

LIN 包含一个宿主节点(Master)和一个或多个从属节点(Slave)。所有节点都包含一个被分解为发送和接收任务的从属通信任务,而宿主节点还包含一个附加的宿主发送任务。在实时 LIN 中,通信总是由宿主任务发起的。除了宿主节点的命名外,LIN 网络中的节点不使用有关系统设置的任何信息。可以在不要求其他从属节点改变硬件和软件的情况下向 LIN 中增加节点。宿主节点发送一个包含同步中断、同步字节和消息识别码的消息报头,从属任务在收到和过滤识别码后被激活并开始消息响应的传输。响应包含 2 个、4 个或 8 个数据字节和一个检查和(checksum)字节。报头和响应部分组成一个消息帧。LIN 总线上的所有通信都由主机节点中的主机任务发起,主机任务根据进度表确定当前的通信内容,发送相应的帧头,并为报文帧分配帧通道。总线上的从机节点接收帧头之后,通过解读标识符确定自己是否应该对当前通信做出响应、做出何种响应。基于这种报文滤波的方式,LIN 可实现多种数据传输模式,且一个报文帧可以同时被多个节点接收利用。

2.7.2 控制器局域网络

1. CAN 总线简介

控制器局域网(Controller Area Network,CAN)总线是一种用于实时应用的串行通信协议总线,它可以使用双绞线来传输信号,是世界上应用最广泛的现场总线之一。CAN 协议由德国的 Robert Bosch 公司于 1986 年推出,用于汽车中各种不同元件之间的通信,以此取代昂贵而笨重的配电线束。

CAN 总线是一种多主方式的串行通信总线,基本设计规范要求有高位速率、高抗电子干扰性,并且能够检测出产生的任何错误。CAN 总线可以应用于汽车电控制系统、电梯控制系统、安全监测系统、医疗仪器、纺织机械、船舶运输等领域。

2. CAN 总线的特点

(1) 具有实时性强、传输距离较远、抗电磁干扰能力强、成本低等优点。

(2) 采用双线串行通信方式,检错能力强,可在高噪声干扰环境中工作。

(3) 具有优先权和仲裁功能,多个控制模块通过 CAN 控制器挂到 CAN-bus 上,形成多主机局部网络。

(4) 可根据报文的ID决定接收或屏蔽该报文。

(5) 具备可靠的错误处理和检错机制。

(6) 发送的信息遭到破坏后,可自动重发。

(7) 节点在错误严重的情况下具有自动退出总线的功能。

(8) 报文不包含源地址或目标地址,仅用标志符来指示功能信息、优先级信息。

3. CAN总线通信介质访问控制方式

CAN采用了3层模型:物理层、数据链路层和应用层。支持的拓扑结构为总线型。传输介质为双绞线、同轴电缆和光纤等。采用双绞线通信时,速率可达1Mb/s,节点数可达110。

CAN的通信采用多主竞争方式结构:网络上任意节点均可以在任意时刻主动地向网络上其他节点发送信息,而不分主从,即当发现总线空闲时,各个节点都有权使用网络。在发生冲突时,采用非破坏性总线优先仲裁技术:当几个节点同时向网络发送消息时,运用逐位仲裁原则,借助帧中开始部分的表示符,优先级低的节点主动停止发送数据,而优先级高的节点可不受影响地继续发送信息,从而有效地避免了总线冲突,使信息和时间均无损失。

CAN的通信协议主要由CAN总线控制器完成。CAN控制器主要由实现CAN总线协议部分和微控制器接口部分电路组成。通过简单的连接即可完成CAN协议的物理层和数据链路层的所有功能,应用层功能由微控制器完成。CAN总线上的节点既可以是基于微控制器的智能节点,也可以是具有CAN接口的I/O器件。

4. 应用技术

1) 系统组成

CAN总线属于现场总线的范畴,CAN总线系统的一般组成模式如图2.20所示。

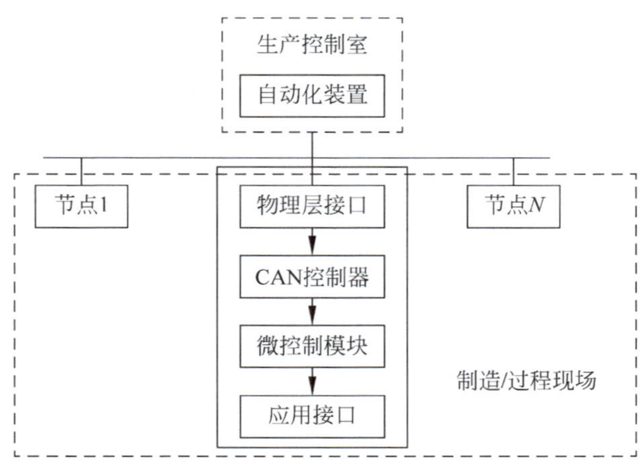

图2.20 CAN总线系统组成

网络拓扑结构采用总线式结构。这种网络结构简单、成本低,并且采用无源抽头连接,系统可靠性高。通过CAN总线连接各个网络节点,形成多主机控制器局域网。信息的传输采用CAN通信协议,通过CAN控制器来完成。各网络节点一般为带有微控制器的智能节点，完成现场的数据采集和基于 CAN 协议的数据传输，节点可以使用带有 CAN 控制器的微控制器，或选用一般的微控制器加上独立的 CAN 控制器来完成节点功能。传输介质可采用双绞线、同轴电缆或光纤。

2）CAN 总线的物理层设计

CAN 总线协议对物理层没有严格定义，给予使用者较大的灵活性，同时也给设计者带来了困难。CAN 总线物理层的设计原则是：对于两种输出状态显性、隐性，总线应具有两种不同电平，接收端呈现显性、隐性两种状态，如图 2.21 所示。

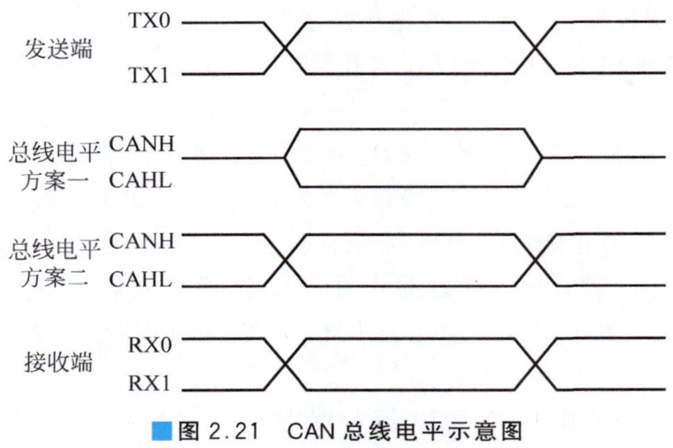

图 2.21　CAN 总线电平示意图

这样不要求总线必须是数字逻辑电平，只要是能够呈现两种电平（显性和隐性）的模拟量，满足上述设计原则就可以。

CAN 控制器芯片的片内输出驱动器和输入比较器可编程，它可方便地提供多种发送类型，诸如：单线总线、双线总线（差分）和光缆总线。它可以直接驱动总线，若网络的规模比较大，节点数比较多，需要外加总线驱动元件，以增大输出电流。如图 2.22 采用了 CAN 收发器作为 CAN 控制器和物理总线之间的接口，提供向总线的差动发送能力和对 CAN 控制器的差动接收能力。

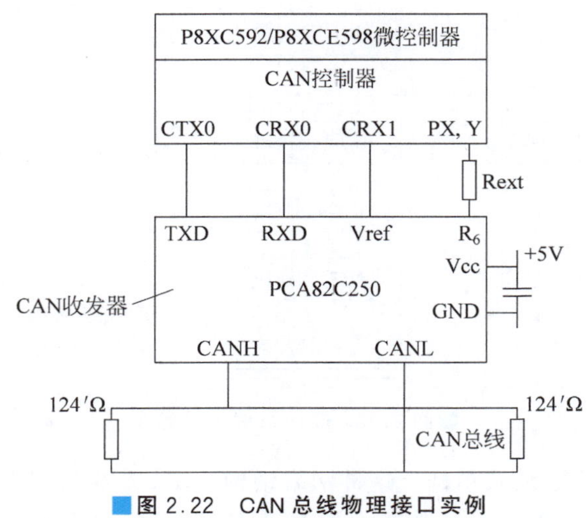

图 2.22　CAN 总线物理接口实例

2.7.3 高速容错网络协议

高速容错网络协议(FlexRay)是一种用于汽车的高速、可确定性的,具备故障容错能力的总线技术,它将事件触发和时间触发两种方式相结合,具有高效的网络利用率和系统灵活性特点,可以作为新一代汽车内部网络的主干网络。FlexRay 总线数据收发采取时间触发和事件触发的方式。利用时间触发通信时,网络中的各个节点预先知道彼此将要进行通信的时间,接收器提前知道报文到达的时间,报文在总线上的时间可以预测出来,FlexRay 协议也可以确保将信息延迟和抖动降至最低,尽可能保持传输的同步与可预测。这对需要持续及高速性能的应用(如线控制动、线控转向等)来说是非常重要的。

1. FlexRay 通信架构

FlexRay 总线将车载网络中的独立完成相应功能的控制单元视为节点,主要有电源供给系统(Power Supply)、主处理器(Host)、固化 FlexRay 通信控制器(Communication Controller)、可选的总线监控器(Bus Guardian)和总线驱动器(Bus Driver)等,如图 2.23 所示。主处理器提供和产生数据,并通过 FlexRay 通信控制器传送出去。其中 BD 和 BG 的个数对应于通道数,与通信控制器和微处理器相连。总线监控逻辑必须独立于其他的通信控制器。总线驱动器连接着通信控制器和总线,或是连接总线监控器和总线。节点的两个通信过程如下。

(1) 发送数据:Host 将有效的数据送给 CC,在 CC 中进行编码,形成数据位流,通过 BD 发送到相应的通道上。

(2) 接收数据:在某一时刻,由 BD 访问栈,将数据位流送到 CC 进行解码,将数据部分由 CC 传送给 Host。

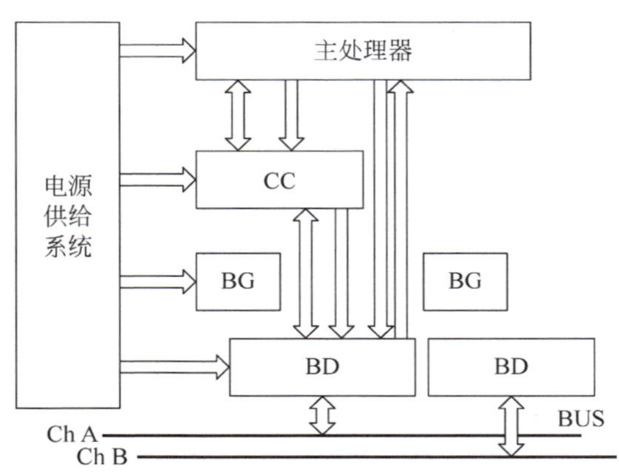

图 2.23 FlexRay 节点

2. 拓扑结构

FlexRay 的拓扑主要分为 3 种:总线状(图 2.24(a))、星状(图 2.24(b))、混合状(图 2.24(c))。通常,FlexRay 节点可以支持两个信道,因而可以分为单信道和双信道两种系统。在双信道系统中,不是所有节点都必须与两个信道连接。

与总线结构相比,星状结构的优势在于:它在接收器和发送器之间提供点到点连接,该优势在高传输速率和长传输线路中尤为明显。另一个重要优势是错误分离功能。例如,如果信号传输使用的两条线路短路，总线系统在该信道不能进行进一步的通信。如果使用星状结构，则只有连接短路的节点才会受到影响，其他所有节点仍然可以继续与其他节点通信。

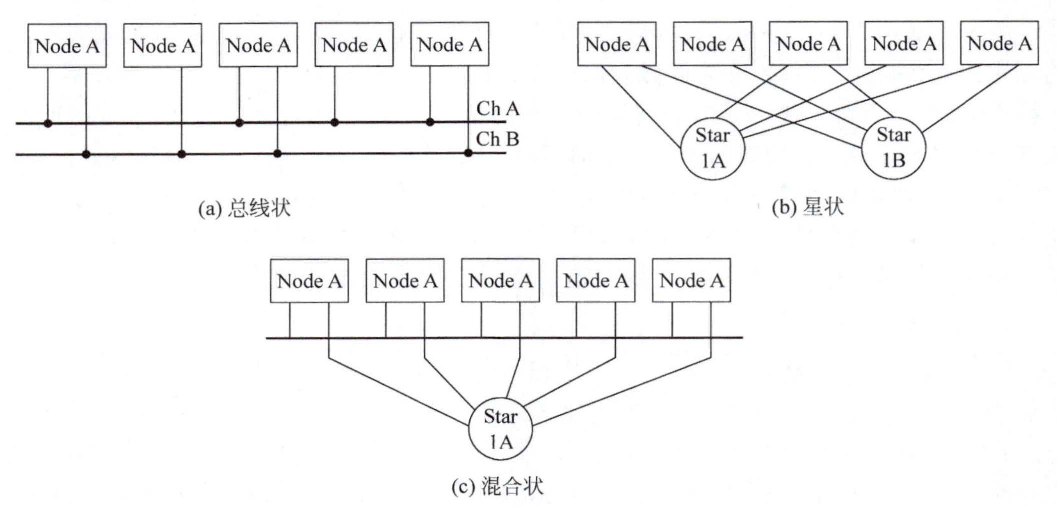

图 2.24 FlexRay 主要的 3 种拓扑结构

FlexRay 总线用的是 TDMA（Time Division Multiple Access，时分多址接入）和 FTDMA（Flexible Time Division Multiple Access，柔性时分多址接入）两种周期通信方法。FlexRay 将一个通信周期分为静态部分、动态部分和网络空闲时间。静态部分使用 TDMA 方法，每个节点会均匀分配时间片，每个节点只有在属于自己的时间片里才能发送消息，即使某个节点当前无消息可发，该时间片依然会保留（也就造成了一定的总线资源浪费）。在动态部分使用 FTDMA 方法，会轮流问询每个节点有没有消息要发，有就发，没有就跳过。静态部分用于发送需要经常性发送的重要性高的数据，动态部分用于发送使用频率不确定、相对不重要的数据。当 FlexRay 总线通信过程中出现数据错误时，该周期里接收到的所有数据都会被丢弃掉，但没有重发机制。所有节点会继续进行下一个周期的通信。FlexRay 同样也有错误计数器，当一个节点发送接收错误过多时会被踢出总线。

FlexRay 具有高速、可靠及安全的特点。FlexRay 在物理上通过两条分开的总线通信，每一条的数据速率是 1Mb/s。FlexRay 还能提供很多网络所不具有的可靠性特点，尤其是 FlexRay 具备的冗余通信能力可实现通过硬件完全复制网络配置，并进行进度监测。FlexRay 同时提供灵活的配置，可支持各种拓扑，如总线状、星状和混合拓扑。FlexRay 本身不能确保系统安全，但它具备大量功能，可以支持以安全为导向的系统（如线控系统）的设计。

宝马公司在 2007 款 X5 系列车型的电子控制减振器系统中首次应用了 FlexRay 技术，此款车采用基于飞思卡尔的微控制器和恩智浦的收发器，可以监视有关车辆速度、纵向和横向加速度、方向盘角度、车身和轮胎加速度及行驶高度的数据，实现了更好的乘坐舒适性及驾驶时的安全性和高速响应性，此外还将施加给轮胎的负荷变动及底盘的振动均减至最小。

2.7.4 车载以太网

车载以太网是用于连接汽车内各种电气设备的一种物理网络。车载以太网是在民用以太网协议的基础上，改变了物理接口的电气特性，并结合车载网络需求专门定制新标准的以太网络。与传统的CAN总线技术比较之后，如表2.7所示，可以发现，车载以太网的设计是为了满足车载环境中的一些特殊需求。例如：满足车载设备对于电气特性的要求(EMI/RF)；满足车载设备对高带宽、低延迟以及音视频同步等应用的要求；满足车载系统对网络管理的需求等。目前的技术而言，车载以太网为主干、CAN作为子系统的通信方式既保留了CAN实时、安全的特性，又能够提升通信速度与传输距离，同时还保证了成本的控制，很有可能广泛地应用到自动驾驶车辆车载通信中。

表2.7 CAN总线与车载以太网的性能对比

总线类型	CAN总线	以 太 网
传输速率	5Kb/s～1Mb/s	10Mb/s、100Mb/s等
容错机制	信号分优先级、采取非破坏仲裁技术、实时性好、稳定性高	带有冲突检测的载波侦听多路访问协议，实时性差；超时重发机制，故障易扩散
成本核算	仅需两根线材即可完成挂接	需经过交换机，增加物料
网络安全	专用现场总线，较为安全	开放式网络，易被攻击

2.8 自动驾驶汽车机械设计

自动驾驶车辆在设计过程中越来越重视车辆线控系统的设计，并逐渐省去诸多复杂、控制效率低下、响应缓慢的机械液压结构，如将部分机械连接件、液压传动管路等换成导线，提高自动驾驶车辆线控化程度。如Waymo原型车、百度无人车、谷歌无人车等都有成熟的线控系统。当前自动驾驶技术的研发阶段主要通过对传统车辆的动力驱动系统和转向系统进行改造，从而使其能够完成自动驾驶功能。

2.8.1 车辆动力与驱动系统

传统汽车要实现自动驾驶，需要进行底层改造工作。车辆总成配置的差异，特别是发动机、变速器等动力传动方式的差异，可能导致不同的改造方案和改造工作量。就目前的技术成熟度而言，在进行车辆自动驾驶改造时，对于不是专门从事车辆研究的单位而言，选用液力自动机械变速器(Automatic Transmission, AT)的车型更为方便。装有AT的汽车，纵向动力总成一般由发动机、自动变速器、传动轴及车轮等部件组成，其示意图如图2.25所示。

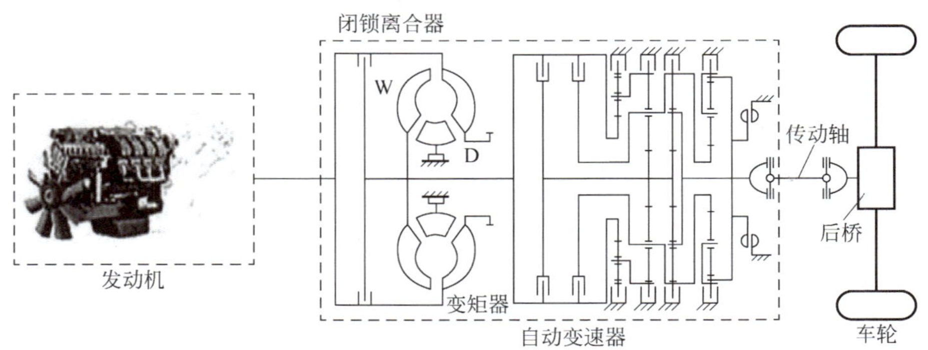

图2.25 纵向动力总成示意图

自动驾驶汽车在行驶过程中，随着行驶工况的不断变化，动力传动系统中大量的未知和非线性因素，以及液力传动系统中众多液力液压环节的动态变化特性等都给系统控制的实现带来了不同程度的困难，尤其是对换挡、液力变矩器闭解锁、制动等过渡过程。具体来说，在传统设计方法下单独设计各个部件，主要存在以下问题。

(1) 动力传动系统输出特性问题。发动机运转时，其功率、扭矩和耗油量这 3 个基本性能指标都会随着负荷的变化而变化。发动机在稳态工况下运行时，控制主要依据发动机特性曲线。只有将发动机特性曲线与变速器、减速传动比及传动系挡数相互匹配，才能得到良好的车辆动力性和经济性。因此，在传统汽车出厂前，已经将发动机与其他动力元件匹配好。在传统汽车基础上改装自动驾驶汽车，如果单独改装发动机，将破坏原有的特性曲线，则将改变原始匹配好的性能指标，造成车辆动力不匹配、燃油消耗恶化、过渡过程的控制品质较差等一系列问题。

(2) 换挡品质的控制问题。在换挡过程中输出转矩扰动与两个交替摩擦元件的摩擦转矩有很大的关系。在常见的离合器-离合器、离合器-制动器换挡过程中，摩擦转矩交替过程定时不当，换挡重叠不足或重叠过多，都会产生不应有的换挡冲击。另外，换挡过程中的缓冲油压特性，液力变矩器闭锁过程中闭锁离合器的缓冲控制等，对换挡品质控制尤其重要。传统外加机构式的改造对换挡过程的控制比较生硬，不能考虑到变速器内部的特性，影响换挡品质，与换挡过程相关的各摩擦元件会产生过度磨损，导致改造之后自动驾驶汽车的可靠性和稳定性下降。

(3) 换挡过程中发动机的协调控制。变速器输出轴上的转矩波动，会产生冲击和动载。换挡过程中发动机转矩和离合器缓冲控制不协调，会影响车辆的换挡品质和系统的动力性能，降低了整个控制系统的可靠性和一致性。

(4) 外加机构式的改造方案仅仅是在制动踏板和加速踏板处施加力来控制车辆的纵向运动，而不能控制发动机和换挡过程以及变矩器闭解锁过程，也就同样不能协调它们的合理运行，使得自动驾驶汽车的纵向动力性和燃油经济性较差。

2.8.2 车辆转向系统

汽车的横向控制部件的发展主要经历机械转向系统(Mechanical Steering System, MS)、液压助力转向系统(Hydraulic Power Steering System, HPS)和电动助力转向系统(Electric Power Steering System, EPS) 3 种类型。其中，EPS 是汽车动力转向技术的发展方向，车辆转向系统如图 2.26 所示。EPS 系统由转矩传感器、车速传感器、电控单元、助力电机、减速机构等几部分组成。其工作原理是：方向盘转动时，转矩传感器检测方向盘转矩的大小和方向，产生一个转矩电信号；同时，车速传感器也产生一个车速电信号；将转矩信号和车速信号传给电控单元，电控单元根据转矩信号和车速信号并通过一定的控制算法决定助力电机的旋转方向和助力电流的大小，从而完成实时控制助力转向。方向盘转矩越大，助力电机提供的助力力矩也越大，以提高汽车的转向轻便性；同时，电控单元根据车速的大小来控制路感。车速低时提供较大的助力，而车速高时提供较小的助力，以增强驾驶员的路感。

以配备了 EPS 的车辆为例，在进行自动驾驶汽车改造时，转向部分需要设计代替人完成方向盘操纵的功能。根据实际情况，可以通过外加执行机构，即在转向柱或转向盘上外加伺服电机,以改造车辆的转向系统。通过对伺服电机进行实时位置控制达到自动转向的目的。该方法具有稳定和容易实现的优点,但是该方法对车内安装空间有一定的要求。此外,该方法需要先控制伺服电机的运动,再由伺服电机带动转向柱或转向盘运动,经 EPS 系统再到转向轮。而转向系统都有一定的空行程,所以此方法会存在一定的滞后性。另外,此种改造方法不能充分考虑到转向系统在速度变化时的非线性,控制策略和原 EPS 系统内部的参数不能合理地匹配,会导致转向控制不协调等问题。

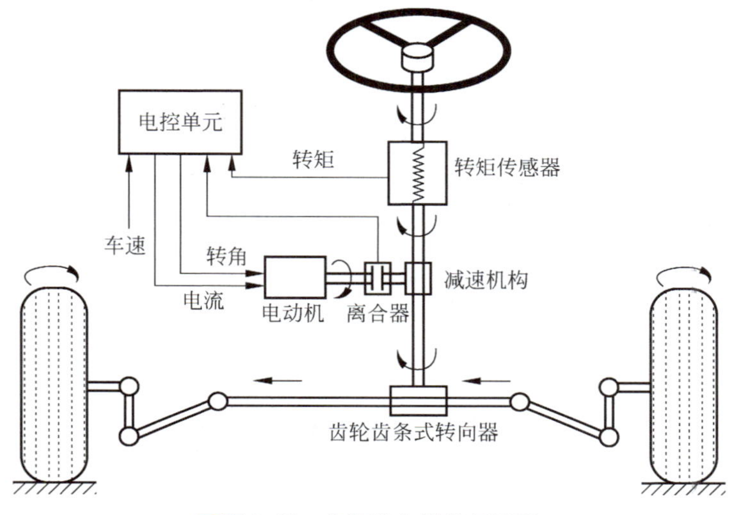

图 2.26 车辆转向系统示意图

2.9 本章小结

本章详细介绍了自动驾驶汽车硬件平台所涉及的相关内容,由典型电子电气架构开始,系统地总结了感知系统以及计算平台的组成,同时就相关硬件设备进行横向对比,突出不同硬件的优缺点,并进行纵向分析,突出同一硬件随着自动驾驶技术进步而产生的迭代优化。本章还介绍了车辆控制系统及控制平台的组成和原理,以及自动驾驶技术对汽车机械设计产生的影响。

参考文献

[1] 陈琦. 把握网联和自动驾驶汽车所带来的机遇"中英汽车产业创新发展"主题论坛侧记[J]. 汽车与配件, 2017(18): 42-43.

[2] Lv C,Cao D,Zhao Y. Analysis of Autopilot Disengagements Occurring During Autonomous Vehicle Testing[J]. IEEE/CAA Journal of Automatica Sinica, 2018, 5(1): 58-68.

[3] Hwang D,Tahk M J. The Inverse Optimal Control Problem for a Three-Loop Missile Autopilot[J]. International Journal of Aeronautical & Space Sciences, 2018: 1-12.

[4] Dikmen M,Burns C M. Autonomous Driving in the Real World: Experiences with Tesla Autopilot and Summon[C]. International Conference, 2016.

[5] 陈慧岩，熊光明，龚建伟. 自动驾驶汽车概论[M]. 北京：北京理工大学出版社，2014.
[6] 龚建伟，姜岩，徐威. 自动驾驶车辆模型预测控制[M]. 北京：北京理工大学出版社，2014.
[7] Romano D，宋文伟. 自动驾驶系统：智能交通最新技术[J]. 国外铁道车辆，2017(6)：21-27.
[8] Lee U,Jung J,Jung S. Development of a self-driving car that can handle the adverse weather[J]. International Journal of Automotive Technology，2018，19(1)：191-197.
[9] Nugraha B T,Su S F,Fahmizal. Towards self-driving car using convolutional neural network and road lane detector[C]. 2017 2nd International Conference on Automation,Cognitive Science,Optics,Micro Electro-Mechanical System,and Informathon Technology(ICACOMIT)，IEEE,2017.
[10] Yang Z,Zhang Y,Yu J. End-to-end Multi-Modal Multi-Task Vehicle Control for Self-Driving Cars with Visual Perception[J]. 2018.
[11] 于晨斯,王翠.总线技术在汽车电气系统中的应用研究[J]. 科技风，2018(12)：134-134.
[12] 夏永峰.自动驾驶电动车的底层控制系统设计与实现[D]. 上海：上海交通大学，2007.
[13] 邓平尧.探讨线控汽车底盘控制技术分析及发展[J]. 科技风，2016(12)：16-16.
[14] 晏欣炜,朱政泽，周奎,等.人工智能在汽车自动驾驶系统中的应用分析[J]. 湖北汽车工业学院学报，2018(1).
[15] 车用 FlexRay 网络应用原型系统的研究与实现[D]. 长沙：湖南大学，2011.
[16] 周游.美国《联邦自动驾驶汽车政策》评析[J]. 高科技与产业化，2018(2).
[17] Holstein T，Dodig-Crnkovic G，Pelliccione P . Ethical and Social Aspects of Self-Driving Cars [J]. 2018.
[18] 高焕吉. 汽车电子电气架构设计与优化[J]. 汽车电器，2011(6)：7-9.
[19] 方健，史国宏. 电动汽车全新架构前期开发中的多学科集成优化设计[J]. 汽车安全与节能学报，2018，10(1)：112-118.
[20] 智车科技. 主流的无人驾驶传感平台以雷达和车载摄像头为主,并呈现多传感器融合发展的趋势[EB/OL].(2018-06-13)[2018-12-23]. http://www.elecfans.com/d/694479.html.
[21] 英博看车. 智能汽车：从 ADAS 到无人驾驶——智能驾驶篇[EB/OL].(2016-06-17)[2018-12-24]. http://www.cheyun.com/content/11151.
[22] 英博看车. 智能汽车：从 ADAS 到无人驾驶——元器件篇[EB/OL].(2016-06-20)[2018-12-20]. http://info.carec.hc360.com/2016/06/201425600872.shtml.
[23] 智车科技. 汽车电子结构的模块化,基于“CAN＋车载以太网”的功能创新[EB/OL].(2018-06-22)[2018-12-30]. http://www.elecfans.com/d/699048.html.
[24] 徐春. 无人驾驶系列报告之三：传感系统领衔主演,四种技术各自精彩(上)[EB/OL].(2012-02-27)[2018-12-24]. http://www.360doc.com/content/16/0227/04/2472300_537693038.shtml.
[25] 宋艳芳. 基于 PREEvision 的汽车电子电气架构设计研究[J]. 消费电子，2014(14)：199-199.
[26] 胡朝峰，张海涛. 智能互联架构平台和网关的开发实践[J]. 上海汽车，2017(7)：51-53.
[27] 动点科技. 多线激光雷达相继问世 无人驾驶和我们渐行渐近[EB/OL]. (2016-10-18)[2018-12-12]. http://www.360doc.com/content/16/1018/C7/15447134_599254202.shtml.
[28] 贾承前. 汽车电子电气架构开发[J]. 汽车电器，2011(12)：4-6.
[29] 侯晓乾. 基于视觉的汽车前方碰撞预警系统研究[D]. 湖南大学,2011.

第3章 自动驾驶汽车软件平台

随着目前科学技术水平的不断提高，嵌入式系统已在各大企业以及高校中得到广泛应用。操作系统是应用软件的基础开发平台，在嵌入式系统应用的开发过程中，它不仅能够简化软件的开发环节，而且可以降低后续维护成本，所以逐渐成为嵌入式系统中不可或缺的一部分。由于汽车、工业控制以及航空航天等领域对响应时间有着明确的规定，嵌入式实时操作系统已潜移默化地应用于上述领域。

汽车电子领域的软件大多数是嵌入式软件。由于各类硬件产品种类的不一致性，以及整体嵌入式系统软件的快速发展，现阶段软件设计开发以封闭式为主。这样有利于开发指定设计的软件系统，例如针对特定硬件以及高效利用硬件资源等。这种涉及指定硬件和应用而开发的软件系统，其对硬件资源的高效应用以及软件本身的处理效率是十分可观的。

作为"中国制造 2025"和"两化融合"战略中的重要举措，智能汽车引领着汽车产业转型升级的新方向。一汽集团和奇瑞公司等众多车企一致发布智能汽车发展战略，强调了软件技术和产品的重要性。在这期间，软件和互联网公司以跨界合作的方式加速了智能汽车的发展。阿里巴巴与上汽集团紧密合作，以 10 亿元人民币合资基金建设互联智能汽车平台。此外，国内数家互联网公司以车载诊断系统(OBD)或车载设备为突破口进入智能汽车领域。上述例子可以表明，软件已逐渐成为汽车智能网联化和信息化发展的基础与核心。

3.1 软件平台概述

在汽车领域，人们对电子化的要求逐渐变高，汽车电子成本占据整车费用的份额越来越高，汽车上因使用了大量的电子控制单元(Electronic Control Unit，ECU)，使得电子软件的开发难度越来越大。传统汽车的硬件部分占整车费用的 90%，而软件仅占 10%；但智能汽车的硬件部分占据整车费用的 40%，软件占 40%，内容占 20%。相关数据显示，目前的中高端汽车，汽车电子占整车成本已超过 30%。一辆智能汽车大约装备有 50～100 个 ECU，2 亿行左右的源代码，代码量与空客 A380 客机相当。约有 90%的智能汽车创新是通过汽车电子来实现的，其中，有 80%的创新取决于软件。软件创新逐渐胜过传统的硬件创新。众多汽车厂商利用软件系统控制汽车架构，除了可以实现创新升级的优点之外，还可以很大程度地降低汽车重量和生产成本。但是，ECU 应用软件的开发对硬件平台的需求较高，这样导致了应用程序可移植性差、各软件模块不兼容等诸多问题。因此，汽车电子行业急需一个具有统一标准接口的嵌入式实时操作系统作为基础开发平台，能在任何类型的 ECU 中使用，将应用软件和底层硬件细节隔离开来，实现不同制造商提供的软件模块能够无缝集成。

为了实现容错操作的系统，汽车制造商必须从汽车的整体架构入手，确保将备援机制等安全措施部署在以下 3 个功能区：感测、运算、制动。这些区块之间以及与其他汽车、基础设施或云端等车外世界之间的所有互动(即联机)必须及时且可靠。作为自动驾驶的关键技术之一，它能实现很多的增值服务，其中包括远程诊断、软件更新、交通信息、过路费控管及付款等多种服务。但是，这些功能也增加了网络攻击的风险。因此，车载系统急需提供更多的安全功能。多层式策略通常是解决这个安全难题的关键。首先，在应用层执行相关安全通信，加上应用访问控制，确保流动数据的可信度，这对于无线软件更新(OTA)或相关服务功能特别重要。其次，软件平台的安全模块需要包含分隔化、入侵预防和 ECU 验证。最后，在硬件层方面，CPU 安全、针对整合硬件安全模块(HSM)的支持以及 ECU 自身的防火墙，这些功能都有利于为汽车建立全方位的安全平台。

越来越多的汽车制造商和系统供应商为了紧跟时代的步伐，逐步扩大功能。有些厂商愿意与服务供应商成为合作伙伴；有些则并购整间公司，掌握其先进的技术，尤其是软件方面的技术。这些事件证明，汽车产业越来越重视新技术和新方法的需求，由此带来的合作空间是巨大的。长远来看，采用开放式平台/开放式系统策略有助于加快整体创新流程，促进业界开发可互通、模块化且可扩充的自动驾驶系统。

近年来，我国智能汽车的软件研发技术得到高速发展。在车控软件方面，“核高基”重大专项部署支持开发实时嵌入式操作系统及开发环境、汽车电子控制器嵌入式软件开发平台和国产汽车电子基础软件平台等产品。国内软件平台厂商参照 OSEK/VDX 和 AUTOSAR 等国际标准，已经研发出面向 ECU 的操作系统产品及解决方案。浙江大学 ESE 实验中心成功开发出符合 AUTOSAR 标准的集成 ECU 开发工具链，支持用于 ECU 软件架构、网络系统配置、基础软件配置、诊断、标定和仿真测试的快速迭代开发模式。在车载软件方面，国内的阿里云研发出可用于车载终端的阿里云操作系统，且涌现出科大讯飞、高德等实力较强的车载应用软件供应商和普华、博思等车载终端系统供应商，这些厂商推出的相关产品在一些车型中已得到应用。从宏观角度来看，对比世界汽车产业发达的国家加速布局智能汽车，我国相关软件的发展步伐明显滞后，机遇与挑战并存。

为赶超发达国家，我国需要以深度融合的工作机制来推动软件技术和汽车行业的发展，结合软件产业和汽车行业的优势资源，制订并实施软件技术与汽车产业融合发展行动计划；需要大力支持本土软件企业与国产汽车厂商的深度合作，围绕汽车产业链关键环节进行联合攻关和协同创新；鼓励和带领国产汽车厂商采用软件平台技术，发展基于新一代信息技术的智能车联网技术和服务，提升汽车性能以及智能化水平。

3.2 自动驾驶汽车软件架构

3.2.1 AUTOSAR 软件架构

本节着重介绍 AUTOSAR 软件架构。对自动驾驶汽车软件架构来说，AUTOSAR 是被大多数用户所熟知的一个开放的、标准化的软件架构。本节将详细介绍 AUTOSAR 的概念、国内外发展现状及 AUTOSAR 整体框架。

1. AUTOSAR 概述

AUTOSAR 是 Automotive Open System Architecture(汽车开放系统架构)的缩写，是一家专注于制定汽车电子软件标准的联盟。AUTOSAR 是由全球汽车制造商、零部件供应商及其他电子、半导体和软件系统公司联合建立，各成员企业之间保持开发合作伙伴关系。自 2003 年起，各伙伴公司携手合作，致力于为汽车工业开发一个开放的、标准化的软件架构。AUTOSAR 软件架构有利于车辆电子系统软件的交换与更新，并为高效管理愈来愈复杂的车辆电子、软件系统提供一个平台。AUTOSAR 在确保产品及服务质量的同时，提高了成本效率。

整车软件系统可通过 AUTOSAR 架构对车载网络、系统内存及总线的诊断功能进行深度管理，并改善了系统的可靠性和稳定性。目前支持 AUTOSAR 标准的工具和软件供应商都已经推出相应的产品，提供需求管理、系统描述、软件构建算法模型验证、软件构建算法建模、软件构建代码生成、RTE(Runtime Environment)生成、ECU 配置以及基础软件和操作系统等服务，帮助软件系统提供商实现无缝的系统软件架构开发流程。

传统的 ECU 架构有以下两个缺点：抽象程度低；基础软件模块少。针对以上问题，AUTOSAR 规范提出了抽象程度更高的解决措施，划分出更多的基础模块。为了实现应用软件和硬件模块的解耦，汽车电子软件架构被抽象成 4 层。如图 3.1 所示，由上至下依次为：应用层(Application Layer)、运行时环境(Runtime Environment，RTE)、基础软件层(Basic Software，BSW)以及微控制器(Microcontroller)。应用层完全独立于硬件，只有基础软件层与硬件相关，而 RTE 实现这两者的隔离。这样，一方面，厂商可专注于开发特定的、有竞争力的应用层软件(位于 RTE 之上)；另一方面，它使厂商所不关心的基础软件层(位于 RTE 之下)得到标准化。

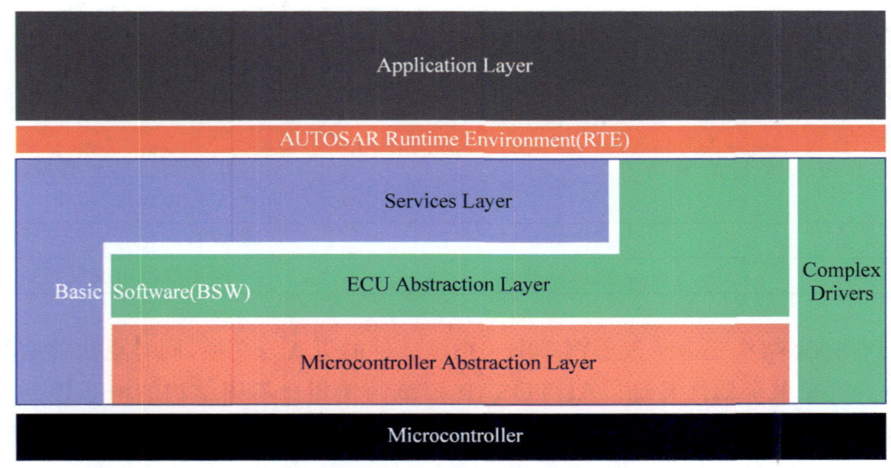

图 3.1 AUTOSAR 层面图

作为汽车电子行业的新兴标准，国内外对 AUTOSAR 规范的研究成为热点，并一致选择将原有符合 OSEK/VDX 规范的操作系统平滑升级至符合 AUTOSAR 规范的版本。面对AUTOSAR规范正逐步取代OSEK/VDX规范的趋势，国内业界急需对AUTOSAR操作系统规范进行深入研究。AUTOSAR组织规定的目标以及它所囊括的功能领域如图3.2所示。

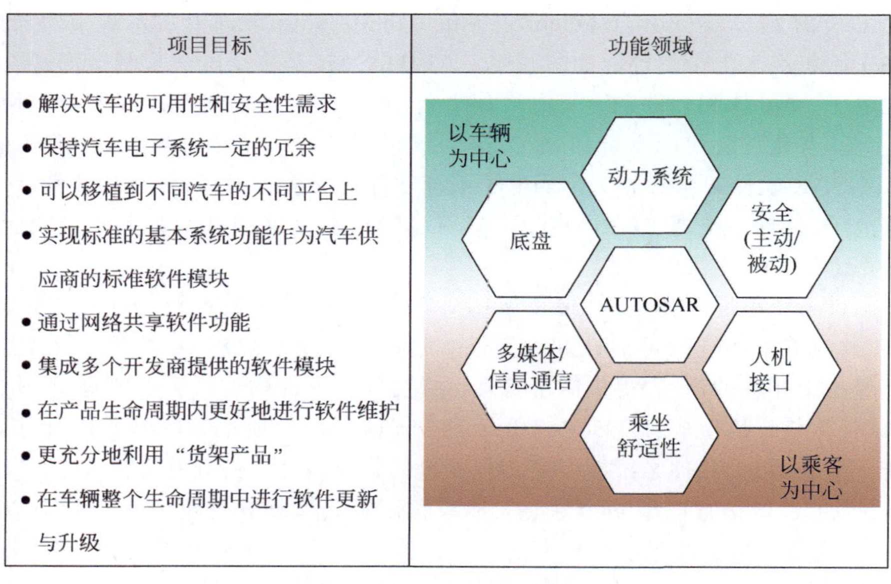

图3.2 AUTOSAR功能图

为了达到上述目标，针对在汽车电子行业中遇到的难题，AUTOSAR采用的解决方案及其优点可以概述如表3.1所示。

表3.1 AUTOSAR面临的挑战及其优点

非AUTOSAR面临的挑战	AUTOSAR方案	AUTOSAR优势
对功能需求缺乏追溯手段，没有兼容性的工具链	需求交互格式标准化(ARXML)	从内容和格式上改进了规范，为无缝的工具链提供可能
基础软件模块不能复用，带来的时间和精力浪费	基础软件(BSW)	提高软件质量，供应商提供基础软件
升级主芯片带来大量的重新设计	微控制器抽象层(MCAL)	主芯片可以随意替换，MCAL由芯片厂家提供
集成工作反锁	运行时环境(RTE)	集成自动化
软件耦合性大	接口标准化	不同供应商可交互组件

AUTOSAR架构是为了改善汽车电子系统软件的更新与交换，同时更快捷有效地管理日趋复杂的汽车电子软件系统。AUTOSAR规范的使用让不同结构的电子控制单元的接口特征标准化，应用软件具备良好的可扩展性和可移植性，很大程度地缩短了开发周期。AUTOSAR提倡“在标准上合作，在实现上竞争”的原则，其核心思想是“统一标准、分散实施、集中配置”。

2. AUTOSAR模块构成

AUTOSAR Architecture的分层式设计，用于支持完整的软件和硬件模块的独立性

(Independence),如图 3.3 所示,中间 RTE(Runtime Environment)作为虚拟功能总线 VFB (Virtual Functional Bus)的实现,隔离了上层的应用软件层(Application Layer)与下层的基础软件层(Basic Software),摆脱了以往 ECU 软件开发与验证时对硬件系统的依赖。

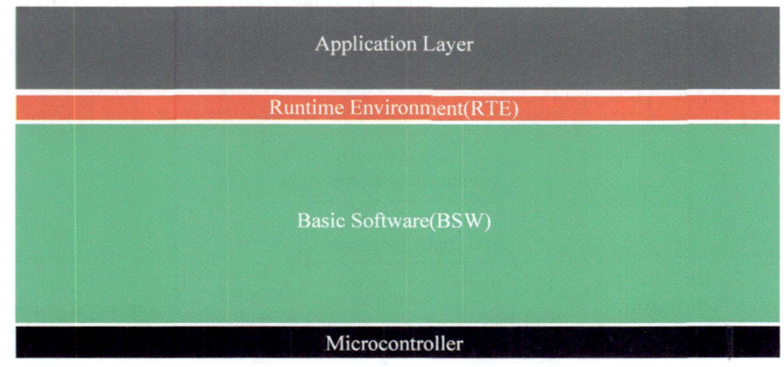

图 3.3 AUTOSAR 体系架构分层标准

软硬件分离的分层设计,对厂商及供应商来讲,提高了系统的整合能力,特别是标准化交互接口以及软件组件模型的定义提高了各层的软件复用能力,从而减少了开发成本,提高了系统集成与产品推出的速度。

1) Application Layer(应用层)

应用层中的功能由各软件组件(Software Component,SWC)实现,组件中封装了部分或者全部汽车电子功能,如图 3.4 所示。其中包括对其具体功能的实现以及对应描述,如控制大灯,空调等部件的运作,但与汽车硬件系统没有连接。

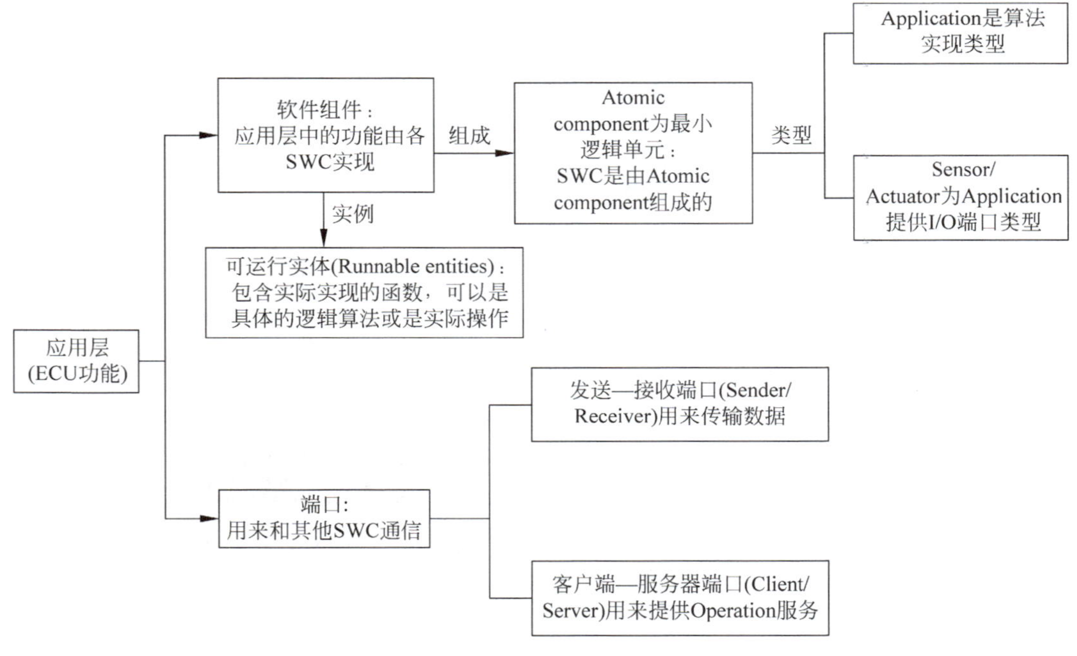

图 3.4 应用层的组成

(1) 软件组件。

软件组件由最小逻辑单元(Atomic Component)组成。最小逻辑单元有 Application、Sensor/Actuator 两种类型。其中 Application 是算法实现类型,能在各 ECU 上自由映射;Sensor/Actuator 是为 Application 提供 I/O 端口类型,用于与 ECU 绑定,但不像 Application 那样能在各 ECU 上自由映射。数个 SWC 的逻辑集合组合成 Composition。图 3.5 是 SWC 组成实例图。

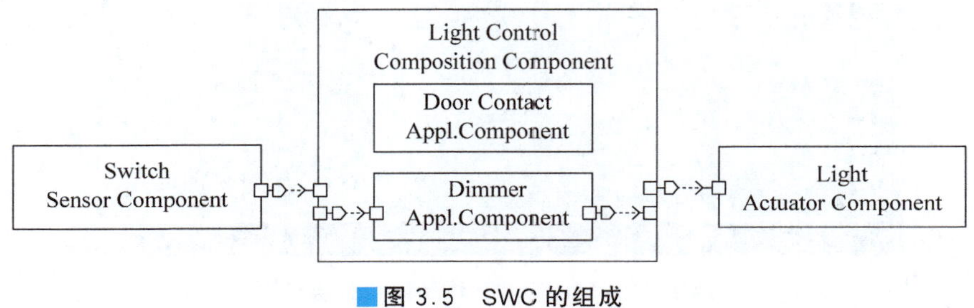

图 3.5 SWC 的组成

(2) 端口。

端口用来和其他 SWC 通信。通信内容分为 Data Elements 与 Operations。其中,Data Elements 用发送端—接收端(Sender/Receiver)通信方式,Operations 用客户端—服务器端(Client/Server)通信方式,如图 3.6 所示。

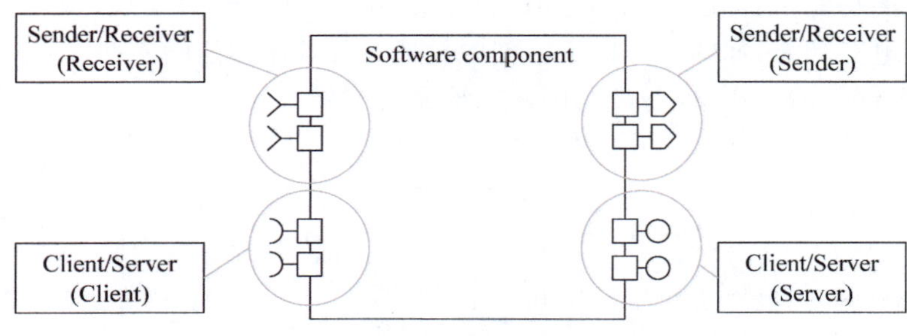

图 3.6 通信方式

发送端—接收端(Sender/Receiver)用来传输数据,具有一个通信端口可以包含多种数据类型的特点。但如果一个数据类型要通过总线传输,那么它必须与一个信号对应起来,数据类型既可以是简单的数据类型(integer、float),也可以是复杂类型(array、record)。通信方式是 1∶n 或 n∶1,如图 3.7 所示。

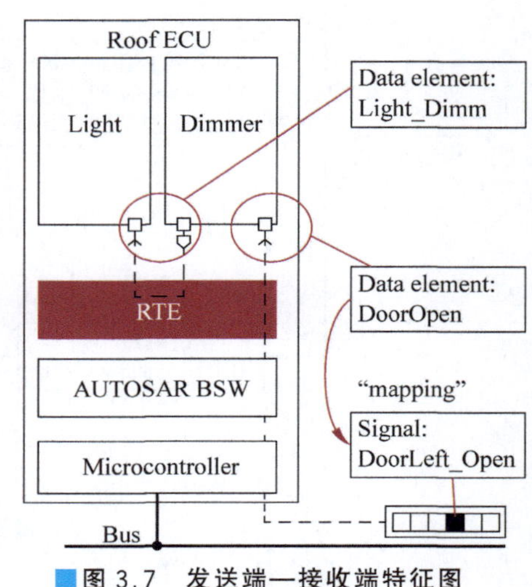

图 3.7 发送端—接收端特征图

客户端—服务器端口(Client/Server)用来提供 Operation 服务,具有一个客户端—服务器端口可以包含多种 Operation 和同步或异步通信的特点,一个客户端—服务器端口可以包含多种 Operations 操作,Operations 操作也可被单独调用。通信方式是 1∶n 或 n∶1,如图 3.8 所示。

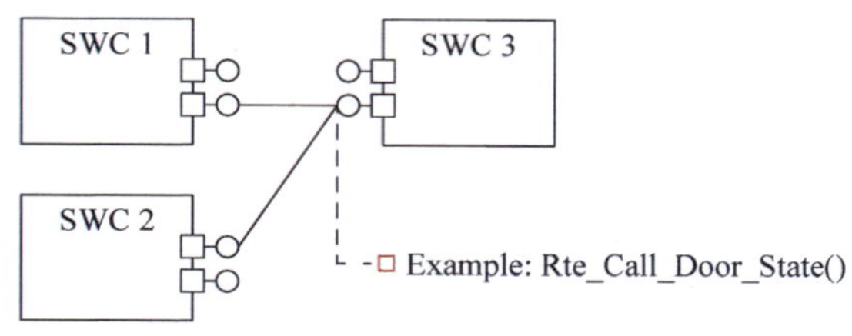

图 3.8 客户端—服务器端口

(3) 可运行实体(Runnable Entities)。

可运行实体(Runnable Entities)简称 Runnables。可运行实体包含实际实现的函数,可以是具体的逻辑算法或是实际操作。可运行实体由 RTE 周期性或是事件触发调用,如接收到数据,如图 3.9 所示。

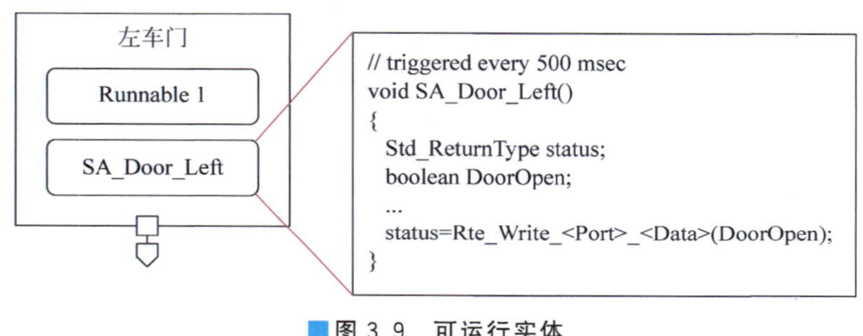

图 3.9 可运行实体

2) 中间件(Runtime Environment)

中间件(RTE)部分给应用层提供了通信手段,这里的通信是一种广义的通信,可以理解成接口。应用层与其他软件的信息交互有两种,第一种是应用层中不同模块之间的信息交互,第二种是应用层模块同基础软件之间的信息交互,其特征如图 3.10 所示。而 RTE 就是这些交互使用的接口的集散地,它汇总了所有需要和软件体外部交互的接口。从某种意义上来看,设计符合 AUTOSAR 规范的系统其实就是设计 RTE。

SWC 之间的通信是通过调用 RTE API 函数而非直接实现的,均由 RTE 管理和控制。每个 API 遵循统一的命名规则且仅与软件组件自身的描述有关。具体通信实现取决于系统设计和配置,由工具供应商提供的 RTE Generator 自动生成。

在设计开发阶段,软件组件通信层面引入了一个新的概念,虚拟功能总线(Virtual Functional Bus,VFB),如图 3.11 所示。它是对 AUTOSAR 所有通信机制的抽象。利用 VFB,开发工程师将软件组件的通信细节抽象,只需要通过 AUTOSAR 所定义的接口进行描述,即能够实现软件组件与其他组件以及硬件之间的通信,甚至是 ECU 内部或者是与其他 ECU 之间的数据传输。

从图 3.11 中可以看到,有 3 种接口描述,可以先从定义的角度来看这 3 种接口有什么不同。

(1) Standardized Interface(标准接口):标准接口是在 AUTOSAR 规范中被标准化的接口,但并未使用 AUTOSAR 接口技术,标准接口通常被用于某个 ECU 内部的软件模块之间的通信,不能用于网络通信。

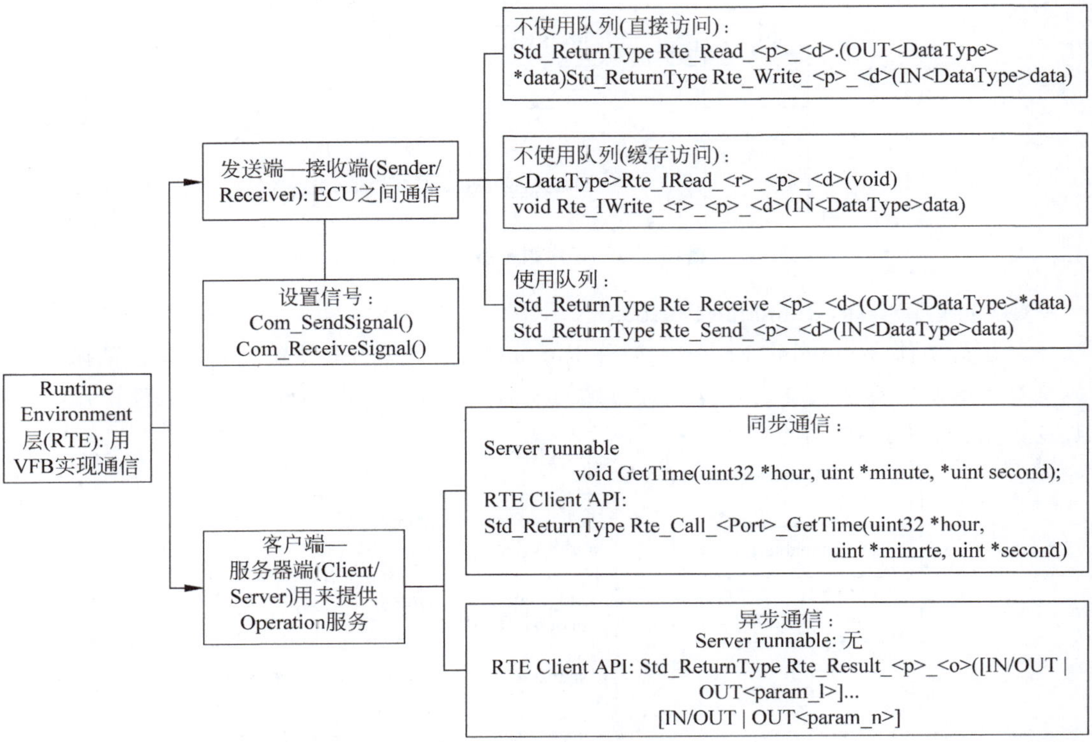

Runtime Environment层(RTE):用VFB实现通信

发送端—接收端(Sender/Receiver): ECU之间通信

设置信号：
Com_SendSignal()
Com_ReceiveSignal()

不使用队列(直接访问)：
Std_ReturnType Rte_Read_<p>_<d>.(OUT<DataType> *data)Std_ReturnType Rte_Write_<p>_<d>(IN<DataType>data)

不使用队列(缓存访问)：
<DataType>Rte_IRead_<r>_<p>_<d>(void)
void Rte_IWrite_<r>_<p>_<d>(IN<DataType>data)

使用队列：
Std_ReturnType Rte_Receive_<p>_<d>(OUT<DataType>*data)
Std_ReturnType Rte_Send_<p>_<d>(IN<DataType>data)

客户端—服务器端(Client/Server)用来提供Operation服务

同步通信：
Server runnable
void GetTime(uint32 *hour, uint *minute, *uint second);
RTE Client API:
Std_ReturnType Rte_Call_<Port>_GetTime(uint32 *hour, uint *mimrte, uint *second)

异步通信：
Server runnable: 无
RTE Client API: Std_ReturnType Rte_Result_<p>_<o>([IN/OUT | OUT<param_l>]...
[IN/OUT | OUT<param_n>]

图 3.10　RTE 的特征图

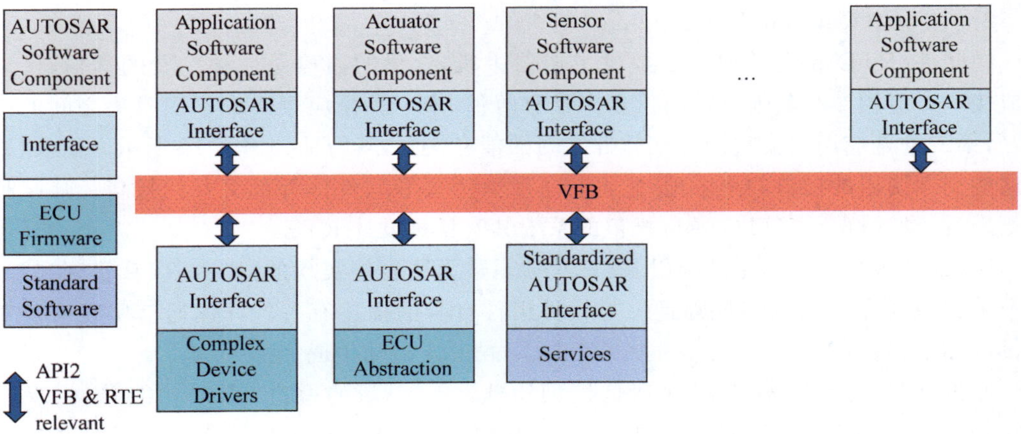

AUTOSAR Software Component
Interface
ECU Firmware
Standard Software
API2 VFB & RTE relevant

Application Software Component / AUTOSAR Interface
Actuator Software Component / AUTOSAR Interface
Sensor Software Component / AUTOSAR Interface
…
Application Software Component / AUTOSAR Interface

VFB

AUTOSAR Interface / Complex Device Drivers
AUTOSAR Interface / ECU Abstraction
Standardized AUTOSAR Interface / Services

图 3.11　虚拟功能总线

(2) Standardized AUTOSAR Interface(标准 AUTOSAR 接口)：标准 AUTOSAR 接口是在 AUTOSAR 规范中使用 AUTOSAR 接口技术标准化的接口，这种接口的语法和语义都被规定好了，通常在 AUTOSAR 服务中使用，是基础软件服务提供给应用程序的。

(3) AUTOSAR Interface(AUTOSAR 接口)：AUTOSAR 接口定义了软件模块和 BSW 模块(仅仅是 I/O 抽象和复杂驱动)之间交互的方式，AUTOSAR 接口以 Port 的形式出现，将 ECU 内部的通信和网络通信使用的接口进行了统一。

从以上定义中可以看出，不同的接口使用的场景不同，不同的模块交互会使用不同的接口。除了将接口归类以外，这种定义的意义何在？从实际使用的角度来看，第一和第二类接口都是语法语义标准化的接口，即接口函数的数量、函数的名字、函数参数名字及数量、函数的功能、函数的返回值都已经在标准里边定义好了。不同公司的软件在实现这些接口的时候虽然内容算法不同，但是它们的长相和功能是一致的，接口定义在 AUTOSAR 规范文档里是可以查到的。第三类接口，AUTOSAR 仅仅规定了简单的命名规则，这类接口和应用高度相关，例如 BCU 控制大灯打开的接口可以是 Rte_Call_RPort_BeamLight_SetDigOut，也可以是 Rte_Call_RPort_HeaderLight_Output，车企可以自己定义。如仪表想要从 CAN 总线上获得车速，该接口可以定义为 Rte_IRead_RE_Test_RPort_Speed_uint8，也可以定义为 Rte_IRead_Test_RE_RPort_Spd_uint8，这些接口必须通过 RTE 交互，如图 3.12 所示。

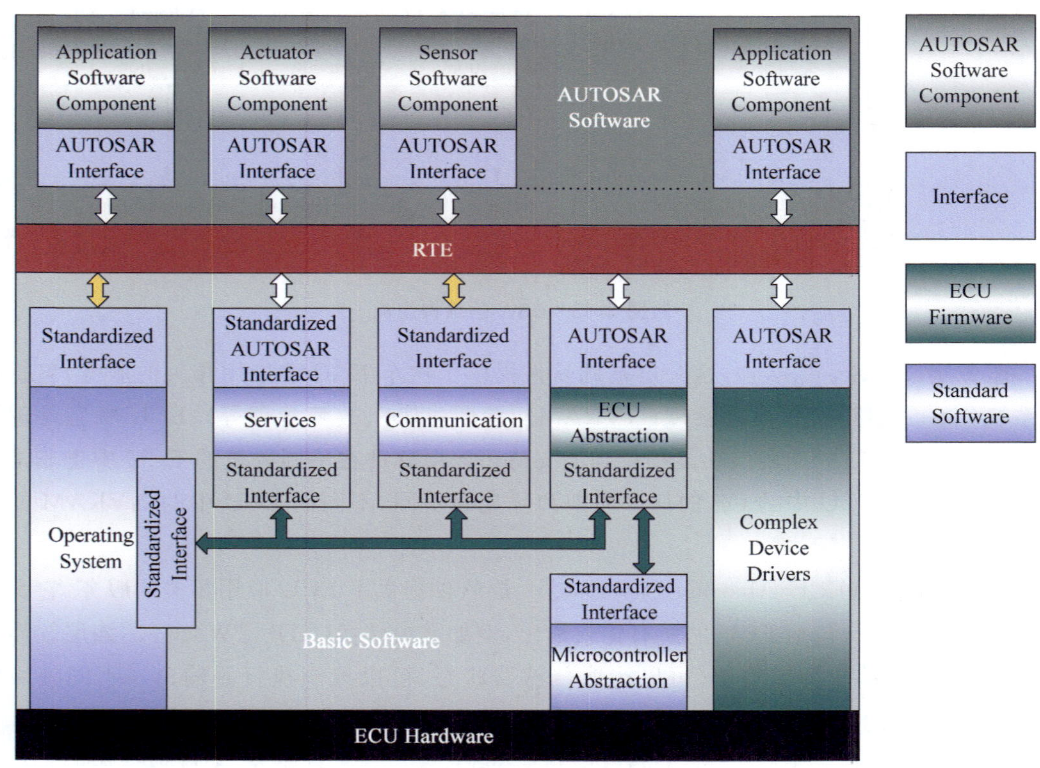

图 3.12 接口交互示意图

3）Basic Software（基础软件）

现代汽车中有多种 ECU，各自具有不同功能，但实现这些功能所需要的基础服务是可以抽象出来的，例如 I/O 操作、AD 操作、诊断、CAN 通信、操作系统等；差别是，不同的 ECU 功能所操作的 I/O、AD 代表不同的含义，所接收和发送的 CAN 消息具有不同的内容，操作系统调度的任务周期优先级不同。这些可以被抽象出来的基础服务被称为基础软件。根据不同的功能将基础软件可继续细分成 4 部分，分别为服务层（Service Layer）、ECU 抽象层（ECU Abstract Layer）、复杂驱动（Complex Drivers）和 MCAL 层（Microcontroller Abstraction Layer），4 部分之间的互相依赖程度不尽相同，如图 3.13 所示。

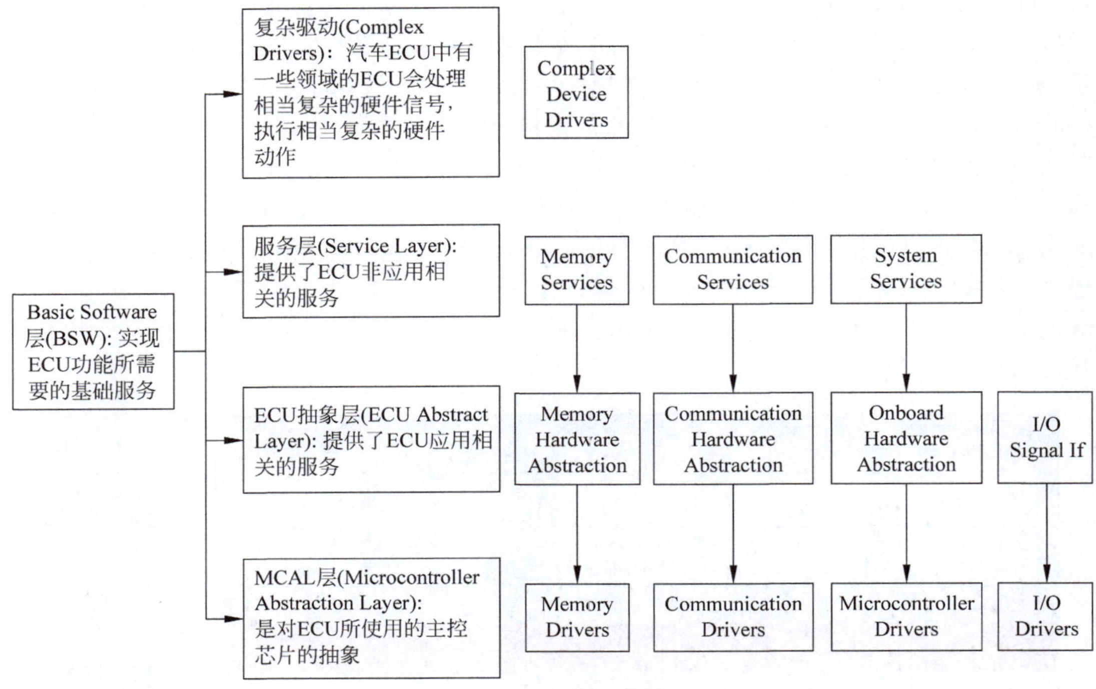

图 3.13 BSW 的结构组成

服务层(Service Layer)，这一层基础软件提供了汽车 ECU 非应用相关的服务，包括操作系统(OS)、网络通信、内存管理(NVRAM)、诊断(UDS、故障管理等)、ECU 状态管理模块等，它们对 ECU 的应用层功能提供辅助支持。该层软件在不同领域的 ECU 中也非常相似，例如不同的 ECU 中的 OS 的任务周期和优先级不同，不同的 ECU 中的 NVRAM 的分区不同，存储的内容不同。

ECU 抽象层(ECU Abstract Layer)，这一层软件提供了 ECU 应用相关的服务，它是对一个 ECU 的抽象，包括 ECU 的所有输入输出，例如数模转换(AD)、PWM 等。该层软件直接实现了 ECU 的应用层功能，可以读取传感器状态，可以控制执行器输出。不同领域的 ECU 会有很大的不同。

MCAL 层(Microcontroller Abstraction Layer)，这一层软件是对 ECU 所使用的主控芯片的抽象，它跟芯片的实现紧密相关，是 ECU 软件的最底层部分，直接和主控芯片及外设芯片进行交互。其作用是将芯片提供的功能抽象成接口，再将这些接口提供给服务层或 ECU 抽象层使用。

复杂驱动(Complex Drivers)，现代汽车中有一些领域的 ECU 会处理复杂的硬件信号，执行复杂的硬件动作，例如发动机控制、ABS 等。这些功能相关的软件很难抽象出来适用于所有类型 ECU，其与 ECU 应用及 ECU 所使用的硬件紧密相关，属于在 AUTOSAR 架构中无法移植于不同 ECU 的部分。图 3.14 是 BSW 层中各个子模块说明。

微控制器抽象层是基础软件中的最底层。它包含各种驱动模块，用来对 μC 内部设备和映射了 μC 外部设备的内存进行访问。

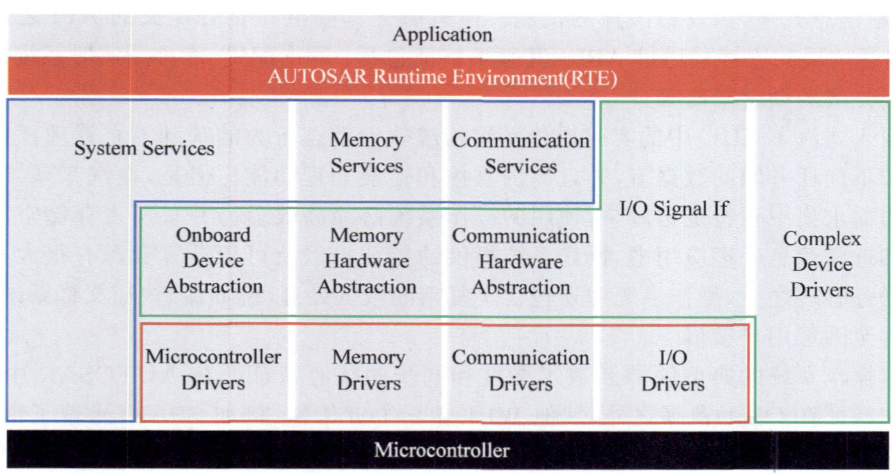

图 3.14 BSW 子模块示意图

4) System Services(系统服务)

系统服务是一组可以由所有层模块调用的模块和功能,例如实时操作系统、错误管理器和库功能,为应用和基本软件模块提供基本服务。具体包括 AUTOSAR OS、BSW 调度器和模式管理器 3 个部分,如图 3.15 所示,下面分别介绍。

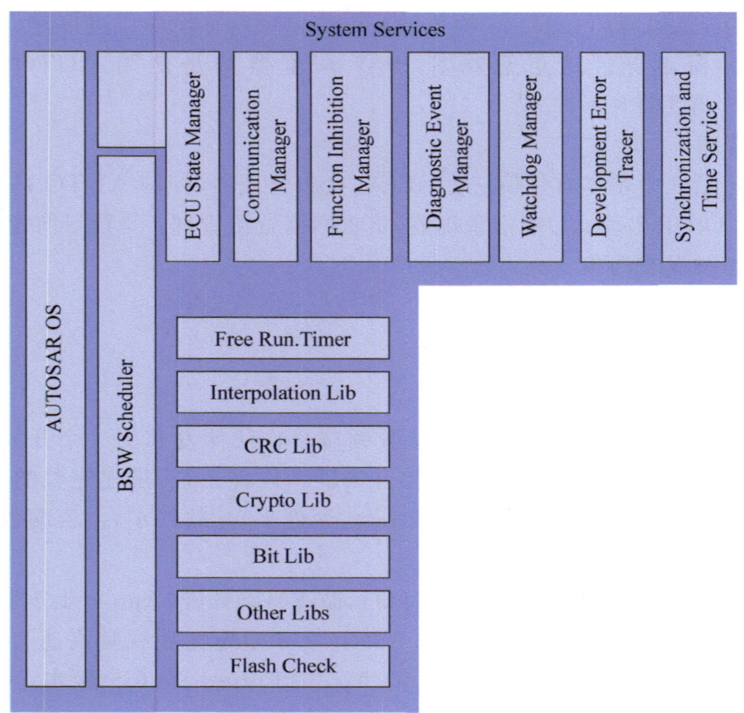

图 3.15 系统服务的结构

(1) AUTOSAR OS。

AUTOSAR OS 为实时应用提供了所有基本服务,即中断处理、调度、系统时间和时钟同步、本地消息处理，以及错误检测机制。所有服务都隐藏在良好定义的API之后。应用与OS和通信层的连接只通过API。其基本特征包括：静态配置、能推断实时系统性能和提供基于优先级的调度策略等。

在嵌入式汽车ECU中的实时操作系统构成软件动态行为的基础。它管理任务和事件的调度和不同任务间的数据流，并且提供监控和错误处理功能。但是，在汽车系统中，对操作系统的需求集中在特定领域，所使用的操作系统必须高效运行并且所占存储空间小。在多媒体和远程信息处理应用中，操作系统提供的特征集以及可用计算资源有很大不同。在纯粹的任务管理之上，操作系统中还包含了复杂的数据处理（例如流、快速文件系统等）和存储管理甚至图形用户接口。

汽车操作系统的典型领域涵盖了调度和同步的核心特征。在AUTOSAR中，上面讨论的附加特征在OS的范围之外，其他WP4.2.2.1工作包（例如SPAL）涵盖了这些特征。在AUTOSAR的体系结构约束之下不可能把其他OS（例如QNX、VxWorks和Windows CE等）的特征集合集成到整体的OS/通信/驱动结构中。因此，AUTOSAR OS只考虑核心特征。

（2）BSW调度器。

BSW调度器是系统服务的一部分，它向所有层的所有模块提供服务。但是，与其他BSW模块不同，BSW调度器提供了集成的概念和服务。BSW调度器可提供方法把BSW模块的实现嵌入AUTOSAR OS中，并应用BSW模块的数据一致性机制。集成者的任务是应用所给的方法（AUTOSAR OS提供的），在特定项目环境中以良好定义和有效的方式把BSW模块装配起来。这也意味着BSW调度器只是使用AUTOSAR OS，它与AUTOSAR OS调度器并不冲突。

（3）模式管理。

模式管理包括3个基本软件模块：①ECU状态管理器，控制AUTOSAR BSW模块的启动阶段，包括OS的启动；②通信管理器，负责网络资源管理；③看门狗管理器，基于应用软件的生存状态触发看门狗。

3.2.2 Apollo软件架构

1. Apollo概述

Apollo是百度面向汽车行业及自动驾驶领域合作伙伴发布的一个开放、完整、安全的自动驾驶平台。通过这个平台，开发者可整合车辆和硬件系统，搭建完整的自动驾驶系统。Apollo平台提供的软硬件和服务包括车辆平台、硬件平台、软件平台、云端数据服务等4大部分。

Apollo目前已经开放Apollo 1.0封闭场景循迹自动驾驶、Apollo 1.5昼夜定车道自动驾驶、Apollo 2.0简单城市道路自动驾驶、Apollo 2.5限定区域视觉高速自动驾驶、Apollo 3.0量产园区自动驾驶和Apollo 3.5带来的Apollo Enterprise 6个版本，完成平台4大模块全部开源，提供更多场景、更低成本、更高性能的能力支持，为自动驾驶车辆量产提供软件、硬件、安全、多模人机交互方面的全面平台服务支持。

2. Apollo软件架构

Apollo软件架构由以下几个模块组成：校准模块、车辆CAN总线控制模块、控制模块、决策模块、可视化模块、驱动模块、人机交互模块、端到端强化学习、定位模块、高精地图模块、监控模块、感知模块、预测模块以及通用监控与可视化工具。自动驾驶系统先通过起点终点规划出全局路径(Routing)；然后在行驶过程中感知(Perception)当前环境(识别车辆、行人、路况、标志等)，并预测下一步发展；然后将采集到信息传入规划模块(Planning)，规划车辆行驶轨迹；控制模块(Control)将轨迹数据转换成对车辆的控制信号，通过汽车交互模块(Canbus)控制汽车，如图 3.16 所示。

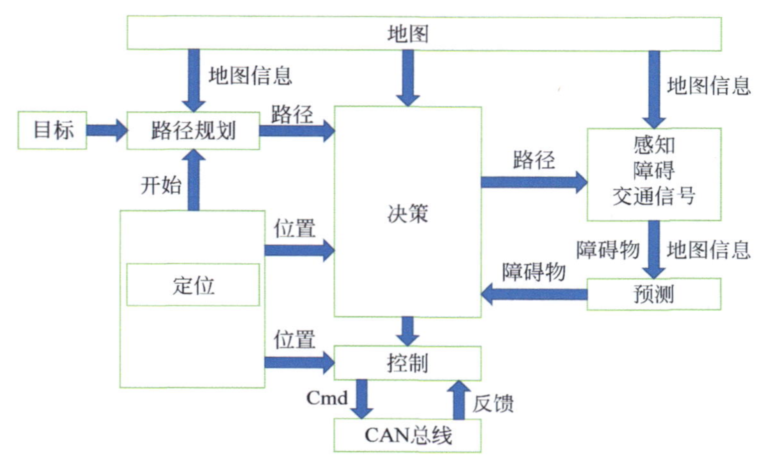

图 3.16 Apollo 平台各模块之间的关系

(1) 校准模块：使用前必须对传感器校准和标定，包括激光雷达与摄像头、毫米波雷达与摄像头等。校准是对齐激光雷达、摄像头以及毫米波雷达获得的信息。激光雷达可以获取详细的三维环境信息，但是不能获得颜色信息；摄像头可以获取颜色信息，但无法获得深度等三维信息；毫米波雷达不能获取颜色信息，但可以获得三维信息；将三者采集的信息对齐后，就可以同时了解实际环境中的三维信息和颜色信息。

(2) 车辆 CAN 总线控制模块：接收控制指令，同时给控制模块 Control 发送车身状态信息。CanBus 有两个数据接口。第一个数据接口是基于计时器的发布者，回调函数为 OnTimer。如果启用，此数据接口会定期发布底盘信息。第二个数据接口是一个基于事件的发布者，回调函数为 OnControlCommand，当 CanBus 模块接收到控制命令时会触发该函数。

(3) 控制模块：基于决策规划的输出路径及车身状态，使用不同的控制算法来输出控制命令，如转向、制动、加速等。有 3 个主要的数据接口：OnPad、OnMonitor 和 OnTimer。OnPad 和 OnMonitor 是仿真和 HMI 的交互接口。主要数据接口 OnTimer 会定期产生实际的控制命令。

(4) 决策模块：在接收全局路径后，根据从感知模块得到的环境信息(其他车辆、行人等障碍物信息，道路上交通标志、红绿灯等交通规则信息)，以及本车当前的行驶路径等状态信息，做出具体的行为决策(如变道超车、跟车行驶、让行、停车、进出站等)。

(5) 可视化模块：查看规划的轨迹及实时的转向、制动和节气门信息。

(6) 驱动模块：GNSS 设备驱动，包括 NovAtel、Applanix、u-blox、激光雷达、Velodyne 驱动，用来读取传感器内容并输出对应的消息。

(7) 人机交互模块：可视化自动驾驶模块的输出，例如，规划轨迹、汽车定位、底盘状态等。为用户提供人机交互界面，以查看硬件状态，打开或关闭模块，以及启动自动驾驶汽车。

(8) 端到端强化学习：所谓端到端是指，由传感器的输入信息直接决定车的行为，例如节气门、制动、方向等。这是机器学习算法直接学习人类司机的驾驶行为。学习数据主要来源于传感器的原始数据，包括图像、激光雷达、毫米波雷达等。端到端输入以图像为主，输出车辆的控制决策指令，如方向盘角度、加速、制动等。通过深度神经网络连接输入输出两端，即神经网络直接发送车辆控制指令从而对车辆进行横向和纵向控制，此过程没有人工参与。横向控制主要是指通过方向盘控制车身横向移动，即方向盘角度。纵向控制是指通过节气门和制动控制车身纵向的移动，即加速、制动等。横向模型的输出不是方向盘角度，而是道路行驶的曲率。

(9) 定位模块：聚合各种数据以定位自动驾驶车辆，有两种类型的定位模式，OnTimer和多传感器融合。第一种基于RTK的定位方法，通过计时器的回调函数OnTimer实现；另一种是多传感器融合(MSF)方法，其中注册了一些事件触发的回调函数。

(10) 高精地图模块：输出结构化地图信息，如车道线、十字路口等。其显著特性是表征路面特征的准确性。通常，传统地图只需要做到米量级的精度即可实现基于GPS的导航，但高精地图需要至少100倍以上的精度，即达到厘米级的精度才能保证无人车的行驶安全。

(11) 监控模块：包括硬件在内的，车辆中所有模块的监控系统。监控模块从其他模块接收数据并传递给HMI，以便驾驶员查看并确保所有模块都正常工作。如果模块或硬件发生故障，监控会向Guardian发送警报，然后决定需要采取哪些操作来防止系统崩溃。

(12) 感知模块：感知依赖LiDAR点云数据和摄像头原始数据。除了传感器数据输入之外，交通灯检测也需要依赖定位以及高精地图。由于实时ad-hoc交通灯检测在计算上是不可行的，因此需要依赖定位确定何时何地开始通过摄像头捕获的图像检测交通灯。在感知模块中，Apollo平台有以下几个特点：①CIPV检测/尾随，可实现远程精确度。摄像头安装有高低两种不同的安装方式。②异步传感器融合，因为不同传感器的帧速率差异，毫米波雷达为10ms，摄像头为33ms，LiDAR为100ms，所以异步融合LiDAR、毫米波雷达和摄像头数据，并获取所有信息得到数据点的功能非常重要。③在线姿态估计，自动驾驶汽车在出现颠簸或斜坡时需确定与估算角度变化，以确保传感器随汽车移动且角度或姿态相应地变化。④超声波传感器，作为安全保障传感器，与Guardian一起用于自动紧急制动和停车。

(13) 预测模块：负责预测所有感知到的障碍物的未来运动轨迹，输出预测消息封装了感知信息。预测定位和感知障碍物消息时，当接收到定位更新后，预测模块更新其内部状态。当感知模块发布感知到障碍物消息时，触发预测模块实际执行。

(14) 通用监控与可视化工具：包括一些可视化工具、bag包录制及回放脚本。

3.3 自动驾驶汽车操作系统

在软件平台中，操作系统主要管理系统中的各种软、硬件资源，控制用户和应用程序的工作流程。操作系统是架构在硬件之上的第一层软件，是系统软件和应用程序运行的基础。软件平台和操作系统的关系如图3.17所示。

自动驾驶汽车的操作系统负责管理车辆对四周物体的识别、车辆定位及路径规划等功能，它是实现无人驾驶的关键。由于自动驾驶汽车具有强安全关联属性，若操作系统功能欠佳，其代价不仅是工作效率低下，而关乎生命安全，所以自动驾驶汽车的操作系统在监控支配汽车时的反应需要精确到微秒级，能够实时感知周围环境并规划出针对性的解决方案。车载操作系统分为实时操作系统和准实时操作系统，下面将详细介绍两种车载操作系统。

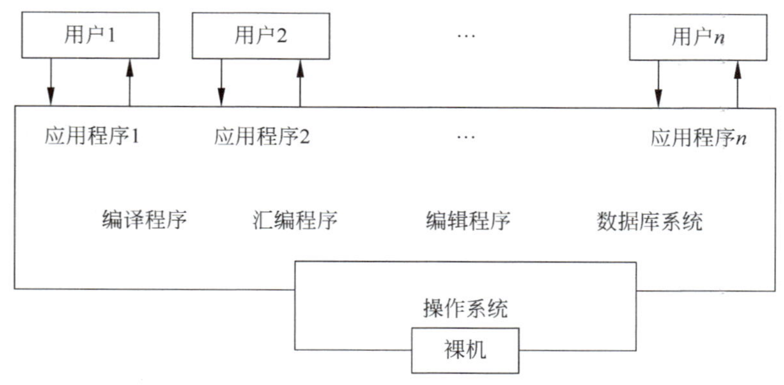

图 3.17 软件平台与操作系统关系图

3.3.1 车载实时操作系统

车载实时操作系统将分为 4 个部分展开介绍，其中包括实时操作系统（RTOS）的定义、实时操作系统的特征、实时操作系统的相关概念和典型车载实时操作系统 μC/OS-Ⅱ。

1. 实时操作系统定义

实时操作系统是确保在规定时间内完成指定功能的操作系统。例如，可以为自动驾驶汽车的路面状况实时判断设计一个操作系统。

实时操作系统最显著的特征是实时性，即当外部数据或者请求到来之时，在极其短暂（微秒级）的时间内做出中断响应，并且交由 CPU 进行处理。另外，高可靠性也是其特征之一，如果有特殊情况发生，它能在某个时间范围内得到处理。

实时操作系统可以被划分为硬实时（hard realtime）和软实时（soft realtime）操作系统，划分标准为硬性截止时间的不同。硬实时系统是指要在最坏情况（负载最重）下确保在服务时间内完成响应，即对于事件的截止响应期限必须在规定时间内满足（一次也不能超时）。软实时系统是指在规定时间以内，尽量保证处理完成相关任务和数据，当出现了超时情况，也属于可以接受的范围，并不会造成严重的后果（允许有限次数内超时）。

对于在实际应用过程中所出现的相同情况，硬实时系统和软实时系统会采用完全不同的应对策略。如果因为延期导致错过了任务的执行截止时间，硬实时系统会选择直接结束当前工作，然后关闭系统；而软实时系统仅仅放弃执行当前任务，可能会有短暂的暂停，然后转为执行队列中的下一个就绪任务。现在市场上所存在的系统一部分是为特定的实时应用所设计，另一部分是通用的软实时操作系统，如 Windows NT 或 IBM 的 OS/390。

2. 实时操作系统的特征

1）高精度计时系统

计时精度是影响实时性的一个重要因素。在实时应用系统中，经常需要精确实时地操作某个设备或执行某个任务，或精确地计算一个时间函数。这些不仅依赖一些硬件提供的时钟精度，也依赖实时操作系统实现的高精度计时功能。

2）多级中断机制

一个实时操作系统通常需要处理多种外部信息或事件，但处理的紧迫程度有轻重缓急之分。有的必须立即作出反应，有的则可以延后处理。因此，需要建立多级中断嵌套处理机制，以确保对紧迫程度较高的实时事件及时进行响应和处理。

3）实时调度机制

实时操作系统不仅要及时响应事件中断，同时也要及时调度运行实时任务。但是处理机调度并不能随心所欲地进行，因为涉及两个进程之间的切换，只能在确保“安全切换”的时间点上进行。实时调度机制包括两个方面：一是在调度策略和算法上保证优先调度实时任务；二是建立更多“安全切换”时间点，保证及时调度实时任务。

3. 实时操作系统的相关概念

1）基本概念

代码临界段：在一个时间段内，只允许一个线程或进程进行独占式访问的代码段。其他所有试图访问该代码段的进程都必须进行等待。

资源：进程所占用的任何实体。

共享资源：可以被多个进程共享的一次具体活动，以进程或者线程的方式存在，拥有自己的地址空间（包括文本、数据和堆栈共同使用的实体）。通过一系列操作达到某一目的，例如使用打印机打印出一串字符。拥有 4 种常见状态：休眠态、就绪态、运行态、挂起态。

任务切换：当系统中存在两个或两个以上的任务时，处于就绪态任务需要抢占运行态任务，或者运行态任务执行完毕，需要让出 CPU 控制权而进行的切换操作；当前占据 CPU 使用权的任务存入栈区，将下一个即将开始的任务装入 CPU 寄存器，开始运行。

内核：操作系统的核心，是硬件层和软件层的交互媒介，提供操作系统的基本功能。负责对任务的管理、CPU 调度、设备驱动、内存管理等，可以分为抢占式和非抢占式。

调度：当多个进程向同一资源发出请求时，由于访问互斥性，必须按照一定优先次序对唯一性资源进行分配。

2）关于优先级的问题

任务优先级根据运行过程中是否恒定，分为静态优先级和动态优先级。在实际应用过程中，经常会遇到优先级翻转的问题，导致优先级较低的进程长时间占据共享资源，阻塞了高优先级任务的运行。目前，有“优先级天花板”和“优先级继承”两种办法可以解决这个问题。第一种方法是在所有申请同一共享资源的任务中选出一个最高优先级，把这个优先级赋给每一个申请该资源的任务，即不让某一资源的优先级成为影响高优先级的任务运行的关键因素；第二种方法是当出现高优先级任务被低优先级任务占用临界区资源时，在一定时间内将低优先级任务提高到与高优先级任务相同，缺点是每一项新任务到来时，都需要进行判断。

3）互斥

共享内存的意义在于可以让进程之间的通信变得方便、迅速，但是当一个进程对该区域进行读写的时候，为了防止脏读脏写，必须保证访问的互斥性，即其余请求访问该内存区域的进程必须等待，直到此内存块被释放。实现互斥访问一般包括软件和硬件两种方法，软件方法比较著名的有 DEKKER 算法和 PETERSON 算法(更好);硬件方法主要是通过特殊指令来达到保护临界区的目的,包括忙等待、自旋锁、开关中断指令、测试并加锁指令、交换指令等。每一种方案都是有利有弊,以开关中断指令举例,主要优点是简单高效,但是代价高,不利于发挥 CPU 的并发能力,并且只适用于单核处理器,仅仅适用于操作系统本身,而无法适用于应用程序。

4) 任务切换时间

任务切换的时间是衡量一个实时操作系统实时性能的重要指标之一,其取决于 CPU 需要等待入栈的寄存器个数。CPU 寄存器个数越多,则切换时间越长。任务切换时的状态如图 3.18 所示。

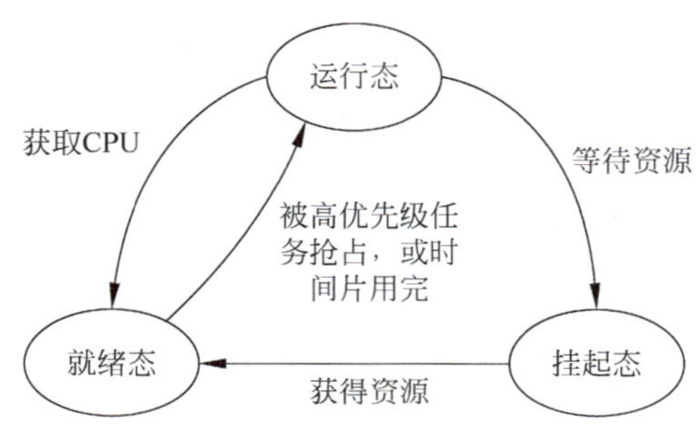

图 3.18 任务切换状态图

5) 中断响应时间(可屏蔽中断)

中断响应时间是另一个衡量实时操作系统实时性能的重要指标,其主要由关中断的最长时间、保护 CPU 内部寄存器的时间、进入中断服务函数的执行时间、开始执行中断服务程序(ISR)的第一条指令时间构成。

4. μC/OS-Ⅱ概述

μC/OS-Ⅱ由 Micrium 公司提供,是一个可移植、可固化、可裁剪的占先式多任务实时内核,它适用于多种微处理器、微控制器和数字处理芯片(已经移植到 100 种以上的微处理器应用中)。同时,该系统源代码开放、整洁、一致、注释详尽,适合系统开发。μC/OS-Ⅱ已经通过联邦航空局(FAA)商用航行器认证,符合航空无线电技术委员会(RTCA)DO-178B 标准。μC/OS-Ⅱ可以大致分成核心、任务处理、时间处理、任务同步与通信,CPU 的移植等 5 个部分。

(1) 核心部分(OSCore.c)是操作系统的处理核心,包括操作系统初始化、操作系统运行、中断进出的前导、时钟节拍、任务调度、事件处理等多部分。能够维持系统基本工作的部分都在这里。

(2) 任务处理部分(OSTask.c),其内容都是与任务的操作密切相关。包括任务的建立、删除、挂起、恢复等。因为 μC/OS-Ⅱ是以任务为基本单位进行调度,所以这部分内容也相当重要。

(3) 时钟部分(OSTime.c),μC/OS-Ⅱ中的最小时钟单位是 timetick(时钟节拍)。任务延时等操作是在这里完成的。

(4) 任务同步和通信部分,为事件处理部分,包括信号量、邮箱、邮箱队列、事件标志等部分；主要用于任务间的互相联系和对临界资源的访问。

(5) 与 CPU 的接口部分，是指 μC/OS-Ⅱ针对所使用的 CPU 的移植部分。由于 μC/OS-Ⅱ是一个通用性的操作系统，所以对于关键问题上的实现，还是需要根据具体 CPU 的内容和要求作相应的移植。这部分内容由于牵涉 SP 等系统指针，所以通常用汇编语言编写，主要包括中断级任务切换的底层实现、任务级任务切换的底层实现、时钟节拍的产生和处理、中断的相关处理部分等内容。

3.3.2 车载准实时操作系统

1. 准实时操作系统定义

准实时操作系统是使一台计算机采用时间片轮转的方式同时为几个、几十个甚至几百个用户服务的一种操作系统。为把计算机与许多终端用户连接起来，准实时操作系统将系统处理机时间与内存空间按一定的时间间隔，轮流地切换给各终端用户的程序使用。由于时间间隔很短，每个用户的感觉就像他在独占计算机一样。准实时操作系统的特点是可有效增加资源的使用率。

准实时操作系统典型的例子就是 UNIX 和 Linux 操作系统。其可以同时连接多个终端并且每隔一段时间重新扫描进程，重新分配进程的优先级，动态分配系统资源。

2. 准实时操作系统的特征

准实时操作系统有以下几个特征。

(1) 交互性(同时性)：用户与系统进行人机对话。用户在终端上可以直接输入、调试和运行自己的程序，在本机上修改程序中的错误，直接获得结果。

(2) 多路性(多用户同时性)：多用户同时在各自终端上使用同一 CPU 和其他资源，充分发挥系统的效率。

(3) 独立性：用户可彼此独立操作，互不干扰，互不混淆。

(4) 及时性：用户在短时间内可得到系统的及时回答。

影响响应时间的因素主要有终端数目多少、时间片的大小、信息交换量、信息交换速度等。

3. Linux 系统结构

在图 3.19 中，可以看出 Linux 系统是一个分层的体系结构，位于硬件层之上，由用户空间和内核空间组成，其中高位的物理内存由内核空间占用，这部分内存只限运行在内核态的进程访问，主要划分为 ZONE_DMA、ZONE_NORMAL 和 ZONE_HIGHMEM 3 部分。低位的物理内存由用户空间使用，进程对用户空间的访问是互相隔离的，某一时刻占据 CPU 的进程，拥有整个虚拟内存空间。

所有实时应用，都需要在极短的反应时间内，满足系统的任务处理需求。目前版本的 Linux 系统由于以下的几个自带特性，是无法满足硬实时操作系统要求的。

(1) 时间粒度太大(毫秒级)。

(2) 时间片轮转调度策略。

(3) 虚拟内存管理。

(4) 非抢占式内核。

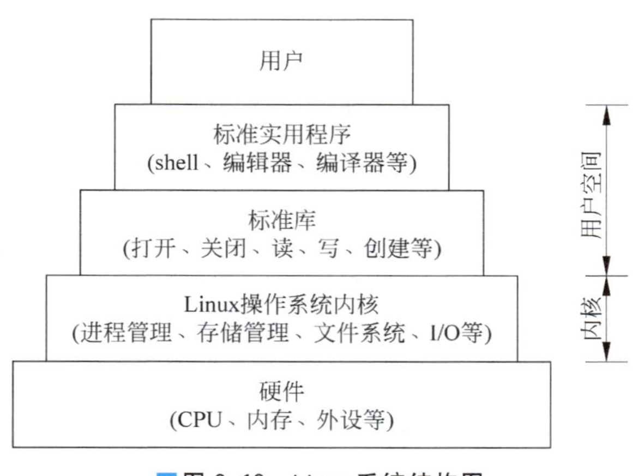

图 3.19 Linux 系统结构图

(5) 临界区中断屏蔽。

Linux 进程的运行状态一般分为阻塞态、就绪态和运行态 3 种。当一个进程所有资源都具备,只差 CPU 控制权的时候,会根据优先级被插入就绪队列合适位置,进入就绪态。当就绪队列的进程获得 CPU 之后,进入运行态,直至时间片用完,进入新的就绪队列;或者 I/O 设备等硬件资源被剥夺,则进入阻塞态,直到重新获取硬件资源,再由系统移至就绪队列末尾继续等待。在 Linux 系统中,一旦进程进入运行状态,即便就绪队列中有更高优先级任务到达,也无法立即对运行中的低优先级进程进行抢占。除非当前运行的低优先级进程自动放弃 CPU 控制权,或者等待硬件资源被剥夺而造成阻塞,否则将一直处于运行态。这个时间间隔甚至可能达到毫秒级别,这对于实时性要求很高的系统是完全无法容忍的。此外,当 Linux 系统在对临界区资源进行操作时,中断标志位是处于屏蔽状态,即无法通过中断请求,而立刻插入执行高实时性任务。等待的时间长度完全取决于系统调用所耗费的时间,这段时间内系统无法处理外部的中断请求。实时性操作系统要求,对于低优先级的当前运行任务,只要就绪队列中存在优先级比它高的任务,就可以立刻剥夺它的运行权利。

Linux 采用时间片轮转调度策略,每个进程都被分配相同长度的时间片,从获取 CPU 运行权开始计时,当期时间片用完之时,不管进程是否运行完毕,都必须交出 CPU 控制权。此调度策略的优点是每一个等待队列中的进程在一定时间内都有机会获得执行权力,防止出现某一进程因等待时间过长而挂死的情况;缺点是对于优先级高的长进程,可能需要多次调度执行,才能完成任务,降低了系统的平均执行效率。Linux 采取将任务集中进行分配处理的方式,这会导致任务超时未被处理的情况出现。在用户态下运行的进程,随着时间片用完或者缺少相关硬件资源造成的等待,会被内核剥夺处理器的运行权;而一旦将运行状态切换到内核态,则可以不受限制地一直运行下去,直到自己主动提出放弃请求,或者切回用户态。当系统出现不可预知情况时,优先级是可以通过系统管理者进行手动修改的。这样做有利于增强复杂环境的适应性,但是也会对程序调度的既定性造成影响。

当出现随机存储器(RAM)不够用的时候,Linux 采用虚拟内存技术,通过将内存映射到扩展的虚拟存储器(外部磁盘),达到加大内存容量的效果。首先,这需要建立一个额外的数据结构来管理这部分虚拟内存；其次，缺页所造成的页面换进换出和磁盘 I/O 操作需要一笔不小的时间开支，并且这段时间支出是无法预知的。如果这段时间里，有高优先级任务到来，系统是无法提供及时响应的。这也是 Linux 无法作为实时操作系统的一个重要原因。但是，Linux 提供了丰富的硬件支持、免费开源的工具库，这是其他实时操作系统无法比拟的。因此，为了利用 Linux 的这些资源优势，当前主要有两种处理方案。

第一种方案是直接改动内核的源代码，通过对周期模式、数据结构、调度方式、中断屏蔽等进行改动，达到提高实时性的目的。这种方式改动后的实时性很好，原来的内核模块依旧可以使用，在其上编写代码和普通 Linux 基本相同，可以系统调用；缺点是工作量很大，并且后期会存在系统稳定性问题。这种方法是针对 Linux 内核的进程调度算法做部分修改，减少因进程的不可抢占所导致的时间耗费。采用这种方法的目的是降低系统的"中断延迟"和任务的"调度延迟"，提升内核的实时处理能力。此法可以保证在一个较短时间内完成对高优先级任务的响应，但是却无法保证具体的响应时间，因此提供的是一个软实时系统。

第二种是采用双内核的方式，在 Linux 内核外部进行扩展。目前，比较常见的做法是将 RTAI 或 xenomai 实时内核在原有 Linux 内核的基础上打补丁。这两款实时内核是当前比较成熟的硬实时内核，但面临的问题是项目的可维护性和二次开发难度，基本就是重写了一个内核系统，不具备大规模应用开发的基础。采用双内核后，普通进程使用 Linux 内核调度器进行调度，实时任务使用新内核调度器进行调度。这种双内核系统的两个内核互相配合，合理分工，当外部请求到来时，先由系统划分优先级，将优先级高的进程分配给实时内核进行处理，优先级低的进程分配给非实时内核进行处理。因此这种改造方法兼具了系统的稳定和工作量小两大优点。

这种方法通过在硬件层和软件层中间直接加入一个硬件请求管理层，专门负责截取和分发底层硬件请求，一般称为硬件资源抽象层(Hardware Abstraction Layer，HAL)。它可以提供一种兼容环境，允许多个操作系统或者一个操作系统中的多个进程共享资源，这些共享资源的系统或者进程被称作"域"。各个域之间彼此可能不知道对方的存在，但是它们可以通过 HAL 提供的中断管道互相通信。当外部中断、系统调用或者由于任务切换、进程创建等引起的系统事件发生时，HAL 负责依次告知各个域。

所有的外部硬件任务到来之时，都会对 HAL 发起中断请求。经过 HAL 的任务分级处理，每个任务会被分到实时任务序列或者非实时任务序列，根据实时性分别分配给两个内核。

采用独立实时调度管理机制与硬件抽象层的优势是对 Linux 内核部分的改动很少，并且可以兼容大部分的硬件驱动，便于应用程序的开发和移植。

3.4 本章小结

本章详细介绍了自动驾驶汽车软件平台的相关内容，以宏观的软件平台架构为起点，系统地总结了 AUTOSAR 系统以及典型 Apollo 软件平台的组成，接着对车载实时操作系统和准实时操作系统进行了简要论述，分别介绍了各自的特点。随着汽车信息化、网络化、智能化快速发展，软件平台越来越体现出其在自动驾驶汽车开发中发挥的基础和核心作用。

参考文献

[1] 中国电子信息产业发展研究院，王鹏. 2013—2014年中国软件产业发展蓝皮书：中国软件产业发展蓝皮书[M]. 北京：人民出版社，2014.

[2] 赛迪网. 软件成智能汽车突破发展的关键[EB/OL]. (2016-09-29)[2019-3-10]. http://www.ccidnet.com/2016/0929/10190373.shtml。

[3] 韩健. 软件成智能汽车突破发展的关键[N]. 中国计算机报，2016-09-26(002).

[4] 黄铁雄. 开放式发动机管理系统体系结构及其虚拟原型技术研究[D]. 华中科技大学，2011.

[5] 陈海兰. 基于AUTOSAR规范的嵌入式实时操作系统设计与实现[D]. 复旦大学，2013.

[6] 高嵊昊. 面向汽车电子领域的嵌入式软件可靠技术的研究与开发[D]. 电子科技大学，2012.

[7] 徐志刚，张宇琴，王羽，等. 我国自动驾驶汽车行业发展现状及存在问题的探讨[J]. 汽车实用技术，2019，280(01)：21-29.

[8] 电子说. 汽车产业现况及自动驾驶的挑战[EB/OL]. (2018-05-22)[2019-3-10]. http://www.elecfans.com/d/680878.html.

[9] 彭威. SmartSAR RTE[D]. 浙江大学，2011.

[10] 戴筱妍. 车辆动力传动综合控制系统设计方法及关键技术研究[D]. 北京理工大学，2014.

[11] 扈杭. 从百度Apollo计划探讨无人驾驶技术的发展[J]. 数字通信世界，2017(09)：45.

[12] 赵越棋. 机器人实时控制平台研究与实现[D]. 中国科学院大学(中国科学院沈阳计算技术研究所)，2018.

[13] 倪敏，周怡廷页，杨继堂. μC/OS-Ⅱ的任务切换机理及中断调度优化[J]. 单片机与嵌入式系统应用，2003，3(10)：26-30.

[14] 徐阳，王锐，傅燕翔. 神经肌肉刺激器检测装置的研究[J]. 电子测试，2017(17).

[15] 李卫华. 汽车转弯过程中的防抱死制动系统的研究[D]. 燕山大学，2006.

[16] 廖银. 动态二进制翻译建模及其并行化研究[D]. 中国科学技术大学，2013.

[17] 李斌. 车载信息服务系统两项软件标准草案已经完成[J]. 信息技术与标准化，2012(8).

[18] 孙钟秀. 操作系统教程[M]. 北京：高等教育出版社. 2003.

[19] 王远鹏. 提高实时操作系统的实时性能和可靠性策略[J]. 计算机光盘软件与应用，2012(16)：134-134.

[20] 祝旭晖. AUTOSAR系统建模方法的研究与实现[D]. 哈尔滨工业大学，2009.

[21] Zhw888888的博客. μC/OS-Ⅱ的任务切换机理及中断调度优化[EB/OL]. (2010-06-21)[2019-3-14]. https://blog.csdn.net/zhw888888/article/details/5683201.

[22] 徐战亚. 可移植嵌入式导航平台关键技术研究[D]. 中国地质大学，2010.

[23] 张鸥. 智能网联汽车安全网关技术的研究与实现[D]. 电子科技大学，2018.

[24] 杜鸣皓. "自动驾驶"的现实挑战：尚待过法律和安全关[J]. 中国品牌，2017(05)：80-85.

[25] 走向希望的博客. 实时系统和分时系统[EB/OL]. (2018-05-22)[2019-3-11]. http://blog.sina.com.cn/s/blog_4b9eab320100y8c8.html.

[26] 电子电路. 基于MSP430F149的无线温湿度传输系统[EB/OL]. (2013-07-14)[2019-3-17]. https://wenku.baidu.com/view/cab58900a8114431b90dd8d1.html.

[27] 计算机. 一种新型车路无线报站系统的设计与实现[EB/OL]. (2012)[2019-3-17]. http://www.docin.com/p-64792695.html.

[28] 曹磊. 基于 LPC2478 炮兵信息处理设计与实现[D]. 电子科技大学,2013.
[29] 任慰. 以实时操作系统为中心的嵌入式系统平台化设计研究[D]. 华中科技大学,2013.
[30] 丁松涛. 基于 SD 卡存储的温湿度记录器的设计与实现[D]. 北京工业大学,2012.
[31] 张逢喆. 公共云计算环境下用户数据的隐私性与安全性保护[D]. 复旦大学,2010.
[32] 互联网文档资源. 公交站台自动报站系统的研究[EB/OL]. (2017)[2019-3-17]. http://wenku.baidu.c.

第4章 自动驾驶汽车开发平台

4.1 Apollo 开发平台

4.1.1 Apollo 发展历程

人类的自动驾驶梦想由来已久，早在 1986 年，卡内基-梅隆大学便着手研究自动驾驶技术，尝试做自动驾驶车辆了。近年来，随着自动驾驶技术发展，大量资本涌入自动驾驶行业，带动了整个行业的发展，从大型车厂到科技巨头都在布局自动驾驶。2017 年，百度正式开源 Apollo 自动驾驶平台，推动了整个自动驾驶行业发展的进程，让更多开发者可以参与这项技术。

2017 年 7 月，在百度 AI 开发者大会上，百度首次对外公布 Apollo 详细的开放路线图（见图 4.1）、技术框架以及首期开放 Apollo 1.0 的能力。李彦宏乘坐百度无人车驶上北京五环，成为了中国自动驾驶标志性事件之一。

2017 年 9 月，百度如期发布 Apollo 1.5 版本，开放障碍物感知、决策规划、云端仿真、高精地图服务、端到端（End-to-End）的深度学习等 5 大核心能力，并支持昼夜定车道自动驾驶。

之后在 2017 年 11 月的百度世界大会上，Apollo 开放平台发布了 Apollo 小度车载系统和 Apollo Pilot 两款产品，标志着 Apollo 平台从技术创新走向产品创新，向产品化、量产化、解决方案化迈进，发展模式愈发清晰。

2018 年 1 月 8 日，百度在 2018 百度世界大会美国场（BAIDU WORLD @LAS VEGAS 2018）上发布 Apollo 2.0，能够实现简单城市道路自动驾驶，标志着 Apollo 平台包括云端服务、软件平台、参考硬件平台以及参考车辆平台在内的 4 大模块已全部点亮。

随后，在国内春节期间，2018 年央视春晚上百度 Apollo 无人车队领衔的百余辆车辆，成为首批驶上港珠澳大桥的车队，向全国人民递出“科技含量最高”的新春献礼。百度 Apollo 开放平台在一周岁生日当天，发

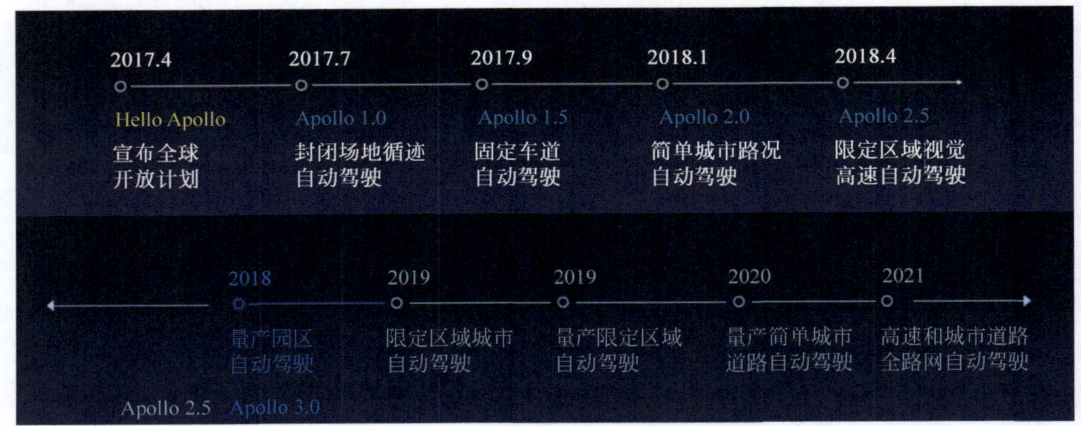

图 4.1 Apollo 自动驾驶开放路线图

布 Apollo 2.5 版本。该版本支持限定区域视觉高速自动驾驶。

同时，百度 Apollo 开放平台增添自动驾驶卡车物流的应用场景，进一步拓宽了百度自动驾驶汽车的商业化落地空间。

2018 年 7 月，百度在 AI 开发者大会上正式发布 Apollo 3.0。百度创始人、董事长兼首席执行官李彦宏宣布，L4 级别的量产自动驾驶巴士“阿波龙”正式下线。对于百度而言，Apollo 3.0 意味着自动驾驶平台实现了从技术研发到量产的第一步。Apollo 3.0 在架构、能力、平台、方案上进行了全方位的更新，在原有开发架构基础上新增了量产解决方案。

2019 年 1 月，百度在 CES 大会上正式发布 Apollo Enterprise 和 Apollo 3.5。

下面分别介绍 Apollo 各个版本的详细功能实现。

1. Apollo 1.0

2017 年 4 月的上海汽车展期间，百度正式对外发布了 Apollo 计划，百度表示该计划将向汽车行业及自动驾驶领域的合作伙伴提供一个开放、完整、安全的软件平台，帮助他们结合车辆和硬件系统，快速搭建一套属于自己的完整自动驾驶系统。2017 年 7 月的百度 AI 开发者大会上，百度宣布将 Apollo 自动驾驶框架正式对外开放。在该届 AI 开发者大会上，百度还宣布了 Apollo 自动驾驶生态正式成立，在生态圈中包括长安、奇瑞、北汽、一汽等中国汽车生产企业，以及福特、戴姆勒两家全球化的汽车生产企业。与此同时，该生态圈还包括博世集团、大陆集团等供应商、出行公司和高校等科研机构，其使命是促使 Apollo 自动驾驶汽车尽早实现商业化。此外，Apollo 还将在美国、新加坡成立子公司，尽快开启全球化进程。

Apollo 1.0 技术框架如图 4.2 所示。

Apollo 1.0 最引人注意的地方在于，可以在数据、框架和算法技术层面帮助对自动驾驶技术感兴趣的开发者迅速搭建一套整车自动驾驶环境。Apollo 1.0 所使用的林肯汽车平台由 Apollo 合作伙伴，来自美国的自动驾驶创业团队 AutonomouStuff 在 3 天内改造完成。

除了最底层的支持，Apollo 1.0 在参考硬件平台层面支持 GPS/IMU（卫星定位导航/惯性测量单元）和人机交互相关的硬件；在开放软件栈（Open Software Stack）层面提供了基本的运行框架（Runtime Framework）、实时操作系统（RTOS），以及定位（Localization）、

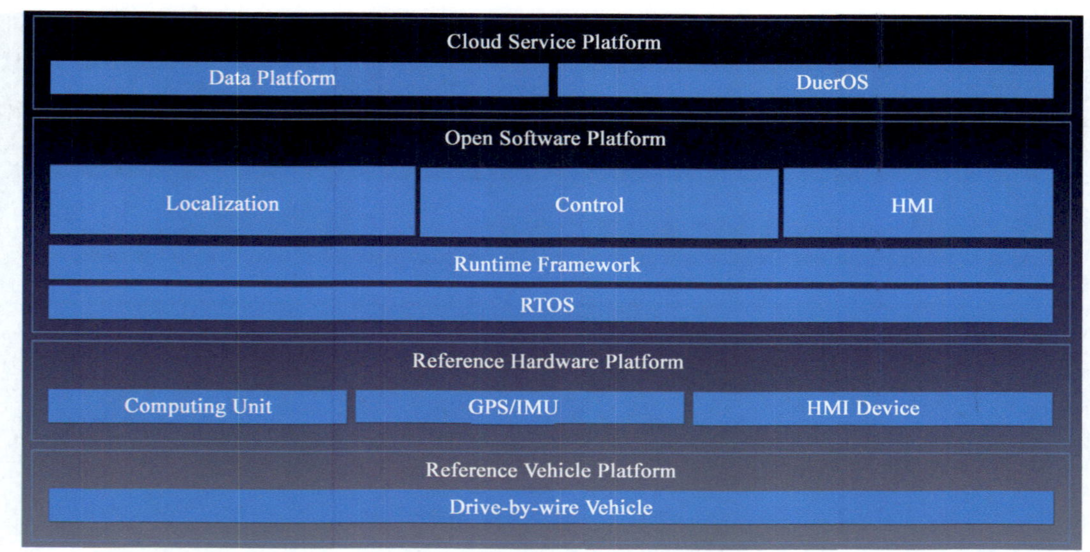

图 4.2 Apollo 1.0 技术框架

控制(Control)和人机交互(HMI)的支持；云端服务层面则提供了数据平台(Data Platform)和百度的人机交互系统 DuerOS。

在该阶段，开发者尚无法实现基于摄像头(Camera)、激光雷达(LIDAR)或其他雷达装置(Radars)做含避障和感知功能的自动驾驶，在 Apollo 之后的版本迭代中会逐步实现。

经由 Apollo 1.0 开放平台赋能自动驾驶的汽车，是一辆"循迹自动驾驶汽车"，主要基于 GPS/IMU 的高精度定位能力，结合学习人类司机的驾驶行为和轨迹，训练并具备了相对有限的自动驾驶能力，可以依靠高精地图和导航定位模块实现封闭场地的循迹自动驾驶。车辆拥有一定的学习能力，当驾驶者驾驶车辆完成某个行驶路线后，车辆便可以自动按照之前的路线行驶。Apollo 1.0 需要在封闭场地中运行，无法完成在普通道路的循迹自动驾驶。

2. Apollo 1.5

2017 年 9 月 20 日，百度在北京召开 Apollo 1.5 开放技术发布会。同时提出了"双百计划"，3 年内用 100 亿基金投资 100 家自动驾驶初创公司，大力扶持开发者发展自动驾驶技术。

Apollo 1.5 技术框架如图 4.3 所示。

Apollo 1.5 自动驾驶平台正式对业界开放，新增 5 大能力：障碍物感知、决策规划、云端仿真、高精地图服务以及端到端的深度学习。Apollo 1.5 发布会上，Apollo 宣布与激光雷达制造商 Velodyne、教育平台 Udacity 等公司分别展开合作，进一步为 Apollo 生态赋能。基于 1.5 版本开放的障碍物感知和决策规划能力，车辆能够实现不分昼夜的精准障碍物识别，通过深度神经网络精准预测行驶路径，并最终做出最优的驾驶决策。支持自动跟车、道路校正、自动泊车、自适应巡航等定车道昼夜自动驾驶。

Apollo 1.5 的障碍物感知模块采用的是基于 64 线激光雷达的解决方案，在深度学习算法帮助下，可 24 小时精准追踪、识别三维障碍物。同时，结合高精地图提供的在线服务与 GPU 运算平台系统，感知部分的运算有效性大幅提升，可快速实现从原始典型数据到障碍

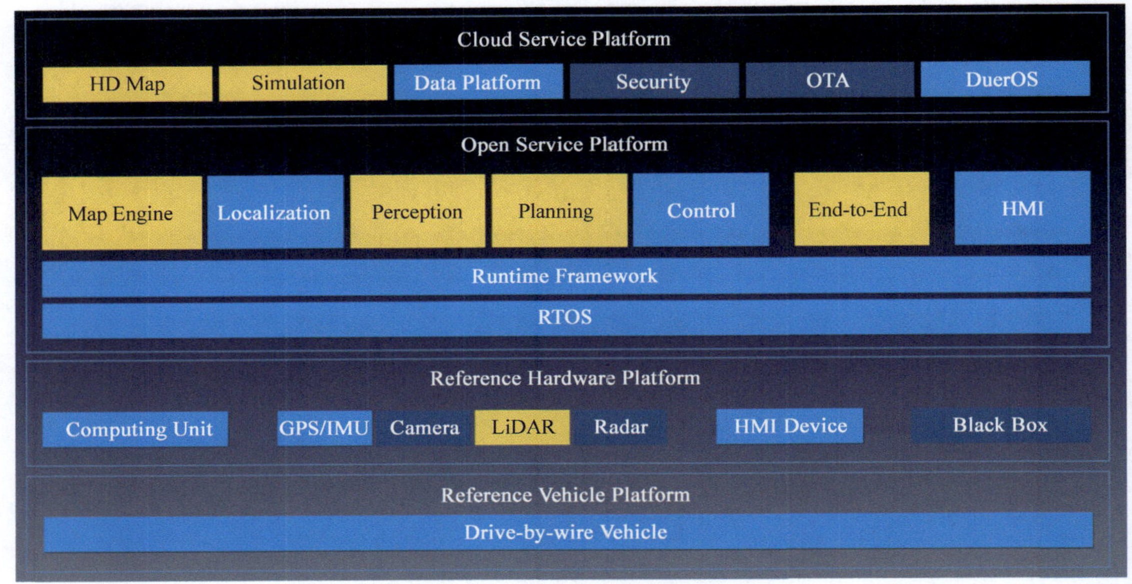

图 4.3 Apollo 1.5 技术框架

物的追踪、识别的整个过程。

在决策与规划方面，为了保证无人车可以安全、准确地规避所有障碍物，具备点到点的自动行驶能力。在对导航、感知、预测、定位等过程的数据完成筛选和聚合后，决策规划模块会对输入的多维数据进行环境重构。在这个过程中，不同种类的优化器不断进行多次循环、互相迭代，最终为无人车打造一条高质量、安全的行车路径。

在端到端的深度学习方面，Apollo 平台具有较高的普适性，横向输出方向，纵向输出速度和加速度，可以适配不同的底层结构。

高精地图与普通地图的区别在于定位的精度与元素的丰富度，在高精定位、环境感知、决策规划和云端仿真环节发挥着重要作用。在降低自动驾驶难度的同时，也大幅提升技术安全性。Apollo 1.5 高精地图的定位精度可以达到 15～20cm，地图生产制作流程自动化率达到 90%以上，已覆盖了全国大部分高速公路及部分城市道路，并计划在 2020 年覆盖全国所有高等级道路和重点城市道路。

Apollo 仿真平台能够解决自动驾驶技术开发者的 3 大痛点——成本、效率、安全。Apollo 1.5 仿真平台具有 4 大优势：内置高精地图、拥有海量场景、云端计算能力、专业度量体系。该版本只是开放了 Apollo 自动驾驶的基础仿真能力，2017 年年底开放的 2.0 版本则包括了真实场景。

3. Apollo 2.0

Apollo 2.0 技术框架如图 4.4 所示。

相比 1.5 版本，Apollo 2.0 版本开放的仿真数据包括以下几类。仿真场景基于路型，包括十字路口、掉头、直行、弯道等；基于障碍物类型，包括行人、机动车、非机动车等；基于道路规划，包括直行、调头、弯道、转弯、并线等；基于红绿灯信号，包括红灯、黄灯、绿灯等。2.0 版本支持同时多场景的高速运行，支持单算法模块的上传运行，提供基于 Apollo 基本

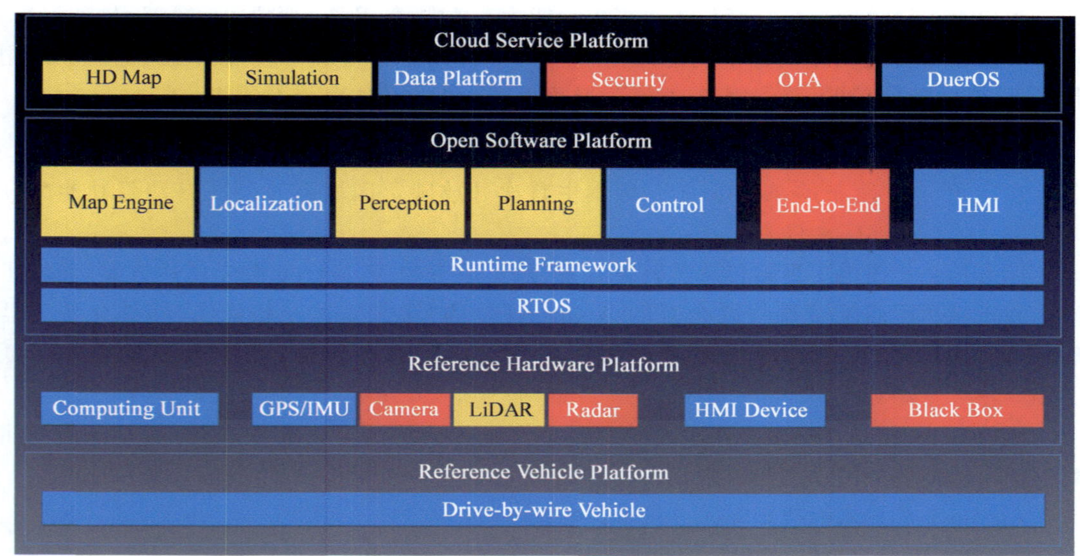

图 4.4 Apollo 2.0 技术框架

整车环境的单个模块的仿真结果。

相比 1.5 版本，Apollo 2.0 新开放的模块还包括了安全(Security)、摄像头(Camera)、雷达(Radar)和黑盒模块(Black Box)，这意味着 Apollo 平台包括云端服务、服务平台、参考硬件平台以及参考车辆平台在内的 4 大模块已全部点亮。Apollo 2.0 首次开放安全和 OTA 升级服务，只允许正确和被保护的数据进入车内，并进一步强化了自定位、感知、规划决策和云端方阵等能力。其中黑盒模块包括了软件和硬件系统，能够实现安全存储和大容量数据集传输，可以帮助及时发现异常情况，提升整个平台的安全可靠性。

安装 Apollo 2.0 的车辆能够实现对障碍物的躲避，识别交通信号灯并做出停止或前进的动作，并根据前往目的地的需求进行自动变道。具体来看，Apollo 2.0 的功能提升主要体现在以下几个方面。

(1) 新增交通信号灯的探测。

(2) 新增障碍物分类功能，支持障碍物类别有：机动车、行人、非机动车驾驶人以及其他未知物体。

(3) 升级无人车在决策上的能力，如为了到达目的地而进行主动变道。

(4) 增加了融合 RTK 定位算法的点云。

(5) 增加了基于控制算法的 MPC。

(6) 增加了用于交通预测的 RNN 模型。

搭载 Apollo 2.0 平台的自动驾驶原型车，仍然是由方案集成供应商 AutonomouStuff 基于林肯 MKZ 改装而成的。Apollo 2.0 实现了简单城市路况的自动驾驶，包括转弯、变道、信号灯识别、自动跟车、超车、避让障碍物、调头等动作，除了特定情况，基本无须人工干预。新增的双目摄像头，实现了对于红绿灯的识别。原本在 Apollo 1.5 版本时需要花费 30min 的仿真测试，在 2.0 版本只需要 30s。

百度 Apollo 2.0 版本聚焦于 3 种特定需求场景：第一，高速公路行驶，其占驾驶总时间的一半以上，且环境封闭而稳定，主要需求功能为车辆跟随、超车、变道等；第二，自动泊车，可解决大城市日益困难的停车问题；第三，卡车等商用车的自动驾驶，在厂区、港口等商用情景下，车辆速度较低，路线固定，自动驾驶可以减少人力成本和燃料成本。

4. Apollo 2.5

2018 年 4 月发布的 Apollo 2.5 版本中首次开放限定区域高速公路自动驾驶能力和资源。

Apollo 2.5 提供了更多传感器解决方案，除了原有的 Velodyne 激光雷达方案，新增了国内激光雷达厂商禾赛科技联合百度 Apollo 开发的“激光雷达＋摄像头”一体化传感器 Pandora。而新增的单目广角摄像头加毫米波雷达的解决方案，相较原方案成本降低了 10%。

此前，Apollo 以 Velodyne 64 线激光雷达为主传感器的方案因成本高企，受到市场质疑。此次新增的低成本方案以视觉解决方案为主，将进一步降低开发门槛。

Apollo 2.5 技术框架如图 4.5 所示。

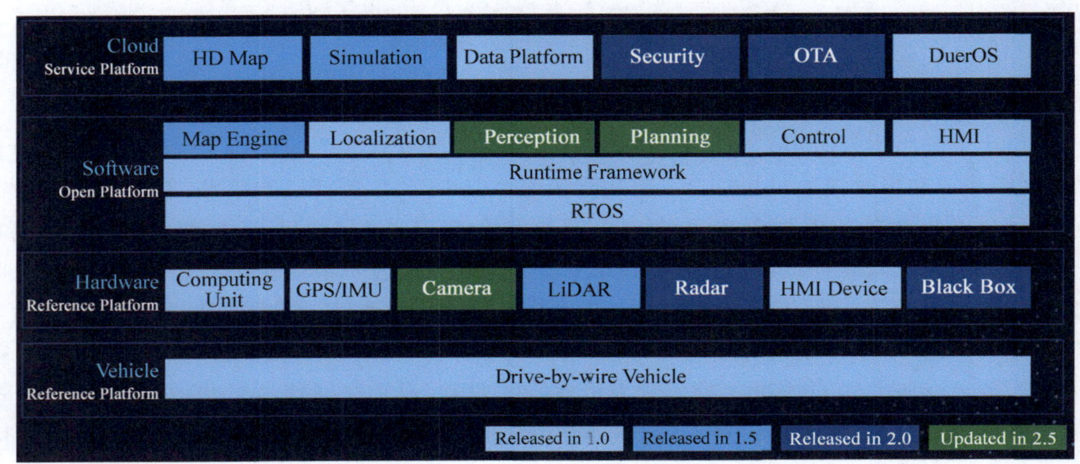

图 4.5 Apollo 2.5 技术框架

具体而言，Apollo 2.5 版的具体更新主要包括以下方面。

(1) 更多场景：Apollo 2.5 版本支持限定区域视觉高速自动驾驶，解锁高速公路场景。开放视觉感知、实时相对地图、高速规划与控制 3 大能力。

(2) 更低成本：Apollo 2.5 提供了更低成本的传感器解决方案，通过基于摄像头的视觉感知方案，传感器成本可较此前降低 90%，大大降低了自动驾驶研发门槛。

(3) 更多车型：Apollo 2.5 展示了长沙智能驾驶研究院有限公司利用 Apollo 2.5 快速实现高速公路场景下重型卡车自动驾驶的应用案例。这意味着 Apollo 新增卡车物流应用场景，再度扩宽了其商业化想象空间。目前可以支持乘用车、卡车、巴士、物流车、扫路车等多种车型。

(4) 更高性能：5 大开发工具，进一步提升开发者研发效率。

① 开放 Dockerfile，自由配置 Docker Image，开放依赖库单独安装脚本。

② DreamView 可视化工具，开启高速巡航模式，地图元素更丰富。

③ Apollo Drive Event 数据采集器，增添 Apollo 数据人工注释。

④ Apollo 高精地图数据采集器，支持地图数据网页上传、高精地图云端下载。

⑤ Apollo Cloud Simulator，更多专业打分工具，支持 ApolloScape。

5. Apollo 3.0

Apollo 3.0 在架构、能力、平台、方案上进行了全方位更新，在原有开放架构基础上新增了量产解决方案，并针对量产在“感知算法、规划算法、控制方案、安全监控、HMI 调试工具、开发者接口、相对地图”等 7 大方面进行了升级。

Apollo 3.0 技术框架如图 4.6 所示。

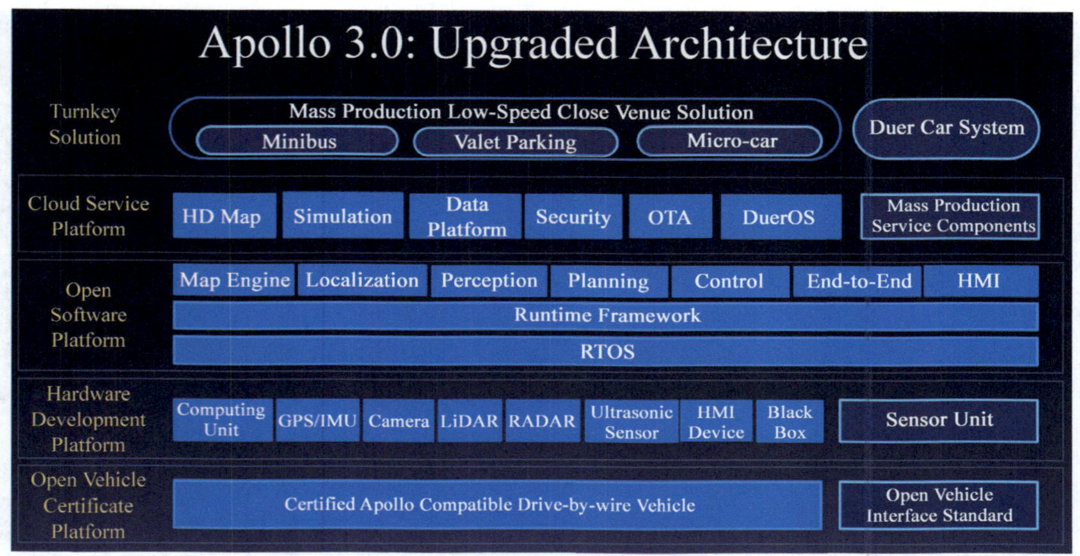

图 4.6 Apollo 3.0 自动驾驶技术框架

Apollo 3.0 版本首先将硬件参考车辆平台升级为车辆认证平台，可以更好地链接开发者和车企之间的需求，加速自动驾驶技术的部署和量产。对于车企而言，这一升级可以使开放车辆与 Apollo 平台无缝对接，完美兼容；对于开发者而言，开放车辆认证平台意味着更安全与更低廉的成本，同时使得一套代码可以适用于多种车型。Apollo 会给出自动驾驶技术所需要的车辆标准，给整车厂在制造车辆时予以参考，随后开发者自由选择经过 Apollo 认证的车辆即可使用 Apollo 平台开发自动驾驶汽车。

其次，Apollo 3.0 将硬件参考平台升级为硬件开发平台，并发布 Apollo 传感器单元，支持雷达、摄像头、激光雷达、GPS/IMU 等设备接入，使得多传感器融合更加容易。Apollo 传感器单元可以使多种产品在 Apollo 平台上即插即用。升级后的硬件开发平台还添加底层软件抽象层，能无缝衔接上层软件和设备驱动，加速技术创新。此外，Apollo 平台新接入了 15 家硬件合作伙伴，满足开发者不同层次需求。

在普通用户最为关注的量产层面，Apollo 3.0 推出了 3 个自动驾驶量产解决方案：自主泊车、无人作业小车和自动接驳巴士。基于这些解决方案，百度 Apollo 已联合盼达用车实现了中国首次自动驾驶共享汽车示范运营，并联合现代汽车展开定点接驳的落地应用。其中自主泊车可以支持室内、室外、园区和半封闭园区等使用场景，同时对各种类型的停车位方案都予以支持。

6. Apollo 3.5

CES 2019 大会上，Apollo 3.5 正式发布。作为世界上最活跃的自动驾驶开发平台，Apollo 已开源 39 万条代码，有 1.2 万名开发者推荐，生态合作伙伴超过 130 位，在全球有 97 个国家超过 1.5 万名开发者已经加入 Apollo 自动驾驶开源项目。Apollo 3.5 自动驾驶测试车的 MPD 值（每次人工干预行驶里程数）已经较之前增长 9 倍，达到 2253km（1400mile）。

Apollo 3.5 技术框架如图 4.7 所示。

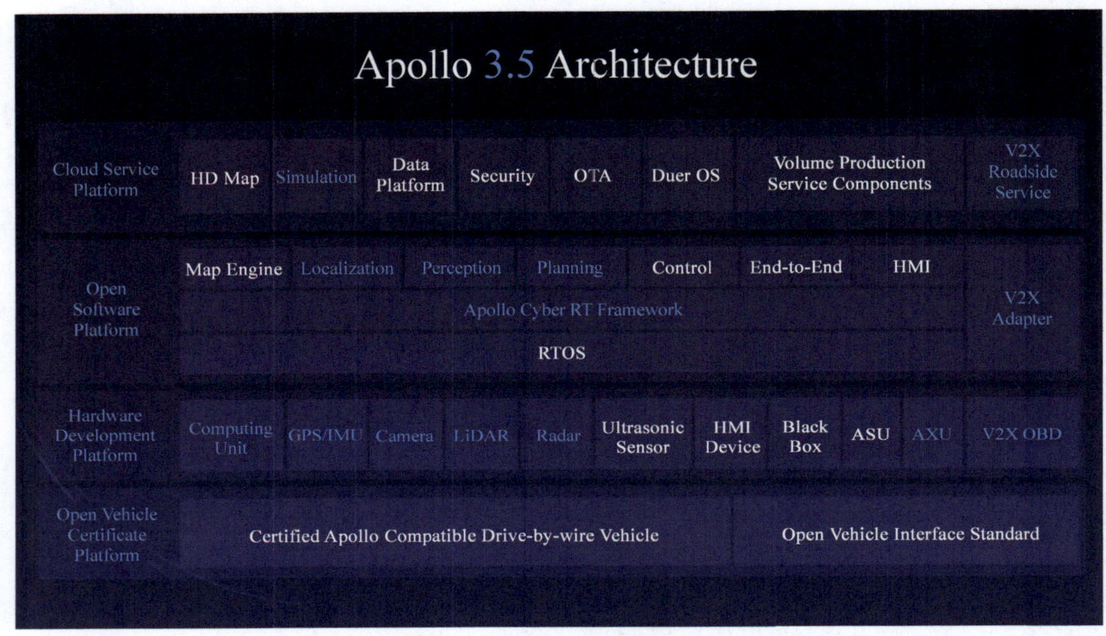

图 4.7 Apollo 3.5 技术框架

Apollo 3.5 版本在技术框架中对 14 个模块进行了升级，主要分布在硬件、软件平台上。

（1）3.5 版本感知算法加全新传感器升级，可实现 360°全覆盖。

（2）全新基于多场景的决策和预测架构使得开发更加灵活友好。

（3）仿真驱动 90%以上开放，可提升效率和研发安全性。

此次，Apollo 3.5 主要在这 4 个方面进行了升级：城市驾驶能力提升、Apollo Cyber RT 框架、先进硬件平台以及 V2X 车路协同。

首先，对于自动驾驶至关重要的规划、预测、感知、定位模块都进行了升级。规划预测模块中加入场景管理器与场景分类器。场景管理器使得开发者导入场景训练具有更强的扩展性和灵活性。场景分类器则根据不同的交通场景调用不同的深度学习模型，增强自动驾驶车辆应对不同场景的能力。预测模块为道路和交叉场景引入两个单独的模型，旨在提高系统的性能。

在新的感知模块上，Apollo 3.5 支持 VLS-128 LiDAR 数据，以及使用多个摄像头的高级交通灯和物体检测，加强对多传感器融合算法的支持，三维定位算法和路面检测算法都比上一代更强大,无缝处理复杂的自适应传感器融合。

Apollo 3.5 还配备一种全新的规划算法,称为开放空间规划器,可以在复杂的环境中精确地控制车辆。

自动驾驶对计算的高性能和鲁棒性有强烈需求。随着自动驾驶行业逐步从研发转向量产,业内对可用于量产并能兼容自动驾驶系统的强大框架的需求也在增加。Apollo Cyber RT 框架是为 Apollo 构建此类框架的第一步,也是第一个专为自动驾驶技术设计的开源框架。Apollo Cyber RT 框架核心理念是基于组件的概念构建、加载各功能模块。组件有预先设定的输入输出。每个组件就代表一个专用的算法模块。框架可以根据所有预定义的组件生成有向无环图(DAG)。在运行时刻,框架把融合好的传感器数据和预定义的组件打包在一起形成用户级轻量任务,之后,框架的调度器可以根据资源可用性和任务优先级来派发这些任务。

作为 Apollo 3.5 版本上装载的硬核技术,Apollo Cyber RT 为技术开发者直接带来 3 大助益。

(1) 加速自动驾驶技术的研发进程。

(2) 提供更为便捷的部署体验。基于该框架的自动驾驶技术方案在运行时具有更高的性能表现,无须大量复杂配置。

(3) Apollo Cyber RT 系统是一个独立运行实时框架,可以更加轻松地构建自动驾驶技术方案。

Apollo 3.5 增加了与目前市场上先进传感器套件的兼容性,包括 Velodyne VLS-128 LiDAR、Argus FPD-Link 相机和 Continental 公司的远程雷达。其次,相关传感器如摄像头、激光雷达、毫米波雷达、GPS/IMU 单元也都迎来了重大升级。其中激光雷达升级为 1 枚 128 线+3 枚 16 线的豪华配置,车载摄像头的数目增加到 10 个,毫米波雷达则加入对后向雷达的扩展支持,GNSS 天线则增加为两根。Apollo 3.5 版本自动驾驶车的探测距离覆盖到了 300m 的范围,同时在车辆静止时有辨别方向的能力(GNSS 双天线作用)。

Apollo 3.5 还推出全新的 Apollo 扩展单元——AXU,以满足自动驾驶研发对计算加速、数据分析的需求。AXU 是可插拔的,这意味着 Apollo 3.5 的计算平台可升级为可扩展架构,允许开发人员插入额外的加速器,如 GPU、FPGA、SSD 模块,以扩展平台的计算能力和存储容量。

Apollo 3.5 还发布了一个全新的硬件单元:车联网车载单元——V2X OBU。V2X OBU 设备支持 LTE-V2X 和 DSRC 两种 V2X 通信标准,是实现车路协同的关键基础硬件。车路协同技术本身也能减轻自动驾驶车辆的感知、运算负担。Apollo 对 V2X 路侧设备的支持也被放置到云端平台上。

另外,Apollo 3.5 在云端服务平台上更新了自动驾驶仿真器。Apollo 新的自动驾驶仿真器中,对驾驶环境的模拟数量增加 10 倍,新增 20 项功能。而强大的仿真测试可以作为自动驾驶路测的有效补充,Apollo 3.5 的开发,有 90%都是仿真器驱动的。

在 Apollo 3.5 的基础上,还正式推出了"全球首个最全面的自动驾驶和车联网领域商业解决方案"——Apollo Enterprise/Apollo 企业版。Apollo 企业版在 3 大领域直接面向商业化。

(1) 车联网领域,百度提供交互方式与内容生态齐全的小度车载系统,主要供应给有车载系统智能化转型需求的主机厂。

(2) 自动驾驶领域，Apollo 企业版提供高速场景自动驾驶、自动泊车、小巴自动驾驶 3 个解决方案。与开发版不同，这 3 个解决方案都是面向量产，软硬件都会符合车规要求。

(3) 地图领域，Apollo 企业版提供高精数据服务，包含车机地图、ADAS 地图以及高精地图。

Apollo 企业版本还具有 4 大亮点。

(1) 快速落地：Apollo 企业版的软硬件全部符合车规标准，可帮助客户更快落地。例如车联网的项目从启动到落地，最快只用 3 个月时间。

(2) 成本可控：Apollo 企业版会根据客户的不同需求，对自动驾驶功能、硬件、软件进行定制开发，保证同级别成本可控、价值最优。

(3) 全面安全：Apollo 企业版软硬件设置安全冗余设计，满足功能安全要求，使自动驾驶汽车可以安全上路；信息安全上，百度专门团队提供保障以及安全监控。

(4) AI 领先：百度提供 140 余项场景化 AI 能力和解决方案，让 Apollo 企业版的客户在自动驾驶和车联网上能够有领先的竞争力。

4.1.2 Apollo 技术架构

Apollo 技术框架由 4 层构成。

(1) 云服务平台(Cloud Service Platform)：包括高精地图、模拟平台、数据平台、OTA 模块、安全平台和 DuerOS。

(2) 软件开放平台(Open Software Platform)：包括实时操作系统、承载所有模块的框架层、高精地图与定位模块、感知模块、决策规划模块、控制模块。

(3) 硬件平台(Reference Hardware Platform)：包括计算单元、GPS/IMU、Camera、激光雷达、毫米波雷达、人机交互设备、BlackBox 等硬件。

(4) 车辆平台(Reference Vehicle Platform)：指一辆能够接受电子信号控制的车辆，也称线控车辆。

Apollo 整体技术架构如图 4.8 所示。

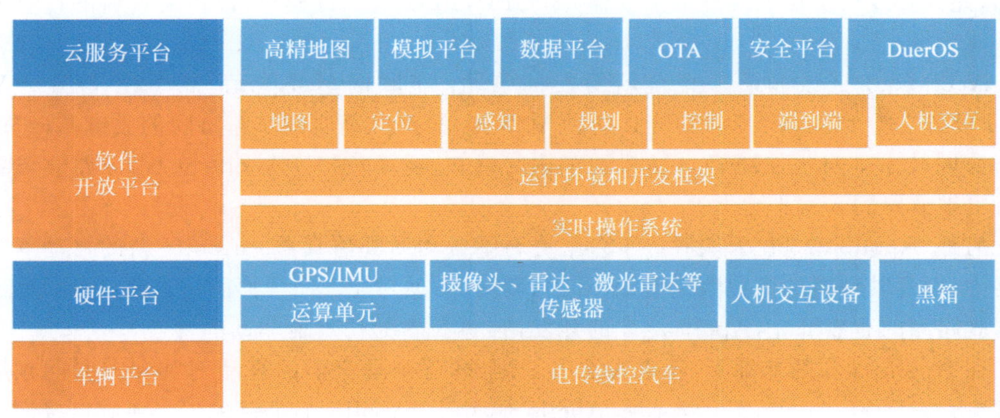

图 4.8 Apollo 技术架构

4.1.3 软件开放平台

1. 地图引擎

地图引擎(Map Engine)是车载终端的高精地图数据管理服务,它封装了地图数据的组织管理机制,屏蔽底层数据细节,对应用层模块提供统一数据查询接口。它包含元素检索、空间检索、格式适配、缓存管理等核心能力,并提供了模块化、层次化、可高度定制化、灵活高效的编程接口,用户可以基于此轻松构建专属的终端高精地图解决方案。

2. 高精地图

与普通地图不同,高精地图主要服务于自动驾驶车辆,通过一套独特的导航体系,帮助自动驾驶解决系统性能问题,扩展传感器检测边界。目前 Apollo 内部高精地图主要应用在高精定位、环境感知、决策规划、仿真运行 4 大场景,帮助解决林荫道路 GNSS 信号弱、红绿灯的定位与感知以及十字路口等复杂导航难题。

3. 感知平台

Apollo 感知平台(Perception)包括线上感知模块和线下标定服务平台。线上感知模块提供基于深度学习的点云动态障碍物的检测、分割和基于运动的跟踪。线下标定服务平台提供云端的跨平台标定服务。

1) 线上感知模块

感知模块主要包括障碍物检测识别和红绿灯检测识别两部分。障碍物检测识别模块通过输入激光雷达点云数据和毫米波雷达数据,输出基于两种传感器的障碍物融合结果,包括障碍物的位置、形状、类别、速度、朝向等信息。红绿灯检测识别模块通过输入两种焦距下的相机图像数据,输出红绿灯的位置、颜色状态等信息。上述两大感知功能,使无人车具备在简单城市道路自动驾驶的能力。

感知核心模块主要有以下内容。

(1) 障碍物检测识别。

障碍物模块包括基于激光雷达点云数据的障碍物检测识别、基于毫米波雷达数据的障碍物检测识别以及基于两种传感器的障碍物结果融合算法。基于激光雷达点云数据的障碍物检测识别,通过线下训练的卷积神经网络模型,学习点云特征并预测障碍物的相关属性(例如前景物体概率、相对于物体中心的偏移量、物体高度等),并根据这些属性进行障碍物分割。基于毫米波雷达数据的障碍物检测识别,主要用来对毫米波雷达原始数据进行处理而得到障碍物结果。该算法主要进行了 ID 扩展、噪点去除、检测结果构建以及 ROI 过滤。多传感器障碍物结果融合算法,用于将上述两种传感器的障碍物结果进行有效融合。该算法主要进行了单传感器结果和融合结果的管理、匹配以及基于卡尔曼滤波的障碍物速度融合。

(2) 红绿灯检测识别。

红绿灯模块根据自身的位置查找地图,可以获得前方红绿灯的坐标位置。通过标定参数,可以将红绿灯从世界坐标系投影到图像坐标系,从而完成相机的自适应选择切换。选定相机后,在投影区域外选取一个较大的感兴趣区域,在其中运行红绿灯检测来获得精确的红绿灯框位置,并根据此红绿灯框的位置进行红绿灯的颜色识别,得到红绿灯当前的状态。得到单帧的红绿灯状态后，通过时序的滤波矫正算法进一步确认红绿灯的最终状态。所提出的基于 CNN 的红绿灯的检测和识别算法具有极高的召回率和准确率，可以支持白天和夜晚的红绿灯检测识别。

以 Apollo 3.5 为例，其感知框架如图 4.9 所示。

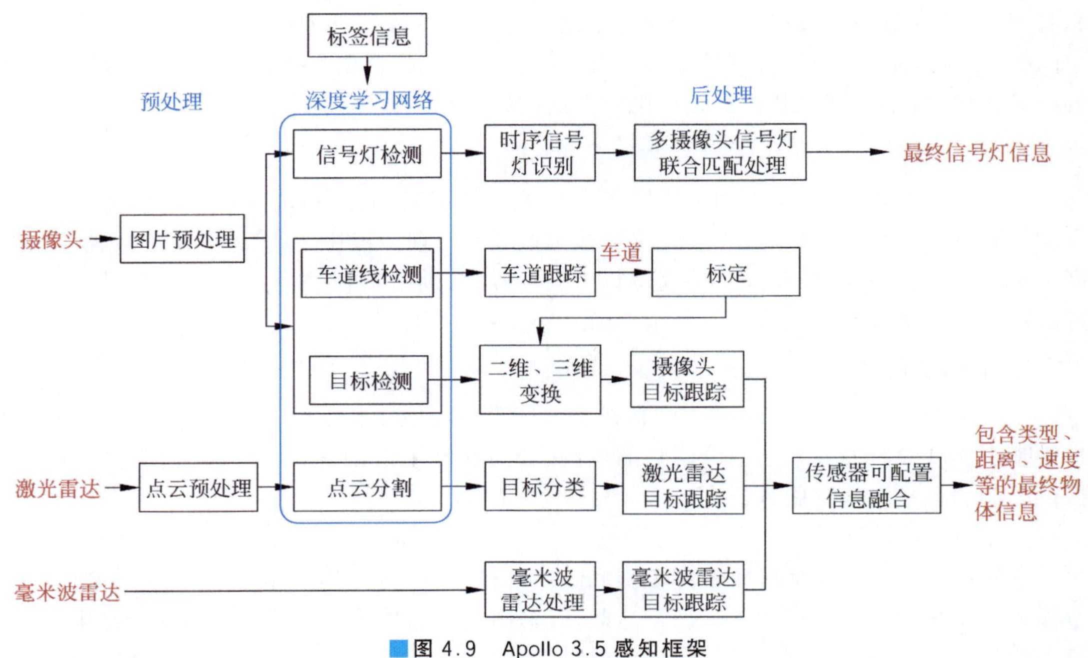

图 4.9 Apollo 3.5 感知框架

2）线下标定平台

Apollo 提供云端的跨平台标定服务，使开发者无须在本地或车端配置运行标定程序，大大提升了进行跨平台标定的灵活性，最大程度地为开发者降低开发门槛。

Apollo 线下标定平台如图 4.10 所示。

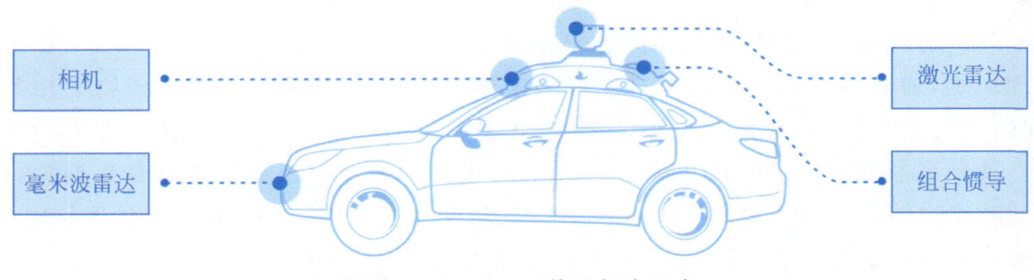

图 4.10 Apollo 线下标定平台

自动驾驶传感器标定(Calibration)是指利用传感器采集的数据计算各传感器的内参数(Intrinsic Parameters)以及多个传感器之间外参数(Extrinsic Parameters)的过程。传感器内外参数的标定是各类多传感器信息融合算法的第一步。

在自动驾驶领域中，多线激光雷达与组合惯导是高精地图制作、激光点云定位以及点云物体检测任务中常用的传感器配置，因此精确标定两者之间的外参数具有非常重要的意义。除此以外，自动驾驶系统使用多传感器融合策略来提高感知性能。因此，相机与毫米波雷达的外参标定也至关重要。

4. 规划模块

由于车辆装备了综合预测、决策与规划系统，百度自动驾驶汽车能够根据实时路况、道路限速等情况做出相应的轨迹预测和智能规划，同时兼顾安全性和舒适性，提高行驶效率。现已开放不分昼夜固定道路的自动驾驶能力。

基于前述几个模块以及导航(Routing)模块、预测(Prediction)模块，就可以简单地规划一条有效的路径来自动驾驶。规划模块(Planning)首先需要车辆对路况有基本的判断，前方是否可停车、跟随、超车，侧方是否绕道等，从而确保车辆能够实现安全而高效的决策行驶。

规划模块可以分为两个部分：一部分负责对数据的监听、获取和预处理；另一部分负责管理各个优化模块。数据进入规划模块后，对其综合处理为规划模块的内部数据结构，由任务管理器调度合适的优化器进行各个优化任务。综合优化的结果经过最终的验证后，输出给控制模块。在设计上，规划模块实现了策略的可插拔，使得各个优化器可以灵活配置不同策略，提升迭代效率。

Apollo 规划器包括 RTK Planner、EM Planner、Lattice Planner。Apollo 1.0 中开始开放的 RTK，也就是循迹 Planner；Apollo 1.5 中开始开放的 EM Planner，也就是基于动态规划(Dynamic Programming，DP)和速度规划(Quadratic Programming，QP)的路径规划器与速度规划器；以及 Apollo 2.5 中开始开放的 Lattice Planner，一种路径和速度同时规划的规划器。

Apollo 规划整体架构如图 4.11 所示。

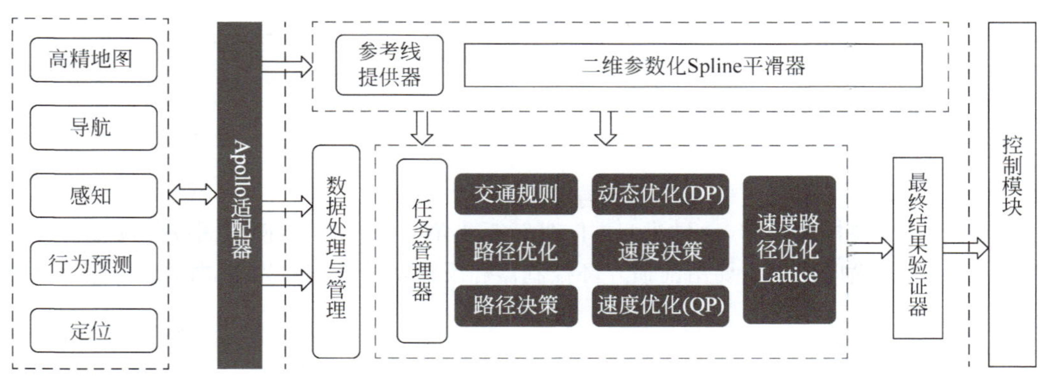

图 4.11 Apollo 规划整体架构

以 DP 速度算法为例来解释如何规划出一条有效的路径。DP 速度算法的基本思路是：在 DP 路径算法生成一条可行驶的路径后，从起点开始，考虑避开路径中的所有障碍物，并且让加减速最为平顺，以最优的速度曲线(即 t-s 平面中的绿色曲线)安全抵达终点。在 Apollo 中，算法求解过程被离散化，从而降低了受道路中心线的影响，适应了复杂路况。解决了决策过程中基于规则优化的痛点。通过 DP 速度算法逻辑，可以完成 ST 坐标系下的 DP 规划。在此基础上，进一步做 QP 优化和迭代调整，就可以得到有效的规划结果。

5. 车辆控制

百度自动驾驶汽车的控制与底盘交互系统具有精准性、普适性和自适应性。能够适应不同路况、不同车速、不同车型和底盘交互协议。Apollo 开放循迹自动驾驶能力，控制精度将达到 10cm 级别。

车辆控制（Vehicle Control）将 GPS 和 IMU 提供的信息作为输入，处理后生成规划信息（包括路径和速度信息），提供给控制模块使用，然后来实现车辆控制。

对车辆转向及速度进行控制需要首先车辆动力学参数：制动信号、速度表、节气门、加速度表。当车辆有了控制信号之后，通过 CAN Bus 通信协议中的 DBC file 可以将信号传递给车辆的线控系统，实现节气门、方向盘、换挡、转向灯等控制。

1）纵向控制

纵向控制主要为速度控制，通过控制制动、节气门、挡位等实现对车速的控制，对于自动挡车辆来说，控制对象其实就是制动和节气门。

Apollo 纵向控制的工作原理如图 4.12 所示，主要由“位移-速度闭环 PID 控制器”“速度-加速度闭环 PID 控制器”和“速度-加速度-制动/节气门开环控制器”构成。

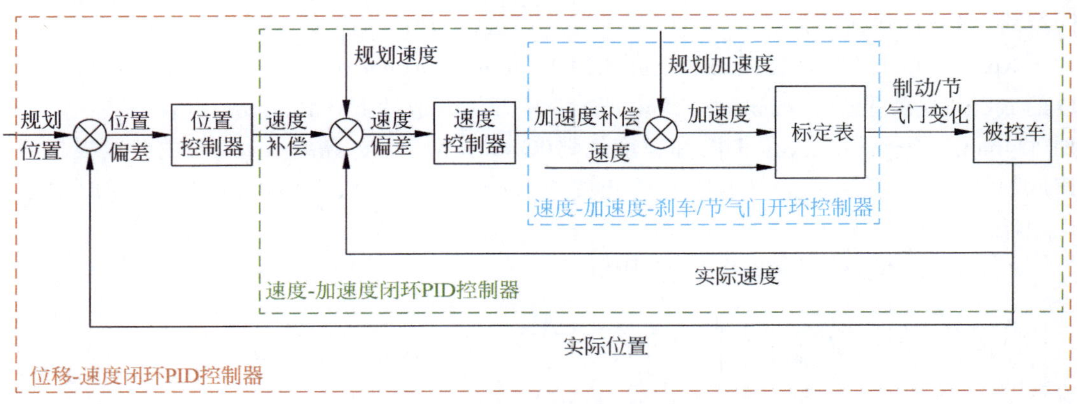

图 4.12 Apollo 纵向控制工作原理

2）横向控制

横向控制主要控制航向，通过改变方向盘转矩或角度的大小等，使车辆按照设想的方向行驶。Apollo 中的横向控制主要由前馈开环控制器和反馈闭环控制器构成，如图 4.13 所示。

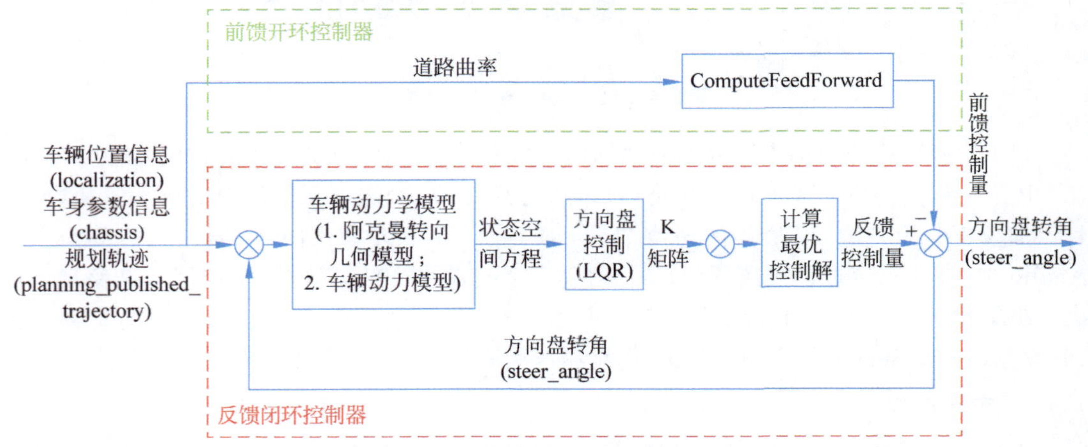

图 4.13 Apollo 横向控制

6. 端到端解决方案

端到端自动驾驶解决方案因成本低、工程复杂度低等优势正在被不断地探索。通过使用地图采集车采集的大量真实道路数据,完全基于深度学习构造横向和纵向驾驶模型,快速地在真车上进行了实践。Apollo开放了横、纵向模型源代码和10 000km数据。

4.1.4 云服务平台

1. 高精地图

1) 高精地图介绍

高精地图也可称为自动驾驶地图。与普通地图不同,高精地图主要服务于自动驾驶车辆,是自动驾驶的核心基础模块。如果没有高精地图,高可靠性的L3或L4自动驾驶无法落地。高精地图的作用首先是静态的感知,把人类对于世界的感知和理解赋予自动驾驶系统;其次,它可以弥补系统性缺陷,扩展传感器检测边界,解决系统性能问题。

此外,除了高精地图,还有HAD Map(Highly Automated Driving Map),即高度自动驾驶地图。高精地图最显著的特点是其表征路面特征的精准全面性,而高度自动地图要求有更高的实时性。因此,HAD Map在高精地图的基础上又有了更高的水平。

高精地图的采集依赖传感器来完成,主要包括GPS、惯性导航IMU、轮测距器、激光雷达等。

GPS首先确定4颗或者更多卫星的位置并计算出GPS接收设备与每颗卫星之间的距离,然后用这些信息使用三维空间的三边测量法推算出自己的位置。要使用距离信息进行定位,接收机还必须知道卫星的确切位置。GPS接收机储存有星历,其作用是告诉接收机每颗卫星在各个时刻的位置。在无人车复杂的动态环境中,尤其在大城市中,由于各种高大建筑物的阻拦,GPS多路径反射(Multi-Path)的问题会更加明显。导致GPS定位信息很容易就有几十厘米甚至几米的误差。

惯性导航IMU一般使用6轴运动处理组件,包含了3轴加速度和3轴陀螺仪。加速度传感器是力传感器,用来检查上下左右前后哪几个面都受了多少力(包括重力),然后计算每个轴向的加速度。陀螺仪就是角速度检测仪,检测绕每个轴的加速度。假设无人车以Z轴为轴心,一秒钟转了90°,那么它在Z轴上的角速度就是90°/s。从加速度推算出运动距离需要经过两次积分,所以只要加速度测量上有任何不正确,在两次积分后,位置错误会积累然后导致位置预测错误。

此外还可以通过轮测距器推算出无人车的位置。汽车的前轮通常安装了轮测距器,分别记录左轮与右轮的总转数。通过分析每个时间段左右轮的转数,可以推算出车辆向前走了多远,向左右转了多少度等。可是由于在不同地面材质(例如冰面与水泥地)上转数对距离转换的偏差,随着时间推进,测量偏差会越来越大。

激光雷达通过首先向目标物体发射一束激光,然后根据接收-反射的时间间隔来确定目标物体的实际距离。然后根据距离及激光发射的角度,通过简单的几何变化可以推导出物体的位置信息。LiDAR系统一般分为3个部分:一是激光发射器,发出波长为600~1000nm的激光射线;二是扫描与光学部件,主要用于收集反射点距离与该点反射时的时间和水平角度;三是感光部件,主要检测返回光的强度。因此检测到的每一个点都包括了空间坐标信息以及光强度信息。

高精地图制作流程主要包括以下内容。首先 IMU 及轮测距器可以高频率地给出当前无人车的位置预测，但由于其精确度原因，位置可能会有一定程度偏差。为了纠正这些偏差，可以使用传感器融合技术，结合 GPS 与激光雷达(LiDAR)的数据算出当前无人车的准确位置。然后根据当前的准确位置与激光雷达的扫描数据，把新数据加入地图中。

2）Apollo 高精地图

高精地图是 Apollo 的必备环节，百度可为 Apollo 生态合作方提供高精度、高质量、最适配 Apollo 代码的高精地图服务技术支持。平台合作方按照硬件及软件安装指南购买相关硬件并完成车辆配置后，可利用开源的 Apollo 代码，获取百度提供的地图服务技术支持，开启在指定园区的自动驾驶测试。

在中国，Apollo 高精地图拥有丰富的数据，已覆盖中国的高速公路和城市快速路。2020 年，Apollo 将涵盖中国的所有国道以及许多其他高等级公路的地图数据。

高精地图有很多格式，不同格式的采用可能导致系统不兼容。为了方便数据共享，Apollo 高精地图采用了行业制图标准：OpenDRIVE 格式。OpenDRIVE 就像 API 一样，每个人都能轻松读取相同的地图数据，Apollo 也对 OpenDRIVE 做出了改进，进而产生了 Apollo OpenDRIVE 的标准。这些改进使该格式更适合自动驾驶车。百度开发了一套完善的地图绘制系统，从而使 90%的地图绘制流程实现了自动化。

高精地图的构建由 5 个过程组成：数据采集、数据处理、对象检测、手动验证和地图发布。

(1) 数据采集。

这是一项庞大的密集型任务，近 300 辆 Apollo 调查车辆负责收集用于制作地图的源数据，调查车辆不仅有助于地图构建，而且对于地图的维护和更新也非常重要。道路在不断变化，建筑变化也在发生，公共事业工作人员经常对道路进行拆除和重新铺设。然而，自动驾驶车需要其地图始终保持最新状态，大量的调查车辆可确保每次道路发生改变时，地图均会得到快速更新。

调查车辆使用了多种传感器，如 GPS、惯性测量单元、激光雷达和摄像机。

Apollo 定义了一个硬件框架，将这些传感器集成到单个自主系统中，通过支持多种类的传感器，Apollo 可以收集各类数据，将这些数据融合，最终生成高精地图。

图 4.14 所示为 Apollo 独立开发的数据采集平台。

(2) 数据处理。

数据处理是指 Apollo 如何对收集到的数据进行整理、分类以获得没有任何语义信息或注释的初始地图模板。例如图 4.15 中的图像是由北京中关村手机的数据融合而成的点云图像。

Apollo 团队使用人工智能来检测静态对象，并对其进行分类，其中包括车道线、交通标志甚至是电线杆。

(3) 对象检测及手动验证。

手动验证可确保自动地图的创建过程有序进行并及时发现问题。Apollo 软件使手动验证团队能够高效标记和编辑地图。

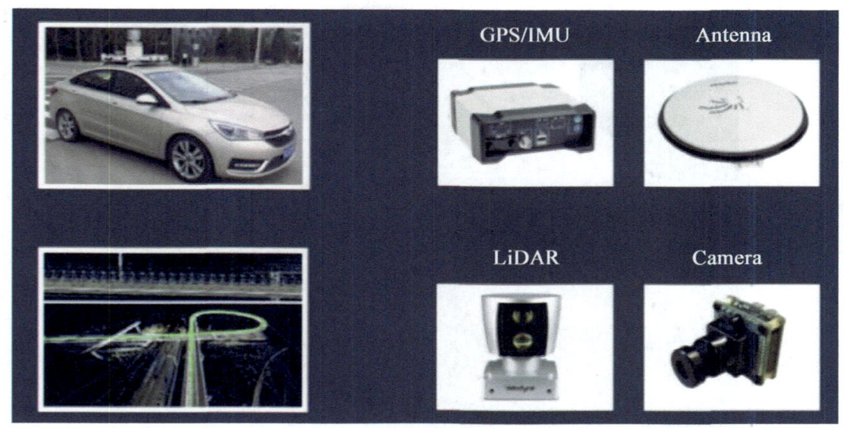

图 4.14 Apollo 独立开发的数据采集平台

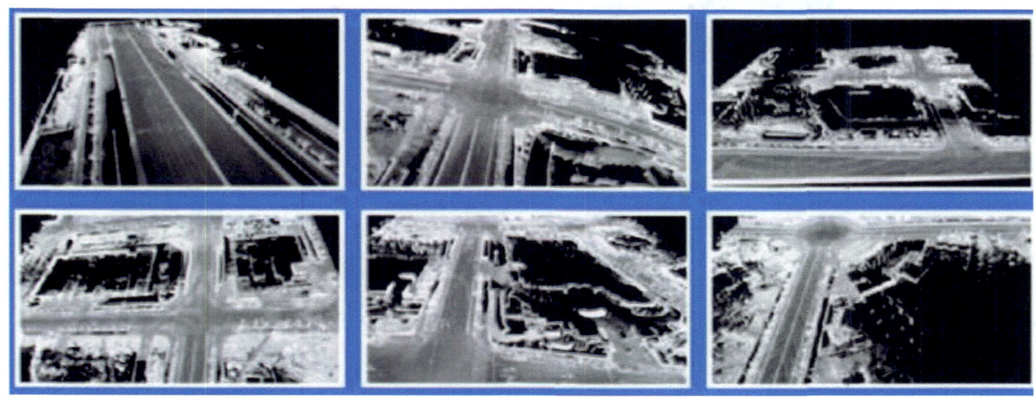

图 4.15 点云图像

(4) 地图发布。

在经过数据采集、数据处理、对象检测和手动验证之后，地图即可发布。除发布高精地图外，Apollo 还发布了采用自上而下视图的相应定位地图以及三维点云地图。在构建和更新地图的过程中，Apollo 使用了众包。众包意味着 Apollo 向公众发布其数据采集工具，以便任何人都可以参与制作高精地图的任务。

图 4.16 所示为鸟瞰定位地图。

图 4.17 所示为高精地图众包流程。Apollo 高精地图众包可通过智能手机、智能信息娱乐系统甚至是其他自动驾驶车来实现。众包加快了高精地图制作和维护过程。

2. 定位

有了高精地图后，下一步要做的就是定位(Localization)。目前 Apollo 使用以下几种定位融合方案。

GNSS 主要依靠卫星定位，但其信号容易受到干扰，如玻璃幕墙会不断反射 GNSS 信号，所以 GNSS 定位精度大概在米级别。为了提高其精度，可以通过建立 RTK 基站，将两者信号做差分，这样环境因素就可以忽略不计，从而提高 GNSS 的精度到 10cm 左右。但单纯依赖 RTK 仍然不够，因为只有车辆靠近 RTK 基站范围内 16.09km(10mile)左右才能发

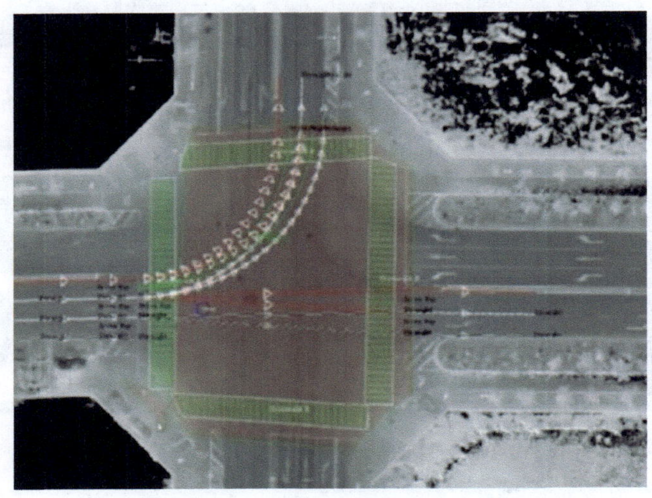

图 4.16 鸟瞰定位地图

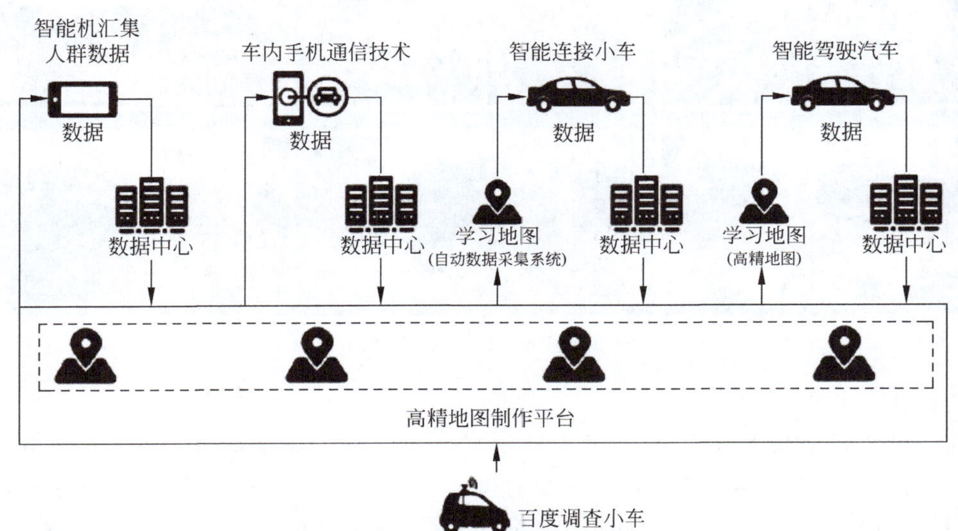

图 4.17 高精地图众包流程

挥其作用，且 GNSS 和 RTK 的计算结果是实时的，存在可能跳变的因素，此时需要 IMU(惯性导航)发挥关键作用。IMU 可以根据车辆的位置和各种速度的叠加做积分，从而预算出车辆的行径位置，提高车辆定位的精确度。当遇到桥洞或隧道时，GNSS 的信号也会变差，这时候需要用点云或视觉定位。通过配合点云地图和实时数据的采集来分析车辆位置，再加上摄像头为主的视觉定位，以及 GNSS+RTK 和 IMU 的配合，车辆定位就可以达到厘米级的精度。

图 4.18 所示为 Apollo 2.0 多传感器融合定位模块框架。

图 4.18 左边列出了 Apollo 2.0 定位模块依赖的硬件以及数据，包括惯性测量单元 IMU、车端天线、基站、激光雷达，以及定位地图；中间是 GNSS 定位以及激光点云定位模块，GNSS 定位输出位置及速度信息，点云定位输出位置及航向角信息；右边是融合框架，包括两部分：惯性导航解算、Kalman 滤波；融合定位的结果会反过来用于 GNSS 定位和点

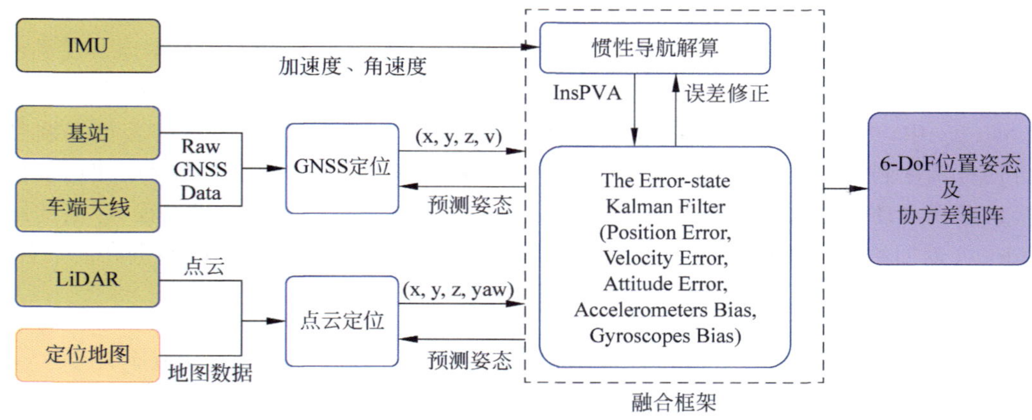

图 4.18 Apollo 2.0 多传感器融合定位模块框架

云定位的预测；融合定位的输出是一个 6-DoF 的位置和姿态，以及协方差矩阵。

3. 仿真

作为 Apollo 的重要组成部分之一，仿真服务拥有大量的实际路况及自动驾驶场景数据，基于大规模云端计算容量，打造日行百万千米的虚拟运行能力。通过开放的仿真服务，Apollo 的合作伙伴可以接入海量的自动驾驶场景，快速完成测试、验证和模型优化等一系列工作，覆盖全面且安全高效。

Apollo 仿真平台内置高精地图的仿真场景，支持感知、规划、控制多算法模块验证，使自动驾驶算法验证更为严谨。使车辆不仅能“看得见”路况，更能了解路况信息。在模拟环境中可以训练自动驾驶车辆的能力，如在虚拟环境中发生“车祸”，工程师可以对仿真引擎进行修正、训练。自动驾驶汽车上路之前要积累超过 100 亿千米的测试里程，而要达到这个目标，需要 100 辆车 7×24 小时测试 100 年。但 Apollo 的仿真引擎通过虚拟场景模拟现实，对测试场景进行复现，可以让开发者轻松日行百万千米。

Apollo 仿真平台开放的功能如下。

(1) 内置高精地图的仿真场景：基于不同的路型，基于不同的障碍物类型，基于不同的道路规划，基于不同的红绿灯信号。

(2) 场景上传调试：支持同时多场景的高速运行，支持单算法模块的上传运行，支持系统整套算法和运行环境的上传与运行。

(3) 智能场景通过判别系统：Apollo 目前开放 10 个判别标准，碰撞检测、闯红灯检测、限速检测、在路检测、到达目的地检测等。

(4) 三维展示功能：提供实时路况、算法模块输出的可视化信息，以及无人车本身状态的全局信息。

4. 数据平台

Apollo 训练平台为每一个数据集提供类配套的计算能力。训练平台的特色是：通过 Docker+GPU 集群，提供与车端一致的硬件计算能力。集成多种框架，提供完整的深度学习解决方案。通过交互式可视化结果分析，方便算法调试优化。

自动驾驶的算法开发需要对海量数据集反复尝试。将深度学习算法的研发流程(开发、训练、验证、调试)在云端实现,可以在充分利用云端大量计算资源的同时,将数据的流动仅在云端的服务器内完成,从而大幅提高算法研发效率。具体而言,开发者在本地开发平台中基于 Docker 开发算法并部署依赖环境,接着将开发好的环境上传到云端的私有 Docker Repository 中,然后在平台上挑选数据集发起训练任务,Apollo 训练平台的云计算调度便会将任务调度到计算集群上执行。这个过程中在云集群的内部,开发者的程序使用数据获取接口获得自动驾驶数据仓库中的数据集。最终由业务管理框架将执行过程、评估的结果和 Model 返回给可视化平台,完成可视化的调试。图 4.19 所示为 Apollo 数据开放平台。

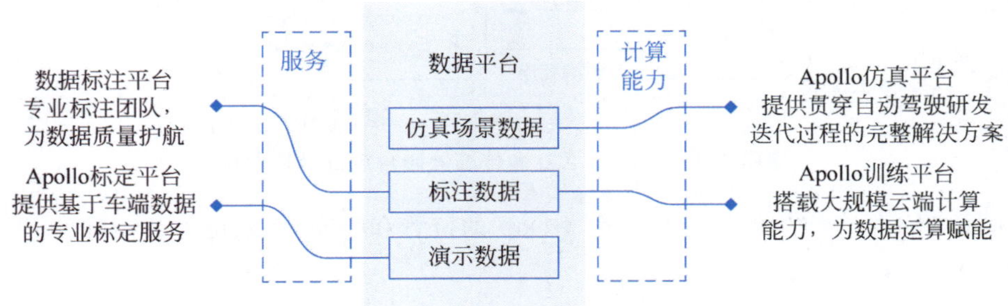

图 4.19 Apollo 数据开放平台

1) 仿真场景数据

对该部分数据,Apollo 有相对应的仿真平台。仿真场景数据包括人工编辑以及真实采集的场景,覆盖多种路型、障碍物类型以及道路环境,同时开放云端仿真平台,支持算法模块在多场景中并发在线验证,加速算法迭代速度。

(1) 自动驾驶虚拟场景。

该场景集来源于人工编辑,构造了红绿灯、十字路口、直行车道等多种场景集合,丰富的人工场景编辑有助于快速验证算法的基础能力,加速迭代效率。

(2) 实际道路真实场景。

该场景集采集于真实道路场景,覆盖了城市道路中红绿灯、十字路口、直行车道等多种场景集合,可高效验证算法在复杂场景中的处理能力,加速迭代效率。

2) 标注数据

对该部分数据,Apollo 有相应的训练平台。标注数据是为满足深度学习训练需求,经人工标注而生成的数据,目前 Apollo 开放了多种标注数据,同时在云端配套提供相应的计算能力,供开发者在云端训练算法,提升算法迭代效率。标注数据主要包括激光点云障碍物分类、红绿灯检测、road hackers、基于图像的障碍物检测分类、障碍物轨迹预测、场景解析等类型。

3) 演示数据

目前 Apollo 开放了多种演示数据,覆盖了车载系统演示数据、自定位、端到端数据等模块数据,旨在帮助开发者调试各模块代码,确保 Apollo 最新开放的代码模块能够在开发者本地环境运行成功,通过演示数据体验各模块的能力。主要包括车载系统演示数据、标定演示数据、端到端数据、自定位模块演示数据等。

除开放数据外,还配套开放云端服务,包括数据标注平台、训练学习平台以及仿真平台和标定平台,为 Apollo 开发者提供一整套数据解决方案,加速迭代创新。

5. 安全平台

Apollo 提供创新的 4S 解决方案：Scan(漏洞扫描)、Shield(安全防御)、See(可视化监控)、Save(免召回修复)，来实现全生命周期的车辆信息安全。对于 Shield 安全防御，Apollo 安全产品已率先部署在量产汽车上，包括车辆入侵检测防御系统、车载防火墙、安全升级套件，用以保护用户隐私和汽车信息安全。

1）汽车信息安全解决方案

Apollo 在基于隔离和可信的安全体系下提供了完善的安全框架及系统组件，免受网络入侵，保护用户隐私和汽车信息安全。

(1) 车辆入侵检测防御系统(IDPS)：通过检测系统合法性，阻止恶意或未经授权的软件安装，检测可疑的应用链接和隐私数据访问，保障车辆娱乐系统及通信系统的安全性。

(2) 车载防火墙(Car FireWall)：通过部署在车载网关上，监控整个网络通信，发现并且阻止异常的网络行为及非可信车辆的操作指令，保证车载网络安全。

(3) 安全升级套件(Sec-OTA)：贯穿云和端，保证升级的安全可靠。

(4) 芯片级 ECU 信息安全解决方案：在 Gateway、ECU 内集成 CAN 防火墙，提供芯片级安全启动、安全升级、通信安全、接入认证、入侵检测防御系统，阻断黑客入侵，保护车内网络安全。

2）Apollo 汽车黑匣子

黑匣子在 Apollo 平台中作为智能汽车的数据记录软硬件产品。

(1) 作为安全存储硬件：将黑匣子硬件部署到智能汽车，通过数据压缩、加密处理及快速传输，大量驾驶数据得以安全存储。

(2) 作为数据读取软件：通过人性化的交互界面，对数据进行解密读取，从而使得数据成为追溯事故原因、改进产品质量的重要依据。

3）Apollo Pilot 安全报告

Apollo Pilot 是 Apollo 平台的自动驾驶量产解决方案的总称。百度基于自己在自动驾驶量产方面的探索和积累，在 2018 年 7 月发布了《Apollo Pilot 安全报告》。该报告由百度撰写完成，并由国际知名自动驾驶公司 Mobileye 贡献了其核心的 RSS 自动驾驶安全模型对报告进行了补充与完善。同时，该报告得到了众多行业专家、机构、合作伙伴和高校的指导和支持，是中国首个针对自动驾驶量产的细分场景与功能的、专业的安全报告，对于推动行业统一标准的建立提供了理论支持。

6. 人机交互接口

DuerOS 为百度度秘事业部研发的对话式人工智能系统，现在已完成与 Apollo 平台的集成。Apollo 的人机交互接口包含以下几种产品。

1）适用于 Android 车辆的 CarLife

CarLife 是在 Android 平台上实现的协议。CarLife 是一款智能手机集成解决方案，驾驶人可通过多屏共享和交互技术与 MD(移动设备)和 HU(主机)共享适合安全驾驶条件的移动应用程序，并使用触摸屏、按键、旋钮控制和话筒控制 CarLife。

2）CarLifeVehicleLib

CarLifeVehicleLib 是一个基于 C++语言的跨平台动态库，它实现了 HU CarLife 中的通道建立、数据发送和接收、协议解析和打包的功能。使用这个库可以加速 HU 中 CarLife 的开发。

3）DuerOS 启动器

DuerOS 启动器是 Android 终端的第一个用户图形交互界面，在终端入口处（电话、收音机等，需要连接到 App）安装其他应用程序。

DuerOS 启动器有以下特点。

（1）适用于驾驶场景设计，采用轻巧、科学的 UI 设计感。

（2）主页汇总语音、地图、音乐等入口，车内场景使用更方便。

4.1.5 Apollo 参考硬件平台

车载硬件是自动驾驶必不可少的部分。Apollo 为全球开发者提供了完整的硬件设备参考，包括车辆选择、核心硬件选型、辅助硬件设备。Apollo 官网提供了详细的硬件安装指南，确保开发者可自行进行硬件组装，为软件集成及车辆上路提供可靠保障。

自动驾驶的硬件系统，可以粗略地分为感知、决策、控制 3 部分（还有定位、地图、预测等模块）。自动驾驶不能仅仅考虑系统，还要考虑到人的因素。

图 4.20 所示为自动驾驶硬件架构。

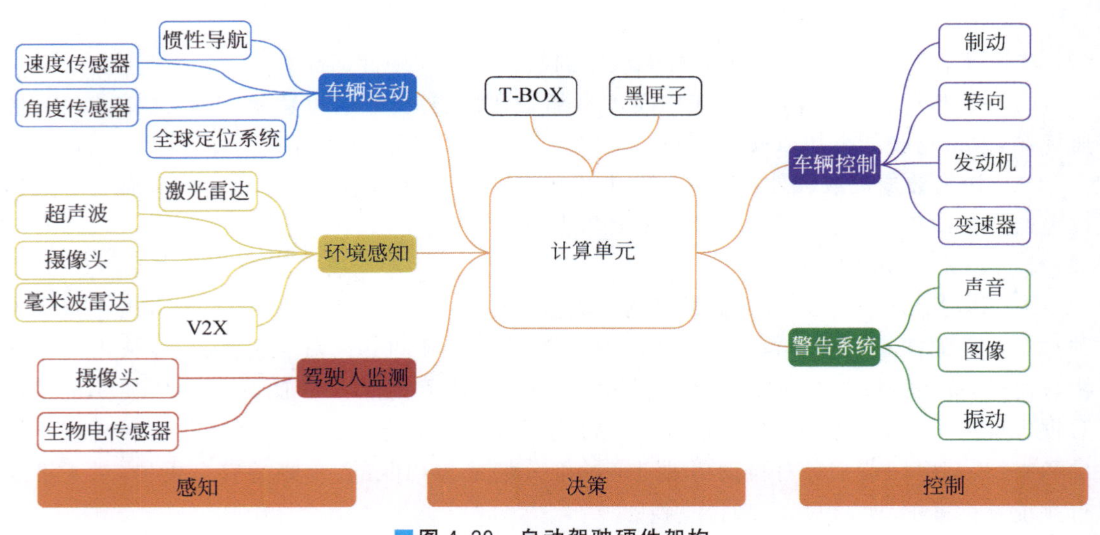

图 4.20 自动驾驶硬件架构

图 4.21 所示为 Apollo 硬件连接概览图。

从车辆运动方面考虑，车速、转角以及横滚、俯仰、航向是需要收集的车体自身信息。外部环境感知信息，主要由传感器平台，例如激光雷达、超声波、摄像头、毫米波雷达、V2X 设备采集。V2X 设备可提供超视距功能——当车辆在路上行驶，较难发现超出传感器范围的信息，但 V2X 设备会发送和接收路侧及其他车辆传来的信息，以及前方交通状况。

目前，L3+级自动驾驶的计算单元主要是 CPU+GPU+FPGA 的架构。T-BOX 向上连接互联网，向下连接 CAN 总线。举例来讲，一个专门的手机 App，可以通过 T-BOX 设备控制车门的开关。Black Box 负责记录控制指令和车辆行驶状态，事故发生以后可用 Black

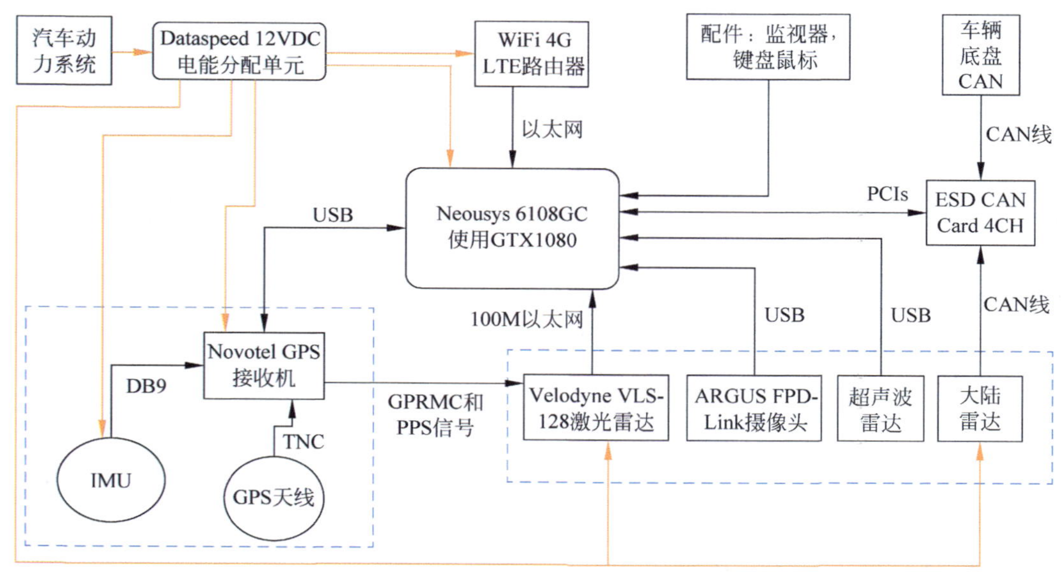

图 4.21 Apollo 硬件连接概览

Box 记录的信息来进行事故的认定。车辆控制主要基于线控系统，包括线控转向、线控节气门、线控制动、线控悬架、线控换挡和线控增压等。

自动驾驶使用的感知类的传感器，主要有激光雷达、毫米波雷达、摄像头以及组合导航。图 4.22 所示为 Apollo 自动驾驶传感器组成。

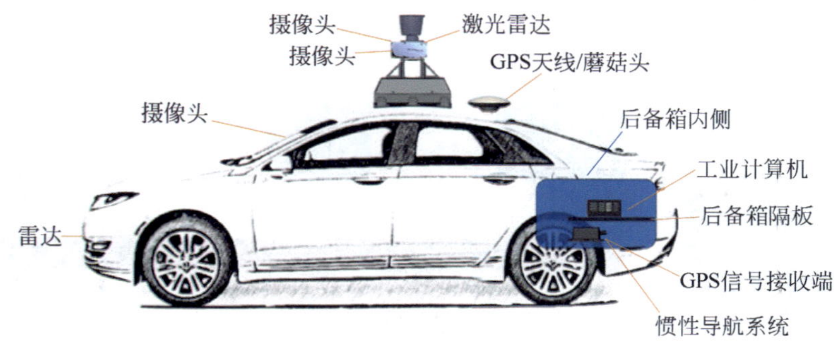

图 4.22 Apollo 自动驾驶传感器组成

1. 自动驾驶感知传感器

激光雷达安装在车顶，随车运动的同时进行 360°同轴旋转，可提供周围环境的点云信息。激光雷达不仅用于车辆感知，也用于定位和高精地图的测绘。

摄像头光线通过镜头、滤光片到后段的 CMOS 或 CCD 集成电路，将光信号转换成电信号，再经过图像处理器(ISP)转换成标准的 RAW、RGB 或 YUV 等格式的数字图像信号，再通过数据传输接口传输到计算单元。

毫米波雷达和激光雷达有点类似，基本原理是发射一束电磁波，通过观察回波和射入波的差异来计算距离和速度，主要分 24G 和 77G，它安装在保险杠上面。

组合导航是两部分，一部分是 GNSS 板卡，通过天线接收 GPS 和 RTK 信号，解析计算出自身的空间位置。但是当车辆行驶到林荫路，或者是有些建筑物遮挡时，GPS就会没信号或者产生多径效应，定位就会产生偏移和不准。此时需要通过INS的信息融合来进行组合运算。GNSS+INS融合在一起就是组合导航系统。

表4.1罗列出了目前一些自动驾驶L1/L2级别所用的传感器，也包括自动驾驶L3及以上级别的传感器。L1/L2的功能传感器信息也需要经过多传感器融合，但在融合前一些算法就直接传输到了MCU。L3+的系统是将多传感器融合后的信息传输到计算单元，从硬件架构上与L1/L2的略有差异。L1/L2级别的系统会更在意一些误检的情况，例如有人驾驶车辆突然制动会导致乘客不适等，因为在L1/L2级别，主要驾驶责任在驾驶人。但L3+级别的车辆则由自动驾驶系统承担主要驾驶责任，因而对传感器漏检非常在意。这是L1/L2级别系统和自动驾驶系统之间的差异。

表4.1 不同功能所需传感器类型

自动驾驶功能	超声波雷达	摄像头	毫米波雷达	激光雷达	组合导航
自动巡航(ACC)	√	√	√	√	
紧急制动(AEB)		√	√	√	
行人检测(PD)		√	√	√	
交通标志识别(TSR)		√			
车道偏离警告(LDW)		√			
泊车辅助(PA)	√	√	√	√	
自动驾驶(AP)L3～L5	√	√	√	√	√

2. 自动驾驶计算单元

图4.23为自动驾驶汽车计算单元。

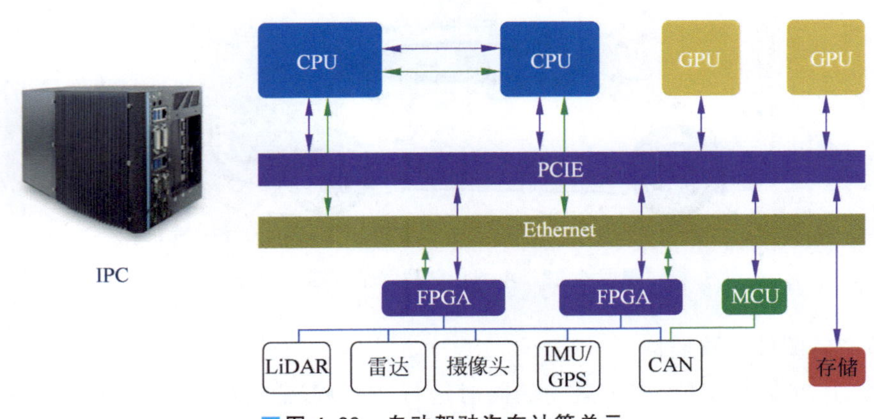

图4.23 自动驾驶汽车计算单元

自动驾驶汽车计算单元，必须考虑到冗余设计。所有的CPU、GPU、FPGA都是双冗余备份，包括总线也是双冗余备份。在检测系统失效的状况下，MCU依然能继续正常工作，它发出控制指令给制动系统，让车辆刹停下来，保证安全性，这是系统最后的一道防线。

图4.24所示为自动驾驶计算平台。

这种中央集中式的计算也有缺点——整个单元体积比较大，功耗也比较高。在自动驾驶车辆的后备箱内置一个高性能服务器，这显然不利于量产。未来产业化目标是逐步拆分计算量至边缘计算。例如，激光雷达、毫米波雷达、摄像头都接入一个 Sensor BOX，将对准融合后的数据再传输到计算单元进行处理。从整个自动驾驶汽车来看，会根据不同的功能设计不同的域控制器，例如车身域控制器、车载娱乐域控制器、动力总成域控制器、自动驾驶域控制器，彼此之间相互隔离，互不干扰。

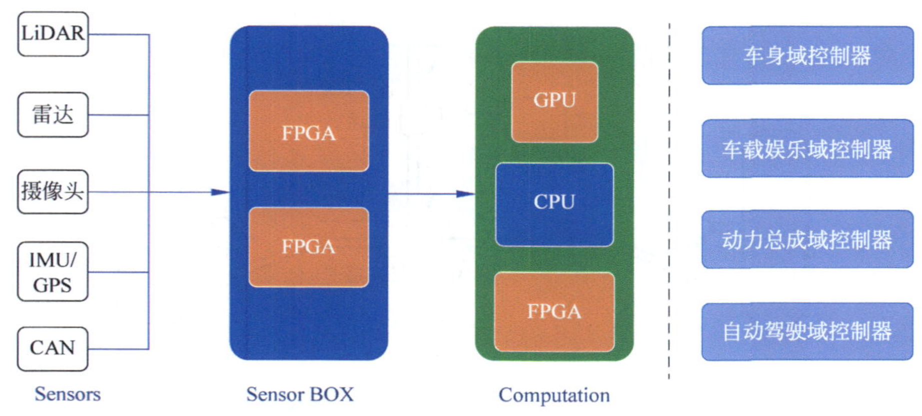

图 4.24　自动驾驶计算平台

3. 自动驾驶线控系统

自动驾驶车辆的线控系统，分减速、转向和加速 3 大部分，如图 4.25 所示。

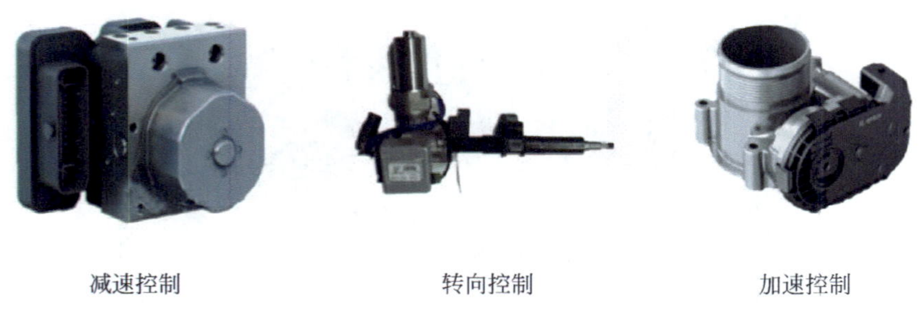

图 4.25　自动驾驶线控组成

自动驾驶汽车的线控系统可分为 3 个版本，1.0 版需对原车的踏板及方向盘进行物理截断的改装，即俗称的暴力改装，并不符合汽车安全要求，甚至会出现漏油和烧电动机的情况。2.0 版利用原车的自动驾驶辅助系统来实现线控。3.0 版是完全定制化方案，百度阿波龙量产巴士使用的是 3.0 版，所有的线控功能都基于自动驾驶的需求特别定制而成。

图 4.26 所示为 EPS 与自动驾驶线控系统。

图 4.27 所示为自动驾驶线控系统。

4. Apollo 硬件开发平台

从 Apollo 3.0 开始，硬件平台从硬件参考平台升级为硬件开发平台，如图 4.28 所示。

Apollo 发布的 Apollo Sensor Unit(Apollo 传感器单元)，使不同的传感器产品均可在 Apollo 平台上即插即用。

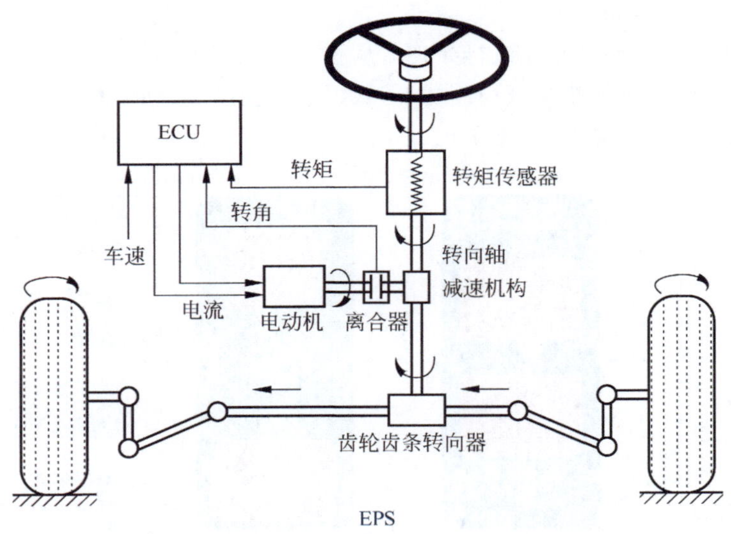

EPS

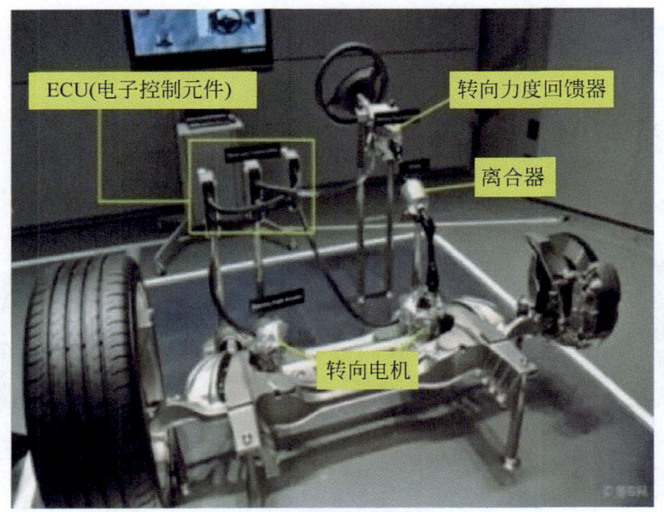

英菲尼迪Q50线控转向

图 4.26 EPS 与自动驾驶线控系统

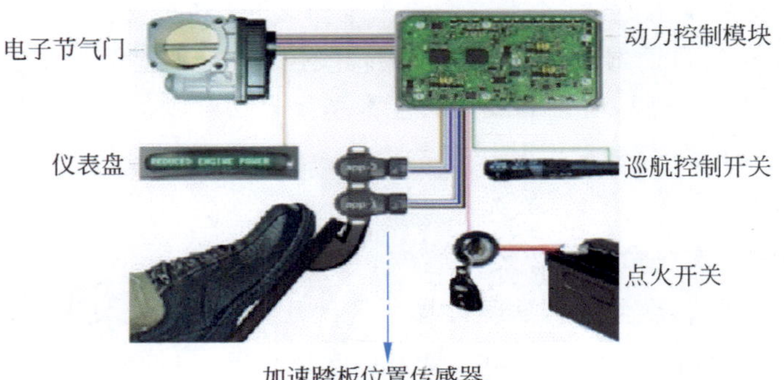

图 4.27 自动驾驶线控系统

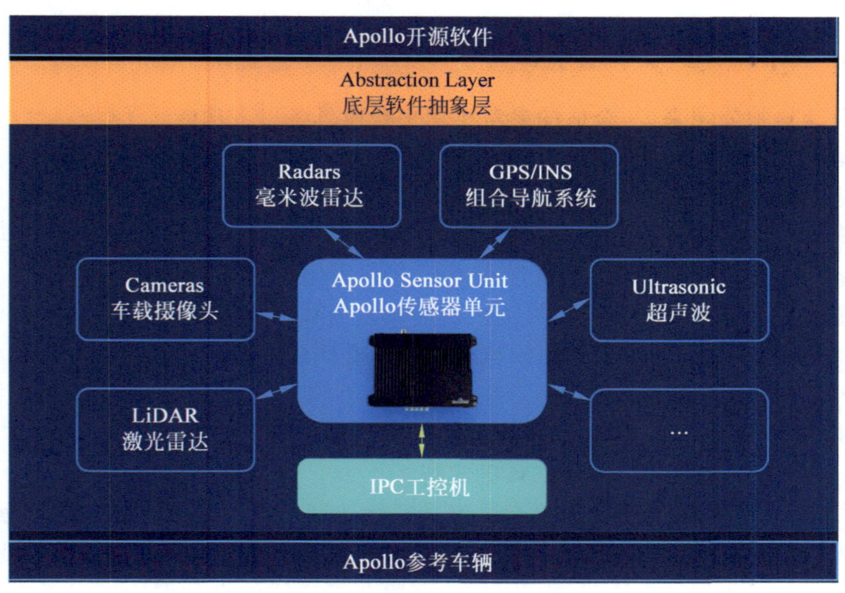

图 4.28　Apollo 硬件开发平台系统架构

传感器单元，即 Sensor BOX，是将所有的传感器数据都统一传输到传感器单元中，完成时间戳的同步后传输到后端的计算单元进行处理。随 Apollo 3.5 发布的 AXU 可以提供更多的扩展性，支持更多的硬件设备，满足不同开发者的需求。Apollo 硬件开发平台完成相关硬件厂家设备的准入工作，涉及的内核驱动也会在 Github 上完成合入。

此外，添加底层软件抽象层，无缝衔接上层软件和设备驱动，适配多种数据格式，定义通用 API 接口，实现传感器时间同步，多传感器智能融合提供硬件设备实时监控，提高车辆运行的安全保障。

图 4.29 所示为 Apollo 传感器单元合作厂商。

图 4.29　Apollo 传感器单元合作厂商

4.1.6 Apollo 参考车辆平台

对于自动驾驶公司来说，合适的参考车辆平台应具备以下功能。

(1) 线性的节气门控制。

(2) 线性的制动控制。

(3) 线性的转向控制。

(4) 能够通过 CAN 总线协议发送指令。

目前全球在自动驾驶领域应用最为广泛的车型为林肯 MKZ 车型。国内生产的车辆基本没有完整的线控执行器，对应的协议也并不掌握在国内车企手中，而由国际一线供应商把控。改造一辆国产车，需要手动替换一些执行机构，所以在国内想要实现车辆线控的产品化和规模化并不容易。在早期林肯 MKZ 车型的基础上，百度 Apollo 2.5 版本增加了对 AutonomousStuff 出品的摆渡车 GEM 的支持。

从 Apollo 3.0 开始，参考车辆平台升级为车辆认证平台。开放车辆认证计划第一次在业内提出标准化的自动驾驶系统与车辆接口。透过这个计划，车企或车辆提供商可以更方便地将车辆平台接入到 Apollo 开放平台，从而覆盖更广泛的自动驾驶开发者人群，加速自动驾驶能力的上车部署。

开放车辆认证计划为自动驾驶开发者提供更多车辆选择，在标准化的接口下，开发者只需要做简单的配置就可以将同一套代码快速部署到与 Apollo 兼容的多种开放车辆上。

对于自动驾驶领域的开发者而言，通常难以获得汽车的核心数据以及控制接口，例如汽车的横纵向控制、车辆报文信息、汽车结构数据等，虽然可以通过逆向破解获得部分数据，但在安全上无法得到保证。在一些深度产品开发中，需要准确获悉车辆的多项数据，这些通常都是厂商所保密的。MKZ 是林肯旗下的车型，之所以能够得到自动驾驶公司的广泛应用，在于其具有优良的底盘线控系统以及被逆向开发而开放的车辆通信协议。

然而，国内的比亚迪敢于尝鲜。在 2018 年 9 月百度全球开发者大会上，比亚迪宣布开放汽车平台，率先推出秦 Pro 车型供自动驾驶公司和开发者使用，希望秦 Pro 能够像林肯的 MKZ 一样，成为国内自动驾驶开发者的通用平台。

图 4.30 所示为现阶段与 Apollo 兼容的开放车型。

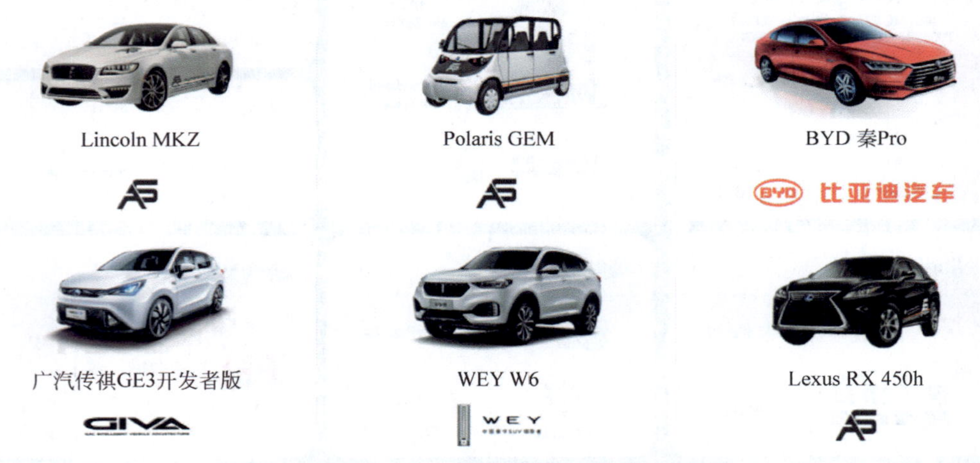

图 4.30 与 Apollo 兼容的开放车型

1. 林肯 MKZ

在自动驾驶领域，NVIDIA、百度、瑞萨、Udacity、Voyage、Pony. ai、JingChi. ai、Plus. ai、Roadstar. ai 等许多公司都预定了林肯 MKZ 作为自动驾驶样车。

林肯 MKZ 拥有一套电气化非常完善的系统，作为整车厂的福特（林肯属于福特旗下的豪华车品牌）非常愿意和第三方公司合作，并且把汽车内部各项协议开源，开放性地将硬件和软件与车载系统连接起来，允许电子线控系统控制所有的汽车功能。无须额外硬件，第三方开发者只需安装一个线控套件，即可以编程方式控制车辆，发送诸如转向、加速、制动等命令。市面上只有极少数的车辆可以这样进行控制。

图 4.31 所示为搭载了 Apollo 平台的林肯 MKZ 车辆。

图 4.31 搭载 Apollo 平台的林肯 MKZ 车辆

林肯 MKZ 量产车采用的是线控节气门、线控制动和线控转向系统，这是其能广泛用于自动驾驶平台的主要原因。但没有外部接口仍然无法操控车辆。美国 Dataspeed 公司了解车辆复杂的电子系统，他们集合了在车辆软件、硬件、机械和算法等方面都具有丰富经验的工程师，将 MKZ 的 CAN 总线协议破解并封装成 ADAS Kit，开发者可以较容易地将该套件安装在林肯 MKZ 车型上，从而使节气门、制动、转向和换挡系统可完全在线控制。

随着各类自动驾驶技术公司对 Dataspeed 的改装需求越来越多，美国公司 AutonomousStuff 与 Dataspeed 达成合并协议。合并后的新公司有了明确分工：Dataspeed 提供开发套件 ADAS kit，AutonomousStuff 负责线控改装以及系统集成。在与 Dataspeed 合并之前，AutonomouStuff 专门为测试车提供传感器改装方案，最快一周左右可完成车辆上各类传感器的定制化改装，包括雷达、摄像头等。

AutonomousStuff 已与百度 Apollo 团队达成合作，Apollo 平台的源代码中包含所有与林肯 MKZ 相关的底盘控制协议以及底盘反馈数据。其中，节气门、制动、转向底盘数据全都具备对应协议。因此，对于有经验的 Apollo 开发者而言，3 天完成自动驾驶车辆改装是有可能实现的。但如果包含对激光雷达、毫米波雷达和其他传感器的改装，则肯定要花费更多时间。

2. 比亚迪

比亚迪开放的车辆平台秦 Pro，如图 4.32 所示，包含感知算法、基础数据、基础设施等资源，并且开放了开发者所关注的反馈信号、车辆状态参数、硬件接口和结构接口。这些接口均会向零部件供应商、系统方案商、科研院校、运营商全面开放。

图 4.32 秦 Pro DM 车型

秦 Pro 在感知部分提供了 13 个摄像头、6 个毫米波雷达、1 个激光雷达、12 个超声波雷达的标准线束接口，以及车辆安装结构。同时还会提供一些电源接口，供其他设备使用。外形上，秦 Pro 开发者版与即将上市的秦 Pro 差别不大，但增加了用于自动驾驶的摄像头、传感器等。车顶的激光雷达、卫星天线可以扫描周围环境、定位车辆位置；两边车侧装载 4 个独立的传感器装置，用以感知周边环境及障碍物，收集海量数据；相比普通版本，车顶后方新增一个“鲨鱼鳍”用来隐藏摄像头。

开发者可安装相应规格的传感器至车辆的标准位置上，以进行软件算法的调试。车身控制方面，比亚迪提供车辆纵向控制（ESP 加减速）、横向控制（EPS 角度）、车身状态信号、仪表和多媒体接口等，这些接口对应控制、执行、反馈整条链路。同时，车辆所有基本参数，例如转向传动比、车身重量、车辆质心位置、悬架刚度阻尼、轮胎力学特性、车辆三维模型、离地间隙等，都会向用户开放。开发者既可获得车辆控制权，也可调取车辆状态信息的及时反馈，更容易对自动驾驶算法进行调整优化。

比亚迪的开放将逐渐升级：从 1.0 版本的 153 个信息类信号和 41 个控制类信号，到 2.0 版本增加 29 个信息类信号和 11 个控制类信号，再到专门面向自动驾驶开发者的版本，还会开放 38 个信息类信号和 19 个控制类信号。

为了保证车辆的网络安全，比亚迪联合 360、腾讯、梆梆安全，在通道、通信、协议、网关层面都做了相应安全防护，例如专网专线、网内隔离、一车一号一证、软硬件加密、物理隔离，紧急按钮等，还可通过远程视频看到车辆的实时状态。比亚迪希望借此将秦 Pro 打造成中国的 MKZ 平台。

第一批秦 Pro 开发者版已被预定作为百度 Apollo 的测试车辆进行示范道路测试。秦 Pro 车型也是第一辆百度 Apollo 前装认证车，未来还有望实现 L3 级别自动驾驶技术量产。除百度 Apollo 外，其他开发者也可订购秦 Pro 自动驾驶开发者版，实现自动驾驶技术的研发。

3. 广汽传祺 GE3 开发者版

第 15 届中国国际汽车展览会上，广汽自主研发的第二代自动驾驶汽车——WitStar Ⅱ

祺迹自动驾驶汽车，以传祺 GE3 为平台车全新亮相(如图 4.33 所示)。其采用 64 线激光雷达、360°全景摄像头、77GHz 毫米波雷达等高精度传感器，配合自主研发的智能交通场景感知、自主驾驶行为决策、低延迟智能控制等相关技术，面向多路况场景，初步实现了 L4 级别智能驾驶应用。

图 4.33 广汽传祺 GE3

4. WEY VV6

长城公司推出的中国高端 SUV 品牌 WEY 魏派，携手博世和百度，同样推出了自动驾驶平台车型——WEY VV6，如图 4.34 所示。该平台的自动驾驶技术实现分为两个阶段：在现阶段的量产车上，除了在底盘上配备博世出品的前置中距离雷达产品(ACC/FCW/EBA/AEB/PEBS)，还配备同样来自博世的多功能摄像探头以及超声波传感器等，实现针对行人进行保护的自动紧急制动(AEB Cyclist)以及交通拥堵辅助(THA)、集成巡航控制(ICA)等达到 L2 级别的 20 项智能驾驶辅助功能。

图 4.34 长城 WEY 魏派 VV6

在第二阶段，WEY 品牌与百度 Apollo 达成战略合作，加入百度 Apollo 开放车辆认证平台，共同致力于自动驾驶领域的发展。百度将成为 WEY 品牌自动驾驶高精地图和自定位技术的指定合作伙伴。

4.1.7 Apollo 平台安装简介

Apollo 平台的官方网站地址为 http://apollo.auto。Apollo 作为开源平台，百度从发布 1.0 版本开始就将 Apollo 全部代码放在了开源软件项目托管平台 GitHub 上，地址为 https://github.com/ApolloAuto/apollo。目前最新的 Apollo 平台为 3.5 版本。下面以此版本为例，介绍平台安装与配置步骤。

在 Apollo 3.5 版本安装与配置之前，首先需确认计算机满足以下 4 个条件。

(1) 计算机中已安装 Ubuntu 14.04/16.04 操作系统。

(2) 查看 CPU 是否支持 FMA 和 AVX，若不支持则仿真环境 Dreamview 无法启动。

(3) 浏览器必须支持 WebGL，否则仿真界面无法显示动画。

(4) 计算机中有 CAN 卡的驱动程序，因驱动程序不是开源程序，所以需要购买硬件时才能提供驱动程序(如果不进行实车开发，无须安装 CAN 卡)。

(5) 计算机中的硬盘至少有 50GB，内存至少有 4GB。具备以上条件之后，就可以按照下面的步骤开始 Apollo 平台安装。

1. 安装 Git LFS

LFS 是 Large File Storage 的英文缩写，用于帮助 Git 管理大的文件。对于 Git 来说，如果是模型或者一些设计大文件稍稍改变，对于仓库来说会增加很大的体积，存储空间可能会增加数吉字节。对于 Git LFS 来说，在使用 git lfs track 命令后，当 Git push 时，Git LFS 会截取要管理的大文件，并将其传至 Git LFS 的服务器中，从而减小仓库的体积。

```
# Required for Ubuntu 14.04 / 16.04.
1. curl -s https://packagecloud.io/install/repositories/github/git-lfs/script.deb.sh | sudo bash
# Ubuntu 14.04 / 16.04 / 18.04.
1. sudo apt-get install -y git-lfs
```

2. 下载 Apollo 源代码

Apollo 源代码主要是由 C++ 语言实现的，同时也包含少量 Python 语言。主要程序在所述模块中，具体包括感知模块、预测模块、控制模块、规划模块、交互模块、工具以及其他模块。自动驾驶系统首先通过起点和终点规划出整体路径，然后在行驶过程中感知当前环境(识别车辆、行人、路况、交通标志等)，并预测下一步发展；其次把已知信息都传入规划模块，规划出之后将要行驶的轨道；最后，控制模块将轨道数据转换成对车辆的控制信号，通过汽车交互模块控制汽车。可通过以下步骤下载 Apollo 源代码。

(1) 克隆 Apollo 仓库。

```
1. git clone git@github.com:ApolloAuto/apollo.git
2. cd apollo
3. git checkout [release_branch_name]
```

(2) 设置环境变量。

```
1. echo "export APOLLO_HOME = $ (pwd)" >> ~/. bashrc && source ~/. bashrc
```

打开新终端应用上述环境变量,或者在现有终端中输入 source ~/. bashrc 应用环境变量。

3. 安装 Docker CE 环境

Docker 是一个开源的应用容器引擎,让开发者可以打包他们的应用以及依赖包传到一个可移植的容器中,然后发布到任何流行的 Linux 机器上,也可以实现虚拟化,容器是完全使用沙箱机制,相互之间不会有任何接口。安装 Docker CE 环境步骤如图 4.35 所示。

```
$ sudo apt-get update

$ sudo apt-get install \
apt-transport-https \
ca-certificates \
curl \
software-properties-common

$ curl -fsSL https://download.docker.com/linux/ubuntu/gpg | sudo apt-key add -
$ sudo apt-key fingerprint 0EBFCD88

$ sudo add-apt-repository \
"deb [arch=amd64] https://download.docker.com/linux/ubuntu \
$(lsb_release -cs) \
stable"

$ sudo apt-get update

$ sudo apt-get install docker-ce=17.03.1~ce-0~ubuntu-trusty
```

图 4.35 安装 Docker CE 环境

在此步骤中,可以把用户名加入到 Docker 中,这样使用 Docker 时无须再输入 sudo。具体步骤如图 4.36 所示。

```
$ sudo groupadd docker
$ sudo usermod -aG docker *** (你的用户名)
Log out
```

图 4.36 添加用户名

然后重新进入系统,使刚才的命令生效。若此时不用 sudo,命令仍能执行,说明已安装成功。

Docker CE 官方参考网址为 https://docs.docker.com/install/linux/docker-ce/ubuntu/。

4. 编译源代码

使用如下命令编译 Apollo 源代码。

(1) 首先拉取 Apollo 镜像:

```
1. bash docker/scripts/dev_start.sh
```

(2) 进入容器：

```
2. bash docker/scripts/dev_into.sh
```

(3) 编译 Apollo：

```
3. bash apollo.sh build
```

(4) 如果用户没有 GPU，可采用下述命令编译：

```
4. bash apollo.sh build_cpu
```

(5) 如果 CPU 运行速率慢，可以通过以下命令限制 CPU 运行速率：

```
5. bash apollo.sh build --local_resources 2048,1.0,1.0
```

5. 启动 Apollo 平台

进入 Docker 之后在终端中输入：

```
6. bash scripts/bootstrap.sh
```

启动必要组件。在 Chrome 或 Firefox 浏览器中打开网址 http://localhost:8888/，Apollo 可视化页面如图 4.37 所示。

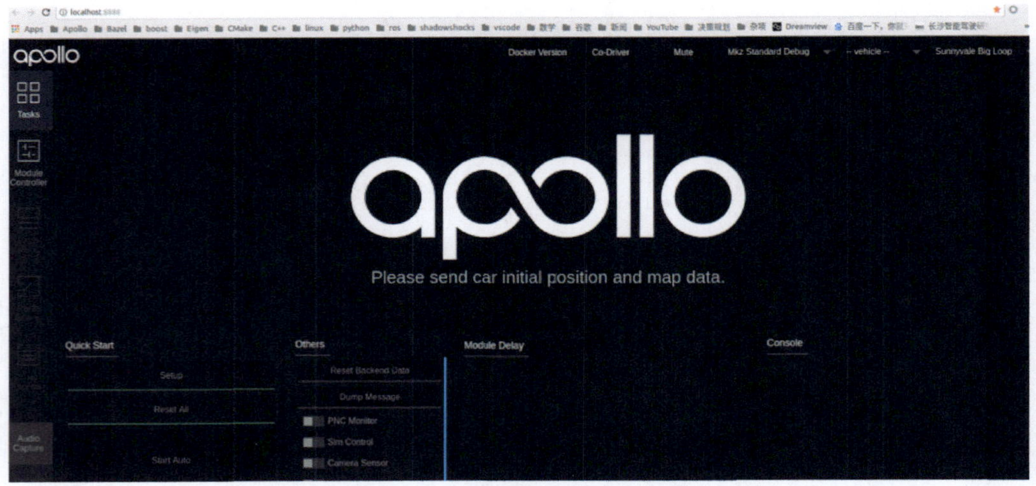

图 4.37　Apollo 可视化页面

通过以下命令回放 demo 数据包。

```
7. cyber_recorder play -f docs/demo_guide/demo_3.5.record -loop
```

在 Dreamview 中打开 Sim Control 选项，并在右上角选择 Sunnyvale Big Loop 地图，在 Dreamview 中切换左侧标签至 Module Controller 页，开启 Planning 与 Routing 模块，在 Dreamview 中切换左侧标签至 Default Routing 页，选择 Route: Reverse Early Change Lane，若看到道路输出车辆规划轨迹，并且车辆向前行驶，表明 Apollo 平台构建运行成功，如图 4.38 所示。

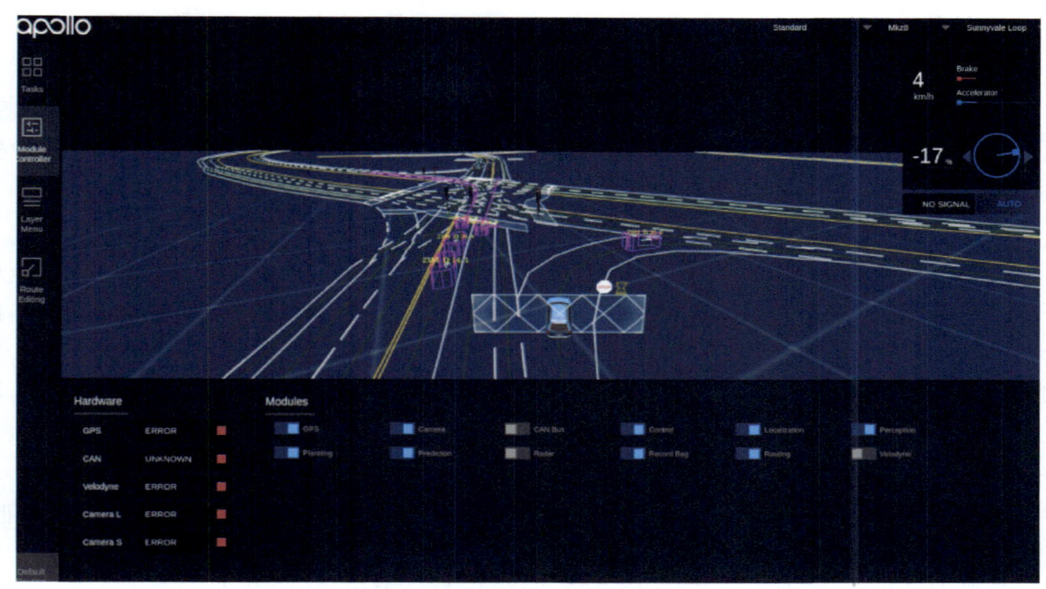

图 4.38 Apollo 运行页面

4.2 Autoware 开发平台

Autoware 是日本名古屋大学开发的用于自动驾驶汽车的“一体化”开源软件。Autoware 的使用场景主要适用于城市道路，但也可以涵盖高速公路等路况。Autoware 的系统技术框架如图 4.39 所示。

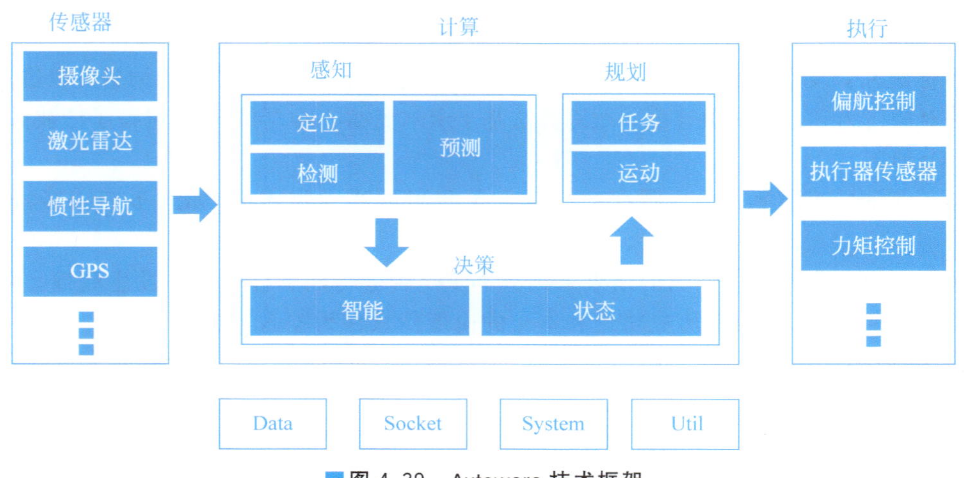

图 4.39 Autoware 技术框架

1. 传感器模块

Autoware 支持摄像头、LiDAR、IMU 和 GPS 作为主要传感器。从技术上讲，只要提供了传感器驱动程序软件，几乎所有类型的摄像头，LiDAR、IMU 和 GPS 都可用于 Autoware。

2. 计算模块

1）感知部分

Autoware 的感知由定位、检测和预测组成。通过三维地图和 SLAM 算法结合 GNSS 和 IMU 传感器实现定位。检测部分基于摄像头和 LiDAR 数据利用融合算法和深度神经网络进行处理。预测是在定位和检测结果上完成的。

（1）定位。

定位部分利用激光雷达扫描的点云数据以及预先获取的三维地图信息来计算车辆全局坐标系下的(x，y，z，roll，pitch，yaw)定位。使用正态分布变换(NDT)算法或最近点迭代(ICP)算法实现 LiDAR 扫描数据与三维地图的匹配。GNSS 定位则将 NMEA 消息从 GNSS 接收器转换为(x,y,z,roll,pitch,yaw)位置。dead_reckoner 主要使用 IMU 传感器来预测车辆的下一帧位置,并插入 lidar_localizer 和 gnss_localize 的结果。

（2）检测。

LiDAR 检测：从三维激光雷达读取点云数据,并提供基于 LiDAR 的物体检测功能。该功能主要基于欧几里得聚类算法,该算法在地面上找到 LiDAR 扫描(点云)的聚类。为了对集群进行分类,还支持基于 DNN 的算法,例如 VoxelNet 和 LMNet。

图像检测：从摄像头读取图像数据,并提供基于图像的对象检测功能。主要算法包括 R-CNN、SSD 和 Yolo,旨在执行单个 DNN 以实现实时性能。该部分支持多种物体检测,例如汽车和乘客。

图像跟踪：为图像检测的结果提供跟踪功能。该算法基于 Beyond Pixels,投影在图像平面上的结果通过融合工具投影并与三维空间中的雷达监测结果相结合。

融合检测：读取激光扫描仪的点云数据和相机的图像数据,从而在三维空间中实现更精确的物体检测。该过程必须事先融合校准激光雷达和摄像头的位置。

融合工具：将激光雷达检测结果与图像跟踪结果进行融合,具体方式是将图像检测部分的分类信息加入激光雷达检测到的点云的聚类结果中。

目标跟踪：该部分预测基于上述目标检测来识别对象的运动。跟踪的结果可以进一步用于预测对象行为和估计对象速度。跟踪算法基于卡尔曼滤波器,同时也支持粒子滤波算法。

（3）预测。

运动预测：使用上述目标跟踪的结果来预测附近移动物体(例如汽车和乘客)的未来轨迹。

碰撞预测：使用运动预测的结果来预测本车是否会与周围移动物体发生碰撞。除了目标跟踪的结果之外,还需要历史轨迹和本车的速度信息作为输入数据。

行为预测：使用与碰撞预测相同的输入信息来预测周围车辆是否会在本车前方超车或换道。

2）决策部分

Autoware 的决策模块是感知和规划模块之间的桥梁。根据感知结果,Autoware 进行驾驶行为决策,由有限状态机表示,以便选择适当的规划功能。目前的决策方法仍然是基于规则。

3）规划部分

Autoware 中的最后一项计算是规划模块。该模块的作用是根据感知和决策模块的结果制订全局任务和局部(短期)运动规划。全局任务通常在自动驾驶车辆启动或重启时制订,而局部运动则根据状态变化随时进行更新。

(1) 主要内容。

规划模块中主要包含以下任务。

路由寻径:搜索到目的地的全局路径。该路线由道路网络中的一组交叉点表示。

道路规划:结合路由寻径的结果搜索可行路径。这些路径由一组路径点表示,即多个路径点,每个路径点对应一条车道。

路径点规划:可以用于生成目的地的一系列轨迹点。这个部分与道路规划的不同之处在于它只发布单个路径点,而不是一组路径点。

路径点制作:是一个实用工具,用于保存和加载手动制作的路径点。要将路径点保存到指定文件,可以在激活定位部分时人为驾驶车辆,Autoware会使用速度信息记录行驶该条路径的路径点。记录的路径点可以之后从指定的文件加载,以便运动规划模块订阅,并遵循该路径。

(2) 运动规划。

速度规划:从道路规划、路径点规划及路径点制作中订阅路径点以更新速度规划,从而根据周围的车辆和道路要素,如停车线和交通信号灯,进行加减速处理。

A*规划:实现混合状态A*搜索算法,该算法生成从当前位置到指定位置的可行轨迹。这个算法可用于避障、在给定路径点上的急转弯以及在诸如停车场自由空间中的路径规划。

轨迹规划:实现轨迹规划算法,该算法基于样条曲线、预定义参数表和ADAS Map信息在当前位置前方生成多个可行轨迹,主要用于避障和车道变换。

路径点跟随:实现Pure Pursuit算法,该算法生成一组扭曲速度和角速度(或角度),以通过均匀的圆周运动将车辆移动基于给定路径点运动到目标路径点。扭曲速度和角速度(或角度)将由车辆控制器或线控接口读取,最后自动控制车辆行进。

3. 执行模块

Autoware已经在许多线控车辆上安装并测试。其计算输出是一组速度、角速度、车轮角度和曲率。这些信息作为命令通过车辆接口发送给线控控制器。由线控控制器来控制车辆转向和加减速。

4.3 其他自动驾驶开发平台

除了上述两个具备完整自动驾驶技术方案及应用平台的自动驾驶平台以外,其他各大互联网企业、零部件厂商以及车企也都纷纷致力于研发自身的自动驾驶平台。从每年年初的CES即可看到不同类型的自动驾驶平台不断地推陈出新,其中也不乏亮眼的“黑科技”。

已推出的自动驾驶平台中,主要包含计算平台、移动开发平台、通信平台、硬件平台、功能封装模块化平台、仿真平台等几大类。主要的代表企业在表4.2中列出。

表 4.2 自动驾驶平台分类

平台主打技术	企业代表	功能介绍
高性能运算	NVIDIA DRIVE	提供从底层运算、操作系统层、软件算法层以及应用层在内的全套可定制的解决方案
	IntelGo	包括 CPU、FPGA 及面向深度学习的硬件加速技术在内的灵活架构
	恩智浦 Blue BOX	基于 Linux 系统打造的开放式计算平台，可供主机厂和一级供应商开发、试验自己的自动驾驶汽车
传感器等硬件技术	西门子 Mentor：DRS360	突破目前的实时和高分辨率传感技术，充分利用各类传感手段(包括雷达、LiDAR、图像和其他传感器)实时捕获、融合及利用原始数据
移动开发平台	丰田：e-Palette	根据用户的需求，开放平台控制功能，合作商可以安装自己的自动驾驶子系统，更像是一个可以更换不同车体的移动底盘
模块化软硬件技术	禾多科技：轩辕平台	提供包括线控能力、传感器和计算设备、基础软件 3 大部分，支持 L2～L5 级别的自动驾驶开发工作
	伟世通：DriveCore	能够给主机厂提供一个模块化可扩展平台，可用于对象分类、检测、路径规划和执行开发人工智能和机器学习算法
	Applanix 自动驾驶开发平台	为汽车制造商、卡车制造商和一级供应商提供所需的硬件、软件以及集成和工程服务，以加快其公路和越野自动驾驶车辆的开发项目
	恩智浦：Automated Drive Kit	提供软件支持的自动驾驶汽车应用开发和测试平台。借助该套件，汽车制造商和供应商能够在开放灵活的平台上快速开发、测试和部署自动驾驶算法和应用
仿真环境	微软 AirSim	为研究提供现实环境、车辆动力和感知仿真环境，用于测试人工智能系统的安全性，保证自动驾驶汽车的安全

图 4.40 所示为现阶段各大自动驾驶平台。

1. NVIDIA DRIVE 平台

1) NVIDIA DRIVE 平台介绍

2017 年 9 月，在 NVIDIA GPU 技术大会中国站上，NVIDIA 发布了开放式自动驾驶平台 NVIDIA DRIVE，如图 4.41 所示，并表示将为合作伙伴提供从底层运算、操作系统层、软件算法层以及应用层在内的全套可定制的解决方案，支持 L3～L5 级的自动驾驶。

2018 年 1 月 10 日，NVIDIA 公布了其 AI 自动驾驶汽车平台 NVIDIA DRIVE 的详细架构。基于 NVIDIA 的 DRIVE 架构，汽车厂商可以构建和部署具有功能安全性并符合 ISO 26262 等国际安全标准的自动驾驶乘用车和卡车。

NVIDIA DRIVE 属于端到端的开放式自动驾驶平台，支持 L3、L4 甚至 L5 级的自动驾

NVIDIA DRIVE平台

英特尔自动驾驶平台

伟世通自动驾驶开发平台

百度Apollo平台

微软AirSim自动驾驶仿真平台

Mentor Graphics自动驾驶平台

Applanix自动驾驶开发平台

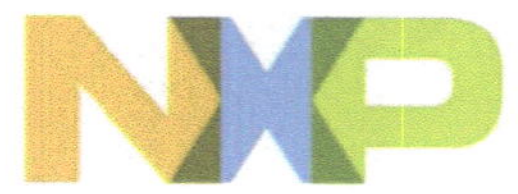
恩智浦自动驾驶平台

禾多科技轩辕平台

三星DRVLINE自动驾驶平台

丰田e-Palette模块化移动平台

图 4.40 各大自动驾驶平台

驶，开放软件栈包含了ASIL-D OS、深度学习、计算机视觉SDK和自动驾驶应用。合作伙伴可利用NVIDIA平台整合的深度学习、传感器融合和环绕立体视觉等技术，基于Drive PX打造自动驾驶软件，其可以实时了解车辆周围的情况，完成精确定位并规划出最为安全高效的路径。

图 4.41 NVIDIA DRIVE

2) NVIDIA DRIVE 平台组成

平台由4部分构成，包含从底层到顶层的完整布局，囊括了支持自动驾驶技术实现的所有软硬件产品。实现自动驾驶所需要的物体检测、定位、路径规划、环境感知、传感器数据融合等各种功能都包含在相对应的部分中。

(1) Drive PX：奠定了整个系统运算能力和AI特征。

(2) 操作系统DRIVE OS：该操作系统可由企业自主定义，可满足汽车安全最高等级

ASIL-D。据官方介绍，DRIVE OS 系统软件集成了经 ASIL-D 安全认证的 BlackBerry QNX 64 位实时操作系统，以及 TT Tech 的 MotionWise 安全应用程序框架。后者对系统中的每个应用程序进行独立分装，彼此隔离，同时提供实时计算能力。

(3) 适用于自动驾驶技术的软件开发套件 SDK——DriveWorks：NVIDIA DriveWorks 这套 SDK 是开发人员构建应用程序的基础，可以利用计算密集型算法进行物体检测、地图定位和路径规划。

(4) 自动驾驶应用 DRIVE AV：这是自动驾驶汽车的软件栈。目前 DRIVE AV 支持包括立体视觉、环境感知、自定位和路径规划等功能。

3) NVIDIA DRIVE 技术方案

NVIDIA DRIVE 是可扩展的 AI 自动驾驶平台，也是全球首款功能安全的 AI 自动驾驶平台。该架构适用于各种配置，其中包括一个运行功率为 10W 的被动冷却移动处理器以及拥有 4 个高性能 AI 处理器的多芯片配置(每秒最多可实现 320 万亿次深度学习运行)，后者可实现 L5 级自动驾驶。

NVIDIA DRIVE 平台将深度学习、传感器融合和环绕视觉技术相结合，旨在改变驾驶体验。它可以实时理解车辆周围的环境变化，在高清地图上精确定位自身，还可以规划前方的安全路线。此平台基于多样化且冗余的系统架构设计，用于支持自动驾驶安全功能最高级别 ASIL-D。

图 4.42 所示为 NVIDIA DRIVE 的传感器方案示意图。

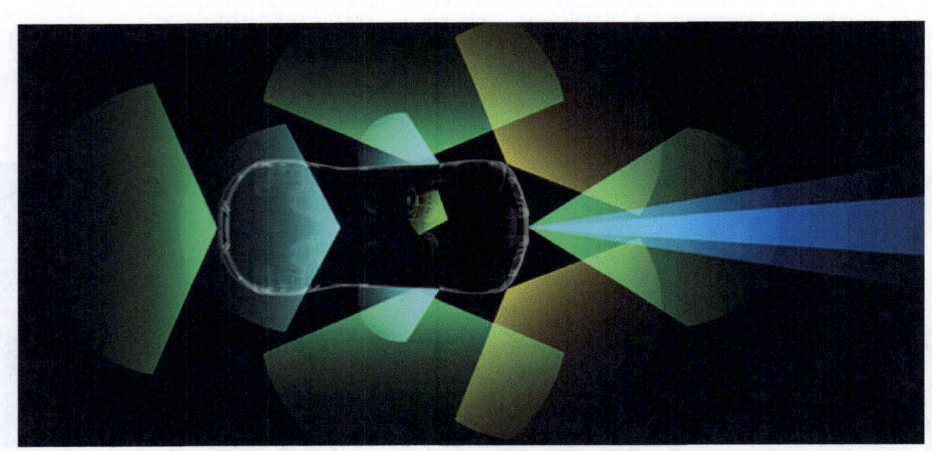

图 4.42 NVIDIA DRIVE 的传感器方案示意图

(1) 传感器融合。NVIDIA DRIVE 系统可以融合多个摄像头、激光雷达、毫米波雷达和超声波传感器中的数据。这让算法得以准确理解汽车 360°全方位环境，从而提供可靠图像(包括静态和动态物体)。将深度神经网络用于物体检测和分类，可以显著提高传感器数据融合后的准确性。

(2) 人工智能和深度学习。NVIDIA AI 平台基于深度学习而构建。统一的架构允许事先在数据中心的系统上训练深度神经网络，然后再部署至汽车。NVIDIA DGX 系统可以将数据中心的神经网络训练时间从几个月缩短到短短数天。所产生的神经网络模型在车辆内部的 DRIVE 硬件上实时运行。

图 4.43 所示为 NVIDIA DRIVE 深度学习算法识别的物体对象。

图 4.43 NVIDIA DRIVE 深度学习算法识别的物体对象

(3) NVIDIA DRIVE 软件。借助 DRIVE 平台软件,合作伙伴可以开发能加快自动驾驶汽车生产的应用程序。该软件包括软件库、框架和源代码包,可供开发人员和研究人员优化、验证和部署自己的工作。

图 4.44 所示为 NVIDIA DRIVE 软件工作图。

图 4.44 NVIDIA DRIVE 软件工作图

(4) NVIDIA DRIVE IX 软件。NVIDIA DRIVE IX 软件开发套件 (SDK) 能够借助车身内外的传感器,为驾驶员和乘客提供 AI 辅助功能。DRIVE IX 利用话筒和摄像头中的数据跟踪驾驶员周围的环境。

2. 英特尔 IntelGo 平台

2017 年,英特尔发布了全球首个应用 5G 技术的自动驾驶平台 IntelGo,旨在连接汽车与云计算服务。IntelGo 自动驾驶开发平台提供了一种灵活的架构,包括中央处理单元(CPU)、现场可编程门阵列(FPGA)及面向深度学习的硬件加速技术。这种架构同时具有独特、优化的并行和顺序处理能力,能够将自动驾驶工作负载归类为需要高效处理的计算类型。通过将英特尔凌动处理器、英特尔至强处理器、英特尔 Arria10 FPGA 进行灵活组合,英特尔提供了更节能、设计更合理的解决方案。

在 2018 CES 展上,英特尔公布了升级后的全新的自动驾驶平台,该平台整合了汽车级英特尔凌动处理器和 Mobileye EyeQ5 芯片,为 L3～L5 级别自动驾驶提供具备可扩展性和多功能性平台。

英特尔公司 Mobileye 联合创始人 Amnon Shashua 表示,sensing(感知)和 mapping(高精地图)是自动驾驶汽车十分重要的两个元素。

新的平台让车辆本身也成为一个高速运作的数据搜集者,自动驾驶汽车通过配备的 Mobileye 摄像头和传感器,不断地创建和更新高精地图,保持了所有该平台车辆地图的精准度。

3. 恩智浦 BlueBox 平台

2016 年 5 月,恩智浦在恩智浦技术论坛(NXP FTF Technology Forum)上发布了一款名为 BlueBox 的计算平台,如图 4.45 所示,主要用于帮助主机厂生产、测试自动驾驶汽车。BlueBox 平台是一款基于 Linux 系统打造的开放式计算平台,可供主机厂和一级供应商开发、试验自己的自动驾驶汽车。而“开放平台”意味着车企可以在此基础上根据产品和实验目的的不同,进行相应软件和算法的布局。有行业分析师分析,目前基于人工智能的机器视觉和大数据高精地图技术在自动驾驶领域呈现急迫的发展需求,恩智浦的 BlueBox 似乎更擅长处理传感器的数据融合。

图 4.45 BlueBox

4. 西门子 Mentor DRS360 平台

DRS360 自动驾驶平台是西门子的业务部门 Mentor 分部 Mentor Automotive 推出的一个自动驾驶解决方案,如图 4.46 所示。该平台可突破目前的实时和高分辨率传感技术,能够充分利用各类传感手段(包括毫米波雷达、LiDAR、图像和其他传感器)实时捕获、融合及利用原始数据。DRS360 平台不仅可极大改善延时问题,同时还可显著提升传感精确度和整体系统效率,可满足 L5 级自动驾驶车辆的要求,可从较低的 ADAS 层级一直扩展到完全自动驾驶层级。

DRS360 会将未经筛选的信息从所有系统传感器直接传输至一个中央处理单元,而原始数据将在此进行不同层次的实时融合。通过与传感器供应商合作,该平台可采用“原始数据传感器”,从而减轻微控制器和传感器节点的相关处理工作在功率、成本和尺寸方面的负担。在所有系统传感器节点去除预处理微控制器可带来诸多益处,包括提升实时性能、大幅

图 4.46 西门子 DRS360

降低系统成本和复杂度，以及访问所有捕获到的传感器数据，从而为汽车周围的环境和驾驶条件建立高分辨率模型。

该平台极大地简化了物理总线结构、硬件接口和复杂度以及由时间触发的以太网主干架构，打造出更为精简的数据传输架构，从而进一步缩短系统延时。该架构还利用集中且未经筛选的传感器数据实现适应环境的冗余度和动态解析，以此确保更高的精确度和可靠性。该解决方案拥有经过优化的信号处理软件、高级算法，以及经过计算优化且可用于进行机器学习的神经网络。

DRS360 在第一代中部署了一个 Xilinx Zynq UltraScale+ MPSoC 器件，同时还采用了基于 X86 或 ARM 基础架构的 SoC 和安全控制器，是一个能够支持 100W 功率限额内全自动驾驶的解决方案。

目前，Mentor Automotive 已与世界 20 大汽车制造商中的 17 家公司建立了合作关系。

5. 禾多科技轩辕平台

2017 年 11 月，国内自动驾驶初创公司禾多科技推出轩辕平台，旨在为其他公司提供一个开发自动驾驶技术的车辆平台，以提升其研发速度。

轩辕平台提供线控能力、传感器和计算设备、基础软件三大部分，支持 L2～L5 级别的自动驾驶开发工作。目前有大众迈腾和别克昂科威两款车型采用该平台，兼顾了中级轿车和中型 SUV，后续还会有更多的车型。

从功能上来说，轩辕平台的车辆能够实现对车辆的加速(节气门)、制动、方向盘，以及挡位、转向灯、警示灯、电子驻车制动等系统的控制。在对车辆进行控制过程中，轩辕平台也提供多种退出机制，例如驾驶人主动接管或者紧急停止等。

硬件层面，轩辕平台支持 CAN 总线和以太网两种接口，并且支持激光雷达、毫米波雷达、CAN 网关、HMI 等多种设备。

6. 伟世通 DriveCore 平台

1) DriveCore 介绍

在 CES 2018 展上，知名汽车零部件供应商伟世通(Visteon)推出了旗下首款自动驾驶技术平台——DriveCore，如图 4.47 所示。DriveCore 希望能够给主机厂提供一个模块化可扩展平台，可用于为对象分类、检测、路径规划和执行开发人工智能/机器学习算法。允许汽车厂商能够自由选择不同的硬件与软件、算法，自行组装出一个自动驾驶系统，特别是可以满足 L3 及 L3＋级自动驾驶对开发机器学习算法的要求。

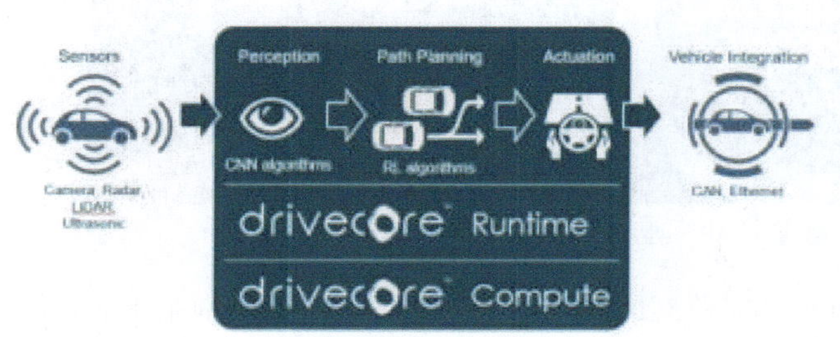

图 4.47 伟世通 DriveCore

DriveCore 是专门针对自动驾驶研发的安全可靠的域控制器，由硬件、车载中间件和基于 PC 的软件开发工具套件组成，整合了全数字仪表、先进车载显示屏技术、驾驶人监测、抬头显示，以及伟世通先进的软件开发工具，可以整合一系列来自不同厂家的软件、硬件平台，如摄像头、激光雷达等传感器数据。

2）DriveCore 平台组成

Compute：模块化可扩展的硬件计算平台，针对 L3 及 L3＋级自动驾驶技术。与其他厂商推出的计算平台不同的是，DriveCore 并不依赖于某个特定的中央处理单元，而是可以支持多种处理器。目前 DriveCore 已经支持的处理器包括 NVIDIA、恩智浦、高通等，未来还将支持其他类型的处理器，从而保护汽车制造商的相关技术投资。

Runtime：车载中间件，提供安全框架，实现应用与算法的实时通信。Runtime 在支持传感器融合的同时，还支持传感器抽象（Sensor Agnostic），因此当更先进的传感器出现，例如车载雷达从二维升级为三维时，可以随时对传感器进行升级。

Studio：提供给开发人员的基于 PC 的软件开发工具，使汽车制造商可以为算法开发人员搭建生态系统，加速基于传感器的人工智能算法的开发，包括物体识别、摄像头车道识别算法的模拟、验证、测试环境。因此 Studio 可以很容易地集成第三方算法和访问真实传感器数据。

7. Applanix 自动驾驶平台

美国 Trimble 旗下子公司 Applanix 推出了一款自动驾驶开发平台，将为汽车制造商、卡车制造商和一级供应商提供所需的硬件、软件以及集成和工程服务，以加快其公路和越野自动驾驶车辆的开发项目。

该平台将定制化的集成和工程服务与 Applanix 的 GNSS 惯性定位技术相结合，在开发和商业化周期的各个阶段推进自动驾驶车辆开发项目。

Applanix 将为汽车制造商提供必要的工具和工程专业知识，以支持和扩大其自动驾驶车辆开发计划。该平台可提供一个完全定制化的导航解决方案，包括集成和工程服务，经过现场测试的硬件和专有软件，以实现高度精确的定位。该导航解决方案能够与所有传感器配合使用，包括多台摄像机、激光雷达和超声波传感器。同时，Applanix 技术能够对车辆周围的 360°全方位环境进行高度精确的评估，包括静态和动态对象。

8. 恩智浦 Automated Drive Kit 平台

在 2018 CES 开幕前夕，恩智浦半导体宣布推出 Automated Drive Kit 平台，如图 4.48 所示，这是一款提供软件支持的自动驾驶汽车应用开发和测试平台。借助该平台，汽车制造商和供应商能够在开放灵活的平台上快速开发、测试和部署自动驾驶算法和应用，该平台还拥有不断扩展的合作伙伴生态系统。

图 4.48 NXP Automated Drive Kit

Automated Drive Kit 目前提供 L3 级开发基准，随着生态系统性能提升，还将扩展到其他自动驾驶级别。第一个版本的 Automated Drive Kit 将包括基于恩智浦 S32V234 处理器的前向视觉系统，该处理器可用于部署客户的首选算法。该套件还包括前视摄像头应用软件 API，以及由东软集团提供的目标检测算法，还配备精密雷达选项和 GPS 定位技术。客户可选择不同的 LiDAR 选项，并添加 AutonomousStuff 提供的 LiDAR 目标处理(LOP)模块软件，该软件能提供地面细分和目标跟踪功能。

9. 三星 DRVLINE 平台

在 2018 CES 展上，三星公司发布其 DRVLINE 自动驾驶平台。DRVLINE 是个开放、模块化并可扩充的自动驾驶平台，与第三方从业者、供应商之间进行相互协作，一些元器件可依照需求进行安装或卸载，通过软硬件相结合的方式，进行一定程度的定制化。DRVLINE 内置了一个由三星和哈曼创建的 ADAS 前置摄像头系统，可用于警告偏离车道、参考前方碰撞、行人检测和自动紧急制动，其功能将满足即将推出的 NCAP 标准。

三星表示该平台将结合公司的相关硬件与技术，发展 L3、L4，甚至是最高等级 L5 的自动驾驶车载系统。

在软件应用方面与三星 DRVLINE 平台合作的厂商有 TTTech、AImotive、Hella Aglaia 和 Renovo Auto，车载系统品牌有 Graphcore、ThinCi、Infineon，通信技术品牌有 Autotalks 和 Valens，传感器厂商包括 Quanergy、Tetravue、Oculii 和 Innoviz。

推出 DRVLINE 自动驾驶平台是三星在驾驶领域的一次全新的尝试，三星车载平台已初具雏形。

10. 微软 AirSim 自动驾驶仿真平台

2017 年年初微软开源了 AirSim 的研究项目，用来测试人工智能系统的安全性。2017

年 10 月，微软升级了 AirSim。2018 年 1 月，微软的工程师推出了一套 AirSim 官方教程，旨在让专家、研究者以及自动驾驶领域的新手们快速掌握开发自动驾驶的基本技能。

研发 AirSim 的目的，是为研究提供现实环境、车辆动力和感知，用于测试人工智能系统的安全性，来保证自动驾驶汽车的安全。

AirSim 提供了一组详细的城市三维环境图，为使安全性能得到充分测试，里面的条件可以任意变化，包括红绿灯、公园、湖泊、建筑工地等城市景观的变化。开发人员也可以将系统在各种各样的社区进行测试，如市中心、郊区、农村和建成的工业环境等。

此外，由于模拟汽车与其驾驶环境是分开的，因此开发者能够构建适合于被测试车辆的环境。AirSim 也允许用户添加新的传感器或车辆类型到最终模拟实验中。

11. 丰田 e-Palette 模块化移动平台

在 CES 2018 展之前，丰田发布了全新的 e-Palette 模块化移动平台，如图 4.49 所示。全新的平台将搭载 Guardian 自动驾驶功能。可以根据用户的需求，开放平台控制功能，合作商可以安装自己的自动驾驶子系统，就与智能手机安装 App 一样便捷。e-Palette 更像是一个可以更换不同车体的移动底盘。通过不同底盘和不同车体的组合，e-Palette 也能实现不同的功能性，包括共享出行、移动销售车、货运车等。基于丰田高级自动驾驶辅助系统 Guardian 和智能互联技术的支持，e-Palette 能够实现更加广泛的商业用途。

图 4.49 e-Palette 模块化移动平台

4.4 本章小结

本章详细介绍了自动驾驶汽车开发平台的相关内容。从百度 Apollo 平台的发展历程开始，讲述 Apollo 的技术架构、软件开放平台、云服务平台的各个组件，并介绍了 Apollo 参考硬件平台和 Apollo 参考车辆平台支持的各款车型。Autoware 是业内另一个相对完整的开源自动驾驶汽车开发平台，本章简要介绍了 Autoware 的架构和组件模块，帮助读者了解 Autoware 的基础知识。除了百度 Apollo 和 Autoware，各大汽车制造商、零部件供应商和硬软件厂商也纷纷推出自己的开发平台，例如其中较有特色的 NVIDIA DRIVE 平台、英特尔 IntelGo 平台等，这些在某一方面有较强功能的硬件平台同样在推动自动驾驶技术的快速发展。

参考文献

[1] 高精地图技术入门与应用. Apollo 内部资料.

[2] 刘阳. 高精地图. Apollo 内部资料.

[3] 王石峰. 自动驾驶硬件系统及 Apollo 硬件开发平台介绍. Apollo 内部资料.

[4] 无人车车辆自定位技术入门与应用. Apollo 内部资料.

[5] 自动驾驶硬件平台基本知识与应用. Apollo 内部资料.

[6] Apollo 硬件开放平台. Apollo 内部资料.

[7] 自动驾驶教材 Apollo 材料-宗宝. Apollo 内部资料.

[8] 自动驾驶技术的 6 个级别[EB/OL].（2017-09-06）[2019-04-06]. https://www.sohu.com/a/190113244_99994098.

[9] 百度发布 Apollo 1.0，开放自动驾驶能力，为量产自动驾驶汽车铺路[EB/OL].（2017-07-06）[2019-04-06]. https://baijiahao.baidu.com/s?id=1572154247078555&wfr=spider&for=pc.

[10] 揭秘 Apollo 高精地图的诞生之路[EB/OL].（2018-10-10）[2019-04-06]. https://baijiahao.baidu.com/s?id=1613934296477385168&wfr=spider&for=pc.

[12] 深度解析 Apollo 2.0 定位技术[EB/OL].（2018-04-16）[2019-04-06]. http://mini.eastday.com/bdmip/180416154659697.html.

[13] 百度资深架构师：Apollo 2.5 自动驾驶规划控制[EB/OL].（2018-07-17）[2019-04-06]. https://mp.ofweek.com/auto/a445673027286.

[14] 捷豹路虎、拜腾等国内外企业加入百度 Apollo 生态-人民网汽车-人民网[EB/OL].（2018-07-05）. http://auto.people.com.cn/n1/2018/0705/c1005-30129366.html.

[15] 做自动驾驶测试，为什么用的都是林肯 MKZ？[EB/OL].（2018-09-12）[2019-04-06]. https://www.iyiou.com/p/69666.html.

[16] 开放接口，比亚迪离自动驾驶界的 MKZ 还有多远？[EB/OL].（2018-04-09）[2019-04-06]. http://www.jinciwei.cn/i348198.html.

[17] Autoware-Manuals[EB/OL].（2017-08-30）[2019-04-06]. https://github.com/CPFL/Autoware-Manuals/tree/master/en/imgs.

[18] 基于 NVIDIA DRIVE PX2 的自动驾驶汽车开发平台[EB/OL].（2018-06-21）[2019-04-06]. https://www.nvidia.com/zh-cn/self-driving-cars/drive-platform/.

[19] 百度 Apollo 一周年：Apollo 2.5 版本发布，官方总结成四个亮点-汽车电子[EB/OL].（2018-06-12）[2019-04-06]. http://www.elecfans.com/qichedianzi/687083.html.

[20] 自动驾驶平台 Apollo，是否带动了行业变革？[EB/OL].（2018-06-21）[2019-04-06]. http://www.elecfans.com/qichedianzi/694006.html.

[21] 何玺. 阿波龙发布一周年，百度无人驾驶从“开放”走向“共赢”[EB/OL].（2018-04-23）[2019-04-06]. http://blog.sina.com.cn/s/blog_466f899f0102ytr3.html.

[22] 关于 Apollo“云＋端”的实战内容，Apollo 2.0 实战技术基础[EB/OL].（2018-04-24）[2019-04-06]. http://www.elecfans.com/d/666975.html.

[23] 阿波罗（百度阿波罗平台）[EB/OL]. [2019-04-06]. https://baike.baidu.com/item/阿波罗/20625862.

[24] 自动驾驶巴士阿波龙量产 Apollo 3.0 发布-新浪汽车[EB/OL].（2018-07-04）[2019-04-06]. https://k.sina.com.cn/article_1716334612_664d301402000bscx.html?from=aoto&subch=

bauto.

[25] DuerOS连发三款智能硬件,百度人工智能闪耀CES展会[EB/OL].(2018-01-12)[2019-04-06]. http://www.elecfans.com/d/614413.html.

[26] 捷豹路虎、拜腾等国内外企业加入百度Apollo生态-人民网汽车-人民网[EB/OL].(2018-07-05)[2019-04-06]. http://auto.people.com.cn/n1/2018/0705/c1005-30129366.html.

[27] 联合主机厂、共享汽车、物流多领域116家企业,成立一年的百度Apollo蓝图初现.猎云网[EB/OL].(2018-07-04)[2019-04-06]. https://www.lieyunwang.com/archives/444844.

[28] 自动驾驶走向量产 百度Apollo 3.0发布[EB/OL].(2018-07-09)[2019-04-06]. http://www.yescar.cn/kanche/20180709/787314_1.html.

[29] 关于无人驾驶时代下,百度Apollo 2.0版本迭代的升级史详解-汽车电子[EB/OL].(2018-07-03)[2019-04-06]. http://www.elecfans.com/qichedianzi/625271.html.

[30] 徐天文.人工智能驾驶技术商业化研究[D].首都经济贸易大学,2018.

[31] 百度开创了自动驾驶产品化的元年,这仅仅是自动驾驶汽车进化的起点![EB/OL].(2018-07-05)[2019-04-06]. http:www.elecfans.com/d/706149.html.

[32] Apollo的生日会 比亚迪成为第100位生态伙伴[EB/OL].(2018-04-19)[2019-04-06]. http://www.techweb.com.cn/it/2018-04-19/2657027.shtml.

[33] 从一到百千万 自动驾驶迎来"物种大爆发"[EB/OL].(2018-07-10)[2019-04-06]. http://www.elecfans.com/d/708521.html.

[34] 贺文.为"聪明的车"搭朋友圈[J].IT经理世界,2018(19):36-39.

[35] Apollo定位、感知、规划模块的基础-高精地图[EB/OL].(2018-08-12)[2019-04-06]. http://www.elecfans.com/d/727951.html.

[36] 李彦宏五环路上秀"无人驾驶"-北京频道-人民网[EB/OL].(2017-07-06)[2019-04-06]. http://bj.people.com.cn/n2/2017/0706/c82840-30433664.html.

[37] 以百度Apollo平台为例 揭开自动驾驶算法的神秘面纱[EB/OL].(2018-07-31)[2019-04-06]. http://www.elecfans.com/d/719196.html.

[38] 关于Apollo"云+端"的实战内容,Apollo 2.0实战技术基础[EB/OL].(2018-04-24)[2019-04-06]. http://www.elecfans.com/d/666975.html.

[39] 周勇,刘尚魁.构建基于Appollo的高精地图解决方案[J].电子技术与软件工程,2018(21):139.

[40] 王涛,陈艳丽,贾双成.简述高精地图的特点[J].软件,2018,39(09):183-187.

[41] 光学雷达(LiDAR)如何助力无人驾驶技术-MEMS/传感技术[EB/OL].(2016-11-05)[2019-04-06]. http://www.elecfans.com/article/88/142/2016/20161105446510.html.

[42] L4/L5无人车为什么需要精确的定位系统?[EB/OL].(2018-04-25). http://www.elecfans.com/d/667693.html.

[43] 陀螺仪原理2-百度文库[EB/OL].(2012-04-10)[2019-04-06]. https://wenku.baidu.com/view/d5db47d733d4b14e8524685d.html.

[44] 浅析Apollo 2.5限定场景低成本技术方案[EB/OL].(2018-07-19)[2019-04-06]. http://www.elecfans.com/d/712333.html.

[45] 自动驾驶硬件系统及Apollo硬件开发平台简介[EB/OL].(2018-08-16)[2019-04-06]. http://www.elecfans.com/d/730315.html.

[46] 堪称"地表最聪明的SUV",VV6拥有什么杀手锏?-环球财讯网.(2018-09-24)

[47] 广汽传祺进入品牌高端化全新时代[EB/OL].(2018-09-24)[2019-04-06]. http://www.hqcx.net/gncx/guoneiredian/20180924/699213.html.

[48] 叶龙胜.基于Docker容器的SaaS模式云应用平台的研究与设计[D].北京邮电大学,2017.

[49] 孙少波.油气田勘探开发生产中的数据治理方法与技术研究[D].长安大学,2018.

[50] 张静.WEY VV6:智能汽车明日之星?[J].汽车观察,2018(09):114-115.

[51] 伟世通正在走出自己的自动驾驶升级之路[EB/OL].(2018-05-18)[2019-04-06]. http://www.elecfans.com/d/679005.html.
[52] 恩智浦发布 BlueBox 模块化量产无人车?[EB/OL].(2016-05-23)[2019-04-06]. http://auto.163.com/16/0523/09/BNO9PIOU000859EU.html.
[53] 英特尔踩足节气门加速自动驾驶 - 汽车安全系统设计[EB/OL].(2017-08-24)[2019-04-06]. http://www.elecfans.com/qichedianzi/541243.html.
[54] 微软 AirSim 将测试无人驾驶汽车安全性[EB/OL].(2017-11-28)[2019-04-06]. http://sc.people.com.cn/n2/2017/1128/c345529-30970959.html.
[55] 三星进军自动驾驶 推出模块化自动驾驶平台 DRVLINE[EB/OL].(2018-01-10)[2019-04-06]. http://www.techweb.com.cn/smarttraveling/2018-01-10/2627872.shtml.

第5章 自动驾驶汽车软件计算框架

5.1 概述

自动驾驶是一个极其复杂的系统性工程，当开发者在面对一个全新的车辆平台，或是需要向已开发的自动驾驶车辆软件系统中植入新的功能，又或是需要对单独某个模块进行迭代更新时，如果没有软件计算框架的支持，那么这些都将成为牵一发而动全身的动作，这直接限制了自动驾驶汽车的更新迭代以及快速发展。可见，一个优秀的自动驾驶汽车软件计算框架，将会扮演整个系统中"管家"的角色，对内它服务于开发人员，让开发更加便捷顺利，对外它提供更多的接口，让使用者用起来得心应手。基于以上描述，一个优秀的软件计算框架需要具备以下这 3 个特征。

(1) 高效的开发支持。

(2) 可灵活配置的模块。

(3) 丰富的调试工具。

本章着重介绍两种自动驾驶汽车软件计算框架，亦可以称为自动驾驶汽车的操作系统。第一种是面向机器人开发而诞生的 ROS(Robot Operating System，机器人操作系统)，本章介绍其在自动驾驶汽车开发中的应用。第二种是面向自动驾驶汽车开发的操作系统 Cyber RT。

5.2 机器人操作系统

5.2.1 ROS 概述

伴随机器人领域的快速发展和功能复杂化，对机器人控制代码的复用性和模块化的需求越来越强烈，而已有的开源机器人系统并不能很好地适应需求。2010 年，Willow Garage 公司发布了开源机器人操作系统 ROS，很快就在机器人研究领域推动起学习和使用 ROS 的热潮。

ROS 系统起源于 2007 年斯坦福大学人工智能实验室与机器人技术

公司 Willow Garage 的个人机器人项目(Personal Robots Program)之间的合作,2008 年之后由 Willow Garage 公司全面接管并进行迭代开发和维护。

ROS 是开源的,是在机器人系统之上的一种后操作系统,或者说次级操作系统。它提供类似操作系统所提供的功能,包含硬件抽象描述、底层驱动程序管理、共用功能的执行、程序间的消息传递、程序发行包管理等;同时,它也提供一些工具和程序库用于获取、建立、编写和运行多机整合的应用。

5.2.2 ROS 特点

ROS 的运行架构是一种使用 ROS 通信模块实现模块间 P2P 的松耦合的网络连接的处理架构,支持若干种类型的通信,包括基于服务的同步 RPC(远程过程调用)通信、基于 Topic 的异步数据流通信,还包括参数服务器上的数据存储,但是 ROS 本身不具备实时性。

ROS 的主要特点可以归纳为以下几条。

1) 点对点设计

一个使用 ROS 的系统包括一系列进程,这些进程存在于多个不同的主机并且在运行过程中通过端对端的拓扑结构进行联系。虽然一些基于中心服务器的软件框架也具备多进程和多主机的优势,但是在这些框架中,当各主机通过不同的网络进行连接时,中心服务器就会发生问题。

图 5.1 所示为 ROS 的点对点设计示例。

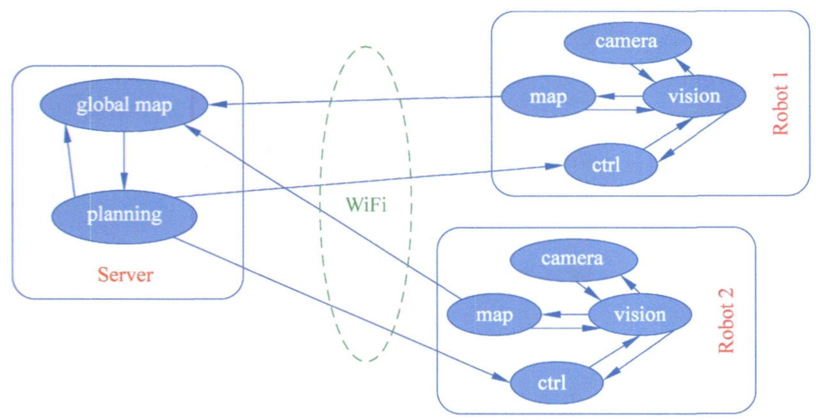

图 5.1 ROS 的点对点设计示例

ROS 的点对点设计以及服务和节点管理器等机制可以分散由计算机视觉和语音识别等功能带来的实时计算压力,适应大多数机器人遇到的计算挑战。

2) 多语言支持

在写代码的时候,大多数编程者会偏好某一些编程语言。这些偏好是个人在每种语言所花的编程时间、达到的调试效果、对编程语言语法的适应、可接受的程序执行效率以及各种技术和文化的原因导致的结果。为了解决这些问题,ROS 被设计成语言中立性的框架结构。ROS 支持多种主流编程语言,如图 5.2 所示,例如 C++、Python、Java、Octave 和

Lisp,也支持其他多种编程语言的接口实现。

图 5.2 多种编程语言支持 ROS 开发

ROS 的特殊性主要体现在消息通信层,其利用 XML-RPC 机制实现端对端的连接和配置。XML-RPC 也实现了大多数主流编程语言的合规描述。ROS 的开发者希望它能够适配各种编程的语法约定,而不是仅仅基于 C 语言去给各种其他编程语言提供实现接口。然而,在某些情况下,可以利用已经存在的库,封装后支持更多新的编程语言。例如,Octave 的客户端就是通过 C++的封装库进行实现的。

为了支持交叉语言,ROS 利用了简单的、语言无关的接口定义语言去描述模块之间的消息传送。接口定义语言使用了简短的文本去描述每条消息的结构,也允许消息的合成。

每种编程语言的代码产生器都会产生类似本编程语言的目标文件,在消息传递和接收的过程中通过 ROS 实现自动连续并行运行。该特性节省大量的编程时间,也避免出现错误:之前 3 行代码的接口定义文件可自动扩展成 137 行 C++代码、96 行 Python 代码、81 行 Lisp 代码或 99 行 Octave 代码。因为消息是从各种简单的文本文件中自动生成的,所以很容易列举出新的消息类型。在编写 ROS 应用过程中,可利用基于 ROS 代码库中包含的超过 400 种消息类型,这些消息适配传感器传送数据使用,使 ROS 系统可轻易获得周围环境信息。

其好处是,ROS 的消息处理系统完全与编程语言无关,可支持多种编程语言自由结合与适配使用。

3) 精简与集成

已知的大部分开发完成的机器人软件工程都包含可以在工程外重复使用的驱动和算法,但不幸的是,由于多方面的原因,大部分代码的中间层都过于混乱,以至于很难单独提取出相关功能,并把这些功能和驱动应用到其他程序或工程中。

为了应对这种挑战,ROS 中的所有驱动和算法逐渐发展成为与 ROS 没有依赖性的、单独的库。ROS 建立的系统具有模块化的特点,各模块中的代码可以单独编译,而且编译使用的 CMake 工具使其自始至终贯彻精简的理念。ROS 系统将复杂的代码实现封装在各个库中,并创建了一些短小精干的应用程序以显示 ROS 库的功能。这种方式允许对 ROS 的代码进行简单移植并复用于任何新系统中。另一个巨大优势在于,对代码的单元测试也变得较为容易,一个独立的单元测试程序可以测试代码库中很多的特性。

ROS 复用了很多流行的开源项目的代码,例如,从 Player 项目中复用了驱动、运动控制和仿真方面的代码，从 OpenCV 中借鉴了视觉算法方面的代码，从 OpenRAVE 引用了规划算法的内容。这种例子不胜枚举。在每一个创建的实例中，ROS 都被用来显示多种多样的配置选项，并在各软件之间进行和管理数据通信，同时对它们进行微小的包装和改动。ROS 有一个活跃的社区，大量开发者在社区中对其进行维护和升级，包括升级其软件库、对应用打补丁等，从而不断升级 ROS 的源代码。

4）工具包丰富

为了管理复杂的 ROS 软件框架，开发者利用大量的小工具去编译和运行多种多样的 ROS 组件，以维持一个精简的内核，避免去构建一个庞大的开发和运行环境。

图 5.3 所示为 ROS 丰富的工具包。

这些小工具主要担负的任务有，组织源代码的结构、获取和设置配置参数、图形化端对端的拓扑连接、测量频带使用宽度、即时描绘信息数据、自动生成文档等。ROS 开发者的目标是把所有的代码模块化，因为他们相信，损失效率的重要性远远低于系统的稳定性和管理的复杂性。

5）免费并且开源

ROS 所有的源代码都是公开发布的，这也是当今 ROS 系统在机器人和自动驾驶领域广泛应用的主要原因。并且，活跃的开发者们会在软件各层次进行调试，并不断改正错误。ROS 的开源遵循 BSD 许可，也就是说允许各种商业和非商业的工程基于 ROS 系统进行开发。

ROS 系统通过内置的通信系统进行数据传递，不强制要求所有模块在相同可执行层面上相互连接。因此，利用 ROS 构建的系统可以较为自由地使用大量其他组件——个别模块甚至可以包含被各种协议保护的软件，这些协议包含从 GPL 到 BSD。

5.2.3 ROS 总体框架

根据 ROS 系统代码的维护者和分布者来标示，ROS 主要有两大部分。

(1) main：核心部分，主要由 Willow Garage 公司和一些开发者设计、提供以及维护。它提供了一些分布式计算的基本工具，以及整个 ROS 核心部分的程序。

(2) universe：全球范围的代码，由不同国家的 ROS 社区组织开发和维护。一种是库的代码，如 OpenCV、PCL 等；库的上一层是从功能角度提供的代码，如人脸识别，这些功能会调用下层的库；最上层的代码是应用级的代码，控制机器人完成某一确定的功能。

如果从另一个角度对 ROS 分级，主要可分为 3 个级别：计算图级、文件系统级、社区级，如图 5.4 所示。下面的介绍主要使用这种分级制度。

1. 计算图级

计算图是 ROS 处理数据的一种点对点的网络形式。程序运行时，所有进程以及它们所进行的数据处理，都将会通过一种点对点的网络形式表现出来。这一级主要包括几个重要概念：节点(node)、消息(message)、主题(topic)、服务(service)，如图 5.5 所示。

1）节点

节点是一些执行运算任务的进程。ROS 利用规模可增长的方式使代码模块化：一个典型系统由很多节点组成。在这里，节点也可以被称为软件模块。节点的称呼使得基于 ROS

层							
用户层	roscpp	rospy	roslisp	rosjava	roslibjs		
ROS应用	MoveIt!	navigatioin	executive smach	descartes	rospeex		
	teleop pkgs	rocon	mapviz	people	ar track		
ROS 应用架构	dynamic reconfigure	robot localization	robot pose ekf	Industrial core	robot web tools	ros realtime	mavros
	tf	robot state publisher	robot model	ros control	calibration	octomap mapping	
	vision opencv	image pipeline	laser pipeline	perception pcl	laser filters	ecto	
通信层	common msgs	rosbag	actionlib	pluginlib	rostopic	rosservice	
	rosnode	roslaunch	rosparam	rosmaster	rosout	ros console	
硬件接口层	camera drivers	GPS/IMU drivers	joystick drivers	range finder drivers	3d sensor drivers	diagnostics	
	audio common	force/torque sensor drivers	power supply drivers	rosserial	ethercat drivers	ros canopen	
软件开发工具	RViz	rqt	wstool	rospack	catkin	rosdep	
仿真	gazebo ros pkgs	stage ros					

图 5.3　ROS 丰富的工具包

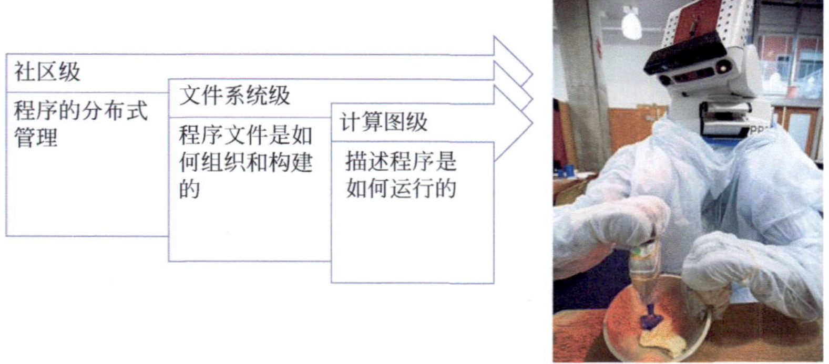

图 5.4 ROS 系统分级

的系统在运行时更加形象化：当许多节点同时运行时，可以方便地将端对端的通信绘制成一个图表，在这个图表中，进程就是图中的节点，而端对端的连接关系由其中的弧线连接表现。

2）消息

节点之间通过传送消息进行通信，如图 5.6 所示。每一个消息都是一个严格的数据结构。原有标准的数据类型（如整型、浮点型、布尔型等）都是支持的，同时也支持原始数组类型。消息可以包含任意的嵌套结构和数组（类似于 C 语言的结构 structs）。

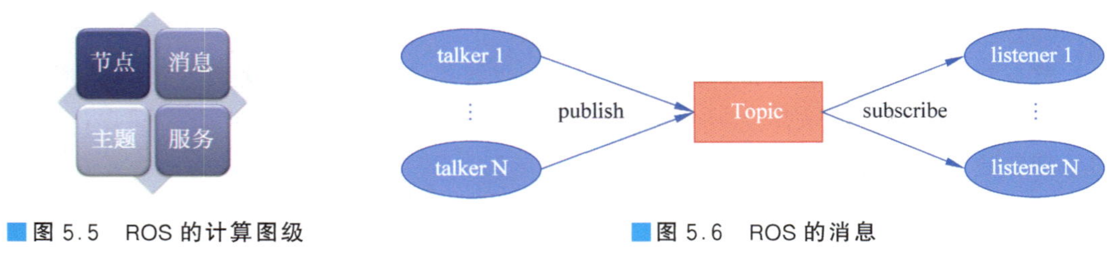

图 5.5 ROS 的计算图级

图 5.6 ROS 的消息

3）主题

消息以一种发布或订阅的方式传递。一个节点可以在一个给定的主题中发布消息。一个节点针对某个主题关注与订阅特定类型的数据。可能同时有多个节点发布或者订阅同一个主题的消息。总体上，发布者和订阅者不了解彼此的存在。

4）服务

虽然基于主题的发布或订阅模型是很灵活的通信模式，但是它广播式的路径规划对于可以简化节点设计的同步传输模式并不适合。在 ROS 中，一项服务用一个字符串和一对严格规范的消息定义：一个用于请求，一个用于回应。这类似于 Web 服务器，Web 服务器是由 URI 定义的，同时带有完整定义类型的请求和回复文档。需要注意的是，不像主题，只有一个节点可以以任意独有的名字广播一项服务，只有一项服务可以称为分类象征，例如，任意一个给出的 URI 地址只能有一个 Web 服务器。

在上面概念的基础上，需要有一个控制器可以使所有节点有条不紊地执行，这个控制器被称为 ROS 控制器（ROS Master）。

ROS Master 通过 RPC(Remote Procedure Call Protocol,远程过程调用)提供登记列表和对其他计算图表的查找。没有控制器,一个节点将无法找到其他节点,并交换消息或调用服务。例如,控制节点订阅和发布消息的模型如图 5.7 所示。

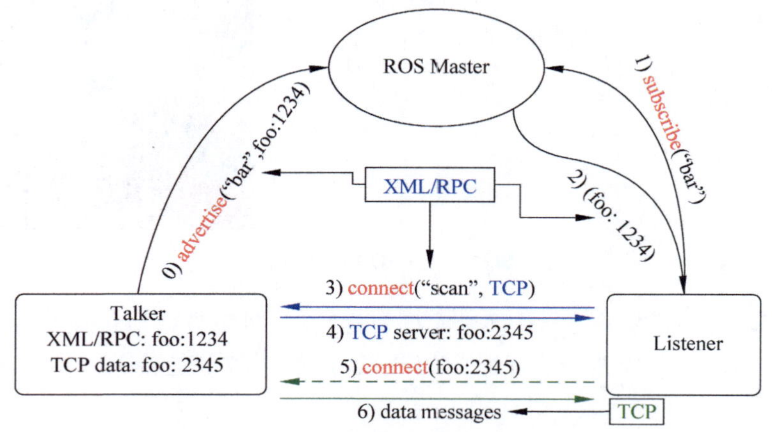

图 5.7 控制节点订阅和发布消息的模型

ROS 的控制器给 ROS 的节点存储了主题和服务的注册信息。节点与控制器通信报告它们的注册信息。当这些节点与控制器通信的时候,它们可以接收关于其他已注册节点的信息,并且建立与其他已注册节点之间的联系。当这些注册信息改变时控制器也会回馈节点,同时允许节点动态创建与新节点之间的连接。

节点与节点之间的连接是直接的,控制器仅仅提供了查询信息,就像一个 DNS 服务器。节点订阅一个主题会要求建立一个与发布该主题的节点的连接,并且将会在同意连接协议的基础上建立该连接。

2. 文件系统级

ROS 文件系统级主要是指,在硬盘上面查看的 ROS 源代码的组织形式,如图 5.8 所示。

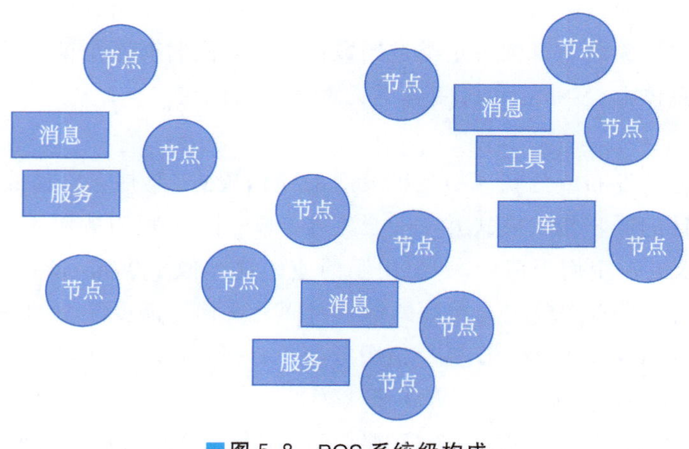

图 5.8 ROS 系统级构成

ROS 系统中有无数的节点、消息、服务、工具和库文件，需要有效的结构去管理这些代码。在 ROS 的文件系统级，有以下两个重要概念：包(package)、堆(stack)。

1) 包

ROS 的软件以包的形式组织。每个包里包含节点、ROS 依赖库、数据套、配置文件、第三方软件或者任何其他逻辑。如图 5.9 所示，包的目标是提供一种易于使用的结构以便其软件的重复使用。总的来说，ROS 的包短小精干。

图 5.9 ROS 的包

2) 堆

堆是包的集合，它提供一个完整的功能，像“navigationstack”，如图 5.10 所示。堆与版本号关联，同时也是如何发行 ROS 软件的关键方式。

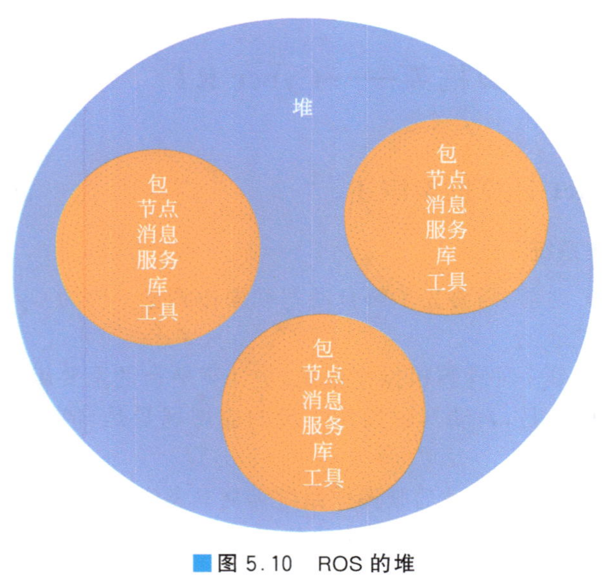

图 5.10 ROS 的堆

ROS 是一种分布式处理框架。这使可执行文件能被单独设计，并且在运行时松散耦合。这些过程可以封装到包和堆中，以便共享和分发。

Manifests(manifest.xml)：提供关于 package 的元数据，包括它的许可信息和 package 之间依赖关系，以及语言特性信息，如编译旗帜(编译优化参数)。

Stackmanifests(stack.xml)：提供关于 stack 的元数据，包括它的许可信息和 stack 之间依赖关系。

3. 社区级

ROS 的社区级概念是 ROS 网络上进行代码发布的一种表现形式。结构如图 5.11 所示。

代码库的联合系统，使得协作关系亦能被分发。这种从文件系统级到社区级的设计让 ROS 系统库的独立发展和工作实施成为可能。正因为这种分布式的结构，使得 ROS 迅速发展，软件仓库中包的数量随时间呈指数级增加。

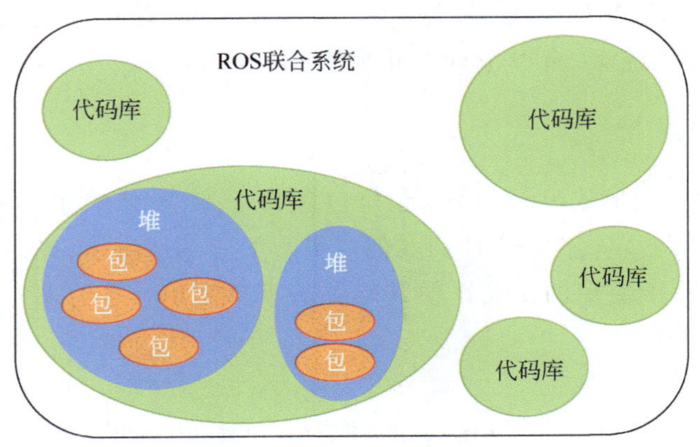

图 5.11 ROS 社区级构成

5.3 Apollo 平台计算框架——Cyber RT

5.3.1 Cyber RT 计算框架概述

1. 自动驾驶操作系统

在介绍 Cyber RT 之前，需要先了解自动驾驶操作系统。因为 Cyber RT 计算框架运行在自动驾驶操作系统之上。

自动驾驶操作系统是一种计算机操作系统，是计算平台的重要组成部分。与 Windows、Linux 等操作系统不同的是，自动驾驶操作系统的应用场景是自动驾驶汽车，可用于管理、调度和控制车载软硬件资源。

为了满足自动驾驶需求，自动驾驶操作系统需要具备以下功能。

(1) 能够实现多种实时任务和计算任务的系统资源隔离、实时消息通信、实时任务调度、系统级访问控制等基础功能。

(2) 有效管理系统资源，提高系统资源使用效率。

(3) 可以适配接入摄像头、激光雷达、毫米波雷达等多类传感器设备，并有效屏蔽硬件物理特性和操作细节的差异性。

(4) 能够承载运行实时环境感知、高精地图定位、决策规划与控制等自动驾驶核心部件。

(5) 能够提供便捷、智能的人机交互功能服务。

如今世界上正在开发的自动驾驶操作系统很多，如英特尔的 IntelGo、特斯拉的 AutoPilot、NVIDIA 和谷歌推出的 PilotNet 等。CarOS 也是其中之一，它是百度研制的全球首个实时、可靠、安全、可控的自动驾驶操作系统，能够提供一整套完备的自动驾驶操作系统应用框架及服务。CarOS 作为上层应用软件和底层硬件之间的中间层，可以提供模块通信、服务调用等应用接口及丰富的传感器驱动等功能，是汽车电子系统的核心软件。

Cyber RT 计算框架是百度结合自动驾驶业务实际需求场景，自主设计、研发的车载操作系统，是 CarOS 全新一代的基础运行框架，该框架向下能够兼容主流硬件计算平台，向上能够支持自动驾驶业务各个应用模块的实际业务需求。

2. ROS 的缺陷

在 Apollo 3.5 发布之前,Apollo 一直是以 ROS 为操作系统框架。但 ROS 在自动驾驶的实际应用中暴露出一些无法解决的缺陷。

(1) ROS 作为一个通用框架并未与自动驾驶现有的硬件、OS 等底层进行定制,有着较大的优化空间。

(2) ROS 软件包既繁且重,学习和使用成本较高。部署统一的开发、运行环境较为麻烦。

(3) 基于 ROS 的整体系统分散为大量的独立进程,集成度较低。系统的 CPU、GPU 以及内存等资源全部由各模块抢占,缺乏全局的分配调度系统。

3. Cyber RT 计算框架

为解决这些缺陷,急需一款专为自动驾驶场景开发的分布式计算框架,于是 Cyber RT 应运而生,并在 Apollo 3.5 版本中正式发布。它是全球首个面向自动驾驶的高性能开源计算框架,可显著提升研发效率,自适应设计易于部署,框架高效可靠,可以帮助客户实现更快速度的搭载与落地。其主要特点如下。

(1) 轻量级、平台无关。基于自动驾驶业务现状深度定制,精简可靠。框架与底层实现剥离,平台可移植性强。

(2) 采用 DAG 拓扑框架件,可使上层模块灵活配置。模块可定义独立的算法,以及输入、输出、异常处理等。可根据配置文件动态生成计算流程图并执行。

(3) 封装了简单高效的通信组件,可以满足不同驾驶场景下的信息传输需求。

(4) 任务的全局调度机制。通过计算流程图的数据依赖,进行任务的全局调度。

(5) 细粒度的资源隔离。根据功能对系统各组件进行计算、存储、I/O 等资源的预分配,运行时根据系统情况实时调整,兼顾稳定与高效。

5.3.2 Cyber RT 计算框架拓扑试验

1. 拓扑组件概述

在图论中,如果一个有向图从任意顶点出发无法经过若干条边回到该点,则这个图是一个有向无环图(DAG 图)。有向无环图的拓扑关系如图 5.12 所示,“有向”指的是消息传输过程中任意一条边有方向,若该边可双向传输,则为无向,“无环”指的是任务的通信过程中不存在环路,即消息从任务 A 点出发经 B 点经 C 点,不可再回到 A 点,否则为有环图。

可以看出,有向无环图的特点是去中心化,在一个分布有众多节点的系统中,每个节点都具有高度自治的特征。节点之间彼此可以自由连接,避免了中心故障将影响整个系统的缺陷,从而形成更扁平化、更平等的系统拓扑结构。有向无环图的另一个特点是可以有多个出度,因此可以同时处理多个出度连接的节点,如图 5.12 中,D 的输出可以同时发送给 E、F,G 可以同时接受 E、F 的输入进行处理。这样的特性可以加快处理任务的速度,且使其拓展性得到提高。

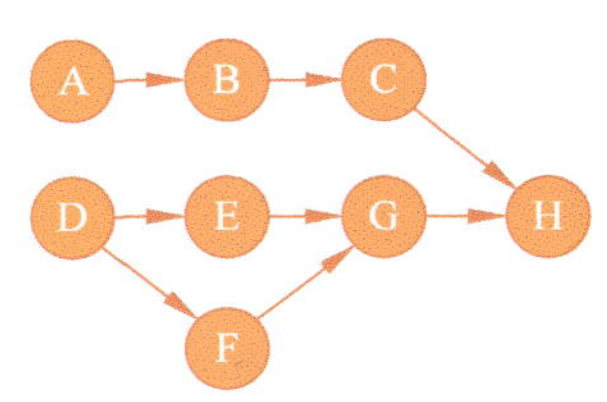

图 5.12 DAG 拓扑

由上可知,利用 DAG 拓扑框架可将计算任务分成各个子任务,每个子任务独立完成各自计算,并形成输入输出依赖关系。在 Cyber RT 框架中,最小的任务处理单元就是各类算法,因此每个算法可以独立编写。同时 Cyber RT 为各个算法定义了一套简单的描述语言规则,即 DAG 文件。应用模块算法只需通过配置 DAG 文件,来定义算法的向上依赖、向下输出和算法的具体实现逻辑即可。Cyber RT 调度器根据全局配置文件,加载对应应用模块算法及处理逻辑,生成通信拓扑图和处理任务集,然后根据任务的输入、输出以及执行时间的先后依赖关系,将不同任务调度到不同的容器中执行。多进程模式下,所有模块的算法根据模块内部的 DAG 拓扑图组装成进程,算法模块进行进程间通信;单进程模式下,所有模块算法根据模块 DAG 拓扑图进行总体挂接,算法模块进行进程内通信。

在自动驾驶系统的实际应用中,核心算法包括点云预处理算法、障碍物检测算法、点云定位算法、决策控制算法等。这些算法在 Cyber RT 框架下相互解耦,被封装成独立可拆分的计算任务单元,任务单元之间彼此相互独立,只是通过输入和输出完成数据链路连接,如图 5.13 所示。

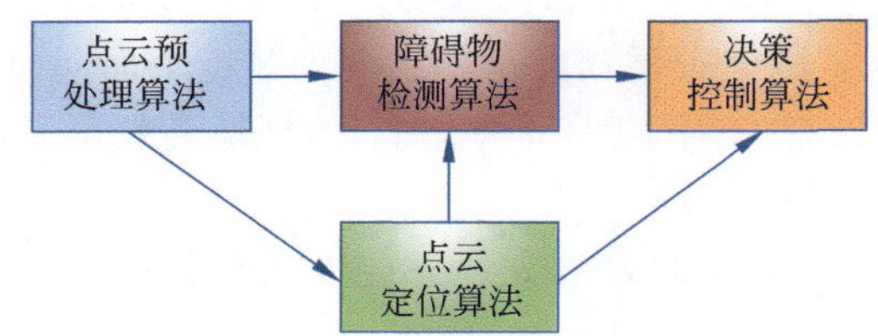

图 5.13 自动驾驶系统算法框架

可以看出,利用 Cyber RT 拓扑框架可以使各个算法之间耦合降至最小,应用模块可以实时调整某一算法策略模块而不影响整体算法链路的正常执行,实现动态可"插拔"。例如点云定位算法存在 CPU 版本和 GPU 版本,应用可根据实际硬件负载情况选择合适的算法版本"插入"自动驾驶原有整体算法链路中,无须做其他代码上的变更。

2. Cyber RT 拓扑试验

1) Cyber RT 拓扑实验背景介绍

在自动驾驶算法体系中,障碍物的识别以及车速的控制一直是比较重要的环节,本次实验设计了一个基于前方障碍物距离与车速的控制实验,旨在介绍 Cyber RT 的拓扑通信流程,如图 5.14 所示。

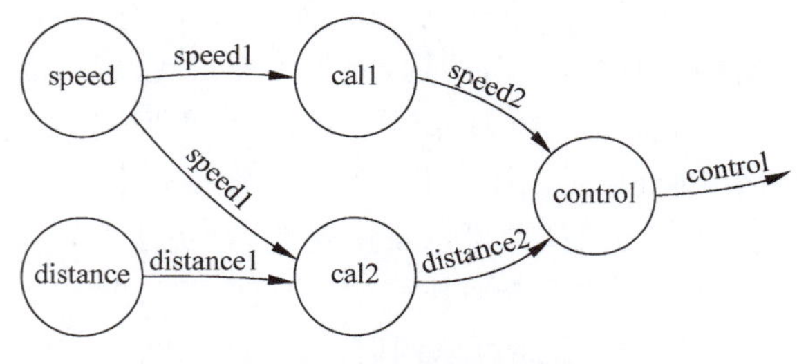

图 5.14 实验拓扑图

按照图 5.14 的实验拓扑图创建 5 个 component,分别是 speed、distance、cal1、cal2 和 control,每个 component 之间的连线相当于一个 channel。其中 speed 组件主要用来从汽车的 CAN 总线上获取车速信号,然后在 CAN 总线的报文中把车速信息提取出来,根据相应的协议转换计算得到车速信息，再把这些信息传送到 cal1 和 cal2 组件进行进一步处理。distance 组件用来获得毫米波雷达或者激光雷达测得的信息，在组件内部将信息处理后得到前方障碍物的距离信息，然后把信息传到 cal2 组件中。cal1 和 cal2 组件是计算组件，其作用是将速度信息或者距离信息计算得到控制信号，例如危险等级或者制动程度等，这些信息最终会被 control 组件读取，综合判断汽车是否处于危险状况，输出最终的制动指令。

2）Cyber RT 拓扑实验程序编写

（1）component 简介。

每个 component 文件夹中都有 5 个文件，分别是. cc 源文件、. h 头文件、. dag 文件、. launch 文件和 BUILD 文件，图 5.15 是 cyber/examples/common_component_example 文件夹下，已经给定的一个参考的 component。

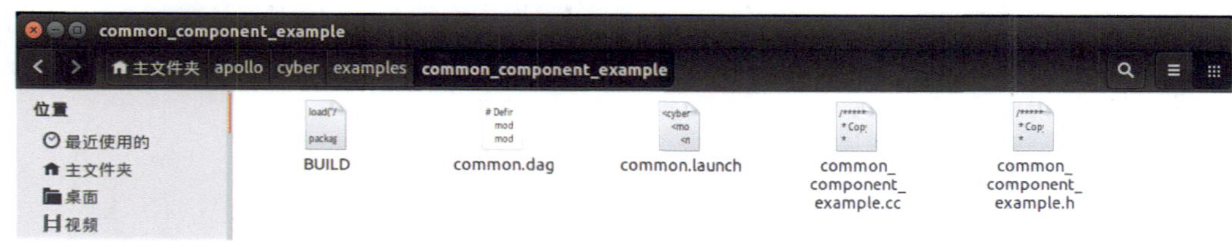

图 5.15　已经给定的 component 参考实例

图中 common_component_example. cc 和 common_component_example. h 文件用来放置程序代码，common. dag 文件用来配置动态链接库的路径，以及 component 的拓扑信息，common. launch 文件用来配置 component 的启动信息，BUILD 用来生成和配置依赖库、动态链接库等信息。Cyber RT 提供了两种 component，一种是基于消息触发的普通 component（具体文件在 cyber/examples/common_component_example 文件夹下），只要该 component 接收到某一 channel 的信息，就会被触发；另一种是基于时间触发的 TimerComponent（具体文件在 cyber/examples/timer_component_example 文件夹下），按照设计的时间间隔，源源不断地向指定的 channel 发送信息。下面将按照最开始的实验例子，对两种 component 的实现进行详细介绍。

（2）基于时间触发的 TimerComponent 介绍与设计。

① 创建文件夹，存放 component 文件。

在 cyber/examples 文件夹下新建 component 文件夹用于存放所有的 component，在 component 文件夹下新建一个 speed 文件夹用于存放 speed 组件的所有文件。然后将 timer_component_example 中的文件复制过来并重新命名，如图 5.16 所示。其他 component 的创建与之类似。在基于障碍物距离与车速的控制实验中，speed 和 distance 组件用的是基于时间触发的 TimerComponent，其他组件都是基于消息触发的普通 component，speed 组件就是模拟输出车速信息。

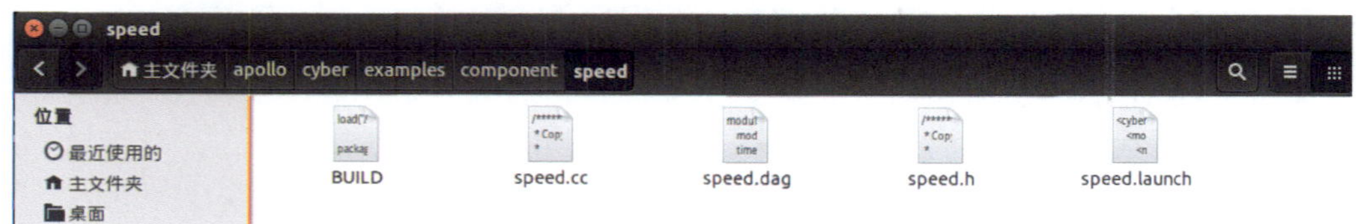

图 5.16　speed component 文件

② speed. h 和 speed. cc 文件。

下面是 speed. h 的代码部分：

```
1.  #include <memory>
2.  #include "cyber/class_loader/class_loader.h"
3.  #include "cyber/component/component.h"
4.  #include "cyber/component/timer_component.h"
5.  #include "cyber/examples/proto/examples.pb.h"
6.  using apollo::cyber::examples::proto::Chatter;
7.  using apollo::cyber::Component;
8.  using apollo::cyber::ComponentBase;
9.  using apollo::cyber::TimerComponent;
10. using apollo::cyber::Writer;
11. class speed : public TimerComponent {
12. public:
13.   bool Init() override;
14.   bool Proc() override;
15. private:
16.   std::shared_ptr<Writer<Chatter>> speed_writer_ = nullptr;
17. };
18. CYBER_REGISTER_COMPONENT(speed)
```

在 speed. h 中，第 11 行定义了一个继承自 TimerComponent 的 speed 类，表明该组件是一个基于时间触发的 component。speed 类有两个成员函数 Init()、Proc()和一个智能指针 speed_writer_。Init()函数可以类比 main 函数，做一些算法的初始化工作，Proc()函数是用于处理和输出消息，在 TimerComponent 中根据设置的时间间隔，周期性地调用该函数。

下面是 speed. cc 文件代码部分：

```
#include "cyber/examples/component/speed/speed.h"
#include "cyber/class_loader/class_loader.h"
#include "cyber/component/component.h"
#include "cyber/examples/proto/examples.pb.h"
bool speed::Init() {
  speed_writer_ = node_->CreateWriter<Chatter>("/carstatus/speed1");
  return true;
}
bool speed::Proc() {
  static int i = 0;
  auto out_msg = std::make_shared<Chatter>();
  out_msg->set_timestamp(i++);
  out_msg->set_content(70);
  speed_writer_->Write(out_msg);
  AINFO << "speed: Write drivermsg->"
      << out_msg->content();
  return true;
}
```

在 Init()函数中通过 node 的接口 CreatWriter 创建了一个 writer，向"/carstatus/

speed1"channel 中发送信息。在 Proc()函数中，set_msg_id()是定义信息的 ID 信息，set_content()是设置信息的内容，最终把要发送的信息输出。在这里，我们设置消息的 ID 是从 0 开始，每次调用该函数时 ID 加 1，同时把消息通过"/carstatus/speed1"channel 发送出去。

③ BUILD 文件。

```
load("//tools:cpplint.bzl", "cpplint")
package(default_visibility = ["//visibility:public"])
cc_binary(
  name = "speed.so",
  linkopts = ["-shared"],
  linkstatic = False,
  deps = [":speed_lib"],
)
cc_library(
  name = "speed_lib",
  srcs = [
    "speed.cc",
  ],
  hdrs = [
    "speed.h",
  ],
  deps = [
    "//cyber",
    "//cyber/examples/proto:examples_cc_proto",
  ],
)
cpplint()
```

BUILD 文件主要是配置依赖文件和 so 库。

④ speed.dag 文件。

```
module_config {
  module_library : "/apollo/bazel-bin/cyber/examples/component/speed/speed.so"
  timer_components {
    class_name : "speed"
    config {
      name : "speed"
      interval : 1000
    }
  }
}
```

module_library 是需要加载的 so 库路径，根目录为 cyber 的工作目录，timer_components 是根据需要加载的 class 的基类类型，class_name 是我们在 speed.h 文件中定义的 speed 类名，加载后的 class_name 作为加载示例的标识，interval 规定了发送消息的周期，为了演示方便，这里设置为 1000，也就是每隔 1000ms 发送一次消息。

⑤ speed.launch 文件。

```
<cyber>
```

```
    <module>
      <name>speed</name>
      <dag_conf>/apollo/cyber/examples/component/speed/speed.dag</dag_conf>
      <process_name>speed</process_name>
    </module>
</cyber>
```

launch 文件顾名思义就是启动文件，<name>后面的名字必须为 speed. h 文件中定义的 speed 类名，<dag_conf>是我们前面配置好的 dag 文件及其路径。<process_name>是线程的名字，如果其他某个组件也用这个名字，那么这两个组件就运行在同一进程下，否则就在不同的进程下。基于 component 的拓扑通信可以通过 launch 文件来加载到不同的进程当中，部署灵活，并且支持接收多路数据并提供多种融合策略。

(3) 基于消息触发的普通 component 介绍与设计。

在本次实验中，cal2 就是基于普通 component 设计的一个组件，其功能是读取 speed 发送到"/carstatus/speed1"channel 的信息和 distance 发送到"/carstatus/distance1"channel 的信息，从而在内部进行判断，得出是否采取制动措施，并将该信息通过"/carstatus/distance2"channel 发送出去。

① cal2. h 和 cal2. cc 文件。

下面是 cal2. h 文件：

```
#include <memory>
#include "cyber/class_loader/class_loader.h"
#include "cyber/component/component.h"
#include "cyber/examples/proto/examples.pb.h"
#include "cyber/component/timer_component.h"
using apollo::cyber::examples::proto::Chatter;
using apollo::cyber::Component;
using apollo::cyber::ComponentBase;
using apollo::cyber::TimerComponent;
using apollo::cyber::Writer;
class cal2 : public Component<Chatter,Chatter> {
public:
 bool Init() override;
 bool Proc(const std::shared_ptr<Chatter>& msg0,
        const std::shared_ptr<Chatter>& msg1) override;
private:
 std::shared_ptr<Writer<Chatter>> cal2_writer_ = nullptr;
};
CYBER_REGISTER_COMPONENT(cal2)
```

同样地，定义了一个继承自普通 component 的一个类，与 TimerComponent 不同的是，该类里面有两个模板参数。由于添加了私有成员智能指针，因此需要用到 TimerComponent 中的一些头文件和命名空间。

下面是 cal2. cc 文件。

```
#include "cyber/examples/component/cal2/cal2.h"
#include "cyber/time/rate.h"
```

```
#include "cyber/class_loader/class_loader.h"
#include "cyber/component/component.h"
#include "cyber/time/time.h"
#include "cyber/cyber.h"
#include "cyber/examples/proto/examples.pb.h"
using apollo::cyber::Rate;
using apollo::cyber::Time;
using apollo::cyber::examples::proto::Chatter;
bool cal2::Init() {
  AINFO << "cal2 component init";
  cal2_writer_ = node_->CreateWriter<Chatter>("/carstatus/distance2");
  return true;
}
bool cal2::Proc(const std::shared_ptr<Chatter>& msg0,
                const std::shared_ptr<Chatter>& msg1) {
 AINFO << "Start cal2 component Proc [" << msg0->content() << "] ["
    << msg1->content() << "]";
 static int i = 0;
 auto out_msg = std::make_shared<Chatter>();

if(msg0->content()>60&&msg1->content()<80) {
  out_msg->set_content(1);
}
else {
  out_msg->set_content(0);
}

 out_msg->set_timestamp(i++);
 cal2_writer_->Write(out_msg);
 AINFO << "cal2: Write drivermsg->"
    << out_msg->content();
 return true;
}
```

与 TimerComponent 不同的是，Proc(const std::shared_ptr<Chatter>& msg0,const std::shared_ptr<Chatter>& msg1)函数多了两个形参，该组件收到两个 channel 的信息时才会进入该函数，从而进行下一步的操作，这也是基于消息触发的原因所在。

② dag 文件。

```
 #Define all coms in DAG streaming.
  module_config {
  module_library : "/apollo/bazel-bin/cyber/examples/component/cal2/cal2.so"
  components {
    class_name : "cal2"
    config {
      name : "common"
      readers {
        channel: "/carstatus/speed1"
      }
      readers {
```

```
            channel: "/carstatus/distance1"
          }
        }
      }
    }
```

类似地，module_library 是需要加载的 so 库路径，根目录为 cyber 的工作目录，components 根据需要加载的 class 的基类类型，class_name 是我们在 cal2. h 文件中定义的 cal2 类名，加载后的 class_name，作为加载示例的标识，两个 readers 规定了往哪些 channel 中读取信息。cal2 组件的其他文件(launch 文件和 build 文件)的配置与前面 speed 组件的配置几乎相同，这里不再赘述。其他组件的配置也参考前面两种组件的配置来进行，在这里同样不再赘述。

③ proto 文件。

在定义智能指针时，用到了消息类型 Chatter，该类型的定义在 cyber/examples/ptoto 文件夹下的 examples. proto 文件中，下面是全部代码。

```
1.  syntax = "proto2";
2.  package apollo.cyber.examples.proto;
3.  message SamplesTest1 {
4.    optional string class_name = 1;
5.    optional string case_name = 2;
6.  };
7.  message Chatter {
8.    optional unit64 timestamp = 1;
9.    optional unit64 lidar_timestamp = 2;
10.   optional unit64 seq = 3;
11.   optional unit64 content = 4;
12. };
13. message Driver {
14.   optional string content = 1;
15.   optional unit64 msg_id = 2;
16.   optional unit64 timestamp = 3;
17. };
```

可以看到，Cyber RT 为我们提供了几种消息类型，同时我们也可以自己定义需要的消息类型，本次实验我们采用的是 Chatter 类型，由于我们要传递的是数值信息，因此需要在第 11 行将 Chatter 类型下面的 content 类型名由 bytes 改为 uint64。

(4) 判断逻辑。

下面是 call1. cc 的 Proc()函数：

```
bool call1::Proc(const std::shared_ptr<Chatter>& msg0) {
 AINFO << "Start call1 component Proc [" << msg0->content() << "]";
 static int i = 0;
 auto out_msg = std::make_shared<Chatter>();
 if(msg0->content()> 100) {
 out_msg->set_content(1);
```

```
}
 else {
 out_msg->set_content(0);
}
 out_msg->set_timestamp(i++);
 cal1_writer_->Write(out_msg);
 AINFO << "cal1: Write drivermsg->"
      << out_msg->content();
 return true;
}
```

在 cal1 组件中,在 cal1.cc 文件中判断输入的"/carstatus/speed1"channel 的信息是否大于 100,如果大于 100,则向"/carstatus/speed2"channel 发出 1(制动信号),代表超速,需要制动,否则输出 0(不制动信号)。

下面是 cal2.cc 的 Proc()函数:

```
bool cal2::Proc(const std::shared_ptr<Chatter>& msg0,
                 const std::shared_ptr<Chatter>& msg1) {
 AINFO << "Start cal2 component Proc [" << msg0->content() << "] ["
     << msg1->content() << "]";
 static int i = 0;
 auto out_msg = std::make_shared<Chatter>();
if(msg0->content()>60&&msg1->content()<80) {
 out_msg->set_content(1);
}
else {
  out_msg->set_content(0);
}
 out_msg->set_timestamp(i++);
 cal2_writer_->Write(out_msg);
 AINFO << "cal2: Write drivermsg->"
     << out_msg->content();
 return true;
}
```

在 cal2 组件中,在 cal2.cc 文件中判断输入的"/carstatus/speed1"channel 的信息是否大于 60,并且"/carstatus/distance1"channel 的信息是否小于 80,即如果车速大于 60 并且与前方障碍物距离不足 80,认为汽车处于危险状况,向"/carstatus/distance2"channel 输出 1,否则输出 0。

下面是 control.cc 的 Proc()函数:

```
bool control::Proc(const std::shared_ptr<Chatter>& msg0,
                    const std::shared_ptr<Chatter>& msg1) {
 AINFO << "Start control component Proc [" << msg0->content() << "] ["
     << msg1->content() << "]";
 static int i = 0;
 auto out_msg = std::make_shared<Chatter>();
```

```
 if(msg0->content()>0||msg1->content()>0) {
 out_msg->set_content(1);
}
 else {
  out_msg->set_content(1);
}
 out_msg->set_timestamp(i++);
 control_writer_->Write(out_msg);
 AINFO << "control: Write drivermsg->"
   << out_msg->content();
 return true;
}
```

在 control 组件中，接收"/carstatus/speed2"channel 和"/carstatus/distance2"channel 的信息，如果两个 channel 里面有一个判断为危险工况，该组件通过"/carstatus/control"channel 向控制单元输出制动信息。

（5）launch 文件。

需要配置一个总的 launch 文件来启动所有的 component，本次实验在 control 组件的 control.launch 文件中进行设置，只需将每个 component 的 launch 文件添加到 control.launch 文件之中即可。当启动 control.launch 时，其他的 component 也一并启动。

```
<cyber>
  <module>
    <name>speed</name>
    <dag_conf>/apollo/cyber/examples/component/speed/speed.dag</dag_conf>
    <process_name>speed</process_name>
  </module>
  <module>
    <name>cal1</name>
    <dag_conf>/apollo/cyber/examples/component/cal1/cal1.dag</dag_conf>
    <process_name>cal</process_name>
  </module>
  <module>
    <name>cal2</name>
    <dag_conf>/apollo/cyber/examples/component/cal2/cal2.dag</dag_conf>
    <process_name>cal</process_name>
  </module>
  <module>
    <name>control</name>
    <dag_conf>/apollo/cyber/examples/component/control/control.dag</dag_conf>
    <process_name>control</process_name>
  </module>
  <module>
    <name>distance</name>
    <dag_conf>/apollo/cyber/examples/component/distance/distance.dag</dag_conf>
    <process_name>distance</process_name>
  </module>
</cyber>
```

3）实验运行和分析

（1）进入 docker 环境。

进入 docker/scripts 文件夹中的 cd apollo/docker/scripts/。

bash dev_start.sh 系统提示输入密码，如果系统提示出现错误，检查是否成功连接网络或者密码是否输入正确。然后再输入 bash dev_into.sh 即可进入 docker 环境，如图 5.17 所示。

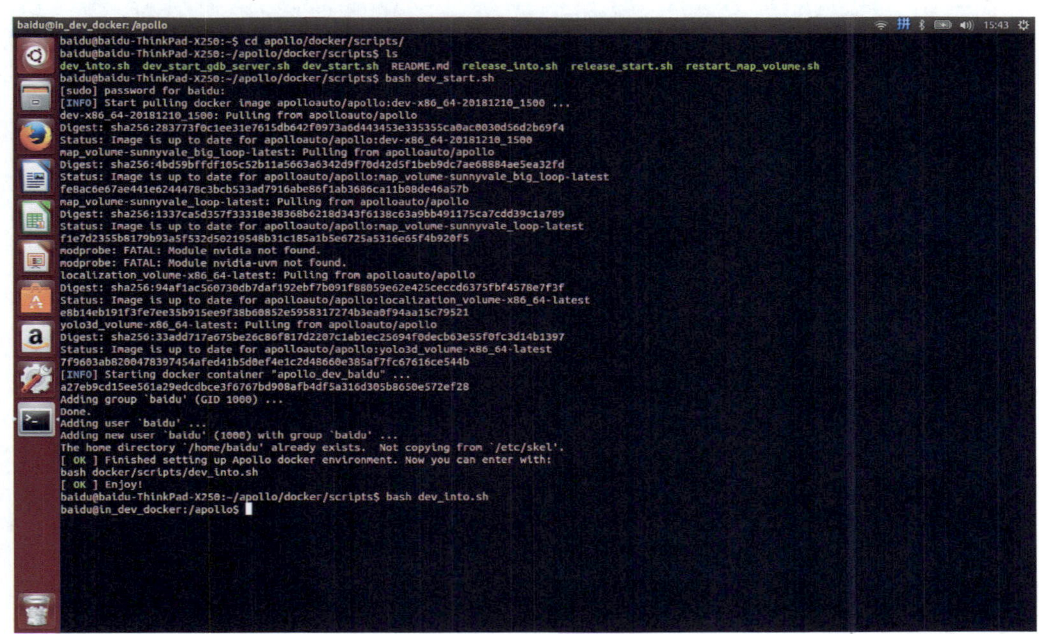

图 5.17 进入 docker 环境

（2）编译 cyber。

进入 docker 容器之后，在 apollo 目录下运行命令：bazel build cyber/…，没有问题则进入下一步的操作，如果出现编译错误，则检查文件是否配置正确。这一步可以放在最开始没有创建 component 的时候，先编译一遍，查看下载的源代码是否存在问题，然后再单独编译我们修改的 component 文件，即 bazel build cyber/examples/component/…，这样可以缩短编译时间，并且保证我们创建 component 时修改的文件（例如 proto 文件等）不会引起 component 之外的其他文件的错误。

（3）启动整个 component 拓扑。

运行 control.launch 文件，在终端中输入：

```
cyber_launch start cyber/examples/component/control/control.launch
```

最终运行的结果如图 5.18 所示。

红色方框表示一帧信息，即完成一次拓扑之后的输出结果，其中①部分是线程的名字，即在 launch 文件中 <process_name>后面定义的名字，同一名字指的是组件运行在同一进程中。②部分中，I 代表 information 的意思，这一段输出在 setup.bash 文件中可以设置，后面的数字代表时间，再后面是输出信息程序所在的文件名和行号。③是输出的信息，在配置

图 5.18 运行结果

的.cc 文件中体现。

从这里可以看出，当车速设置为 70 时，cal1 组件判断汽车并没有超速，输出为 0，当车速为 70 的同时设置前方障碍物距离为 70 时，cal2 组件判断汽车处于危险状况，输出为 1，而 control 组件接收到车辆的危险信号时认为汽车应当减速制动，输出为 1。

（4）利用 cyber_monitor 查看每个 channel。

在进行实验的过程中，我们可以利用 cyber_monitor 工具查看当前的 channel 信息。命令行工具 cyber_monitor 是一个用于显示 cybertron-apollo 通道数据的可视化工具，依赖于 cybertron-apollo 库，因此在使用前，需要 source 过 install 目录下的 setup.bash 文件，重新打开一个终端，进入 docker 环境之后，在命令行输入 cyber_monitor，然后会出现如图 5.19 所示的画面。

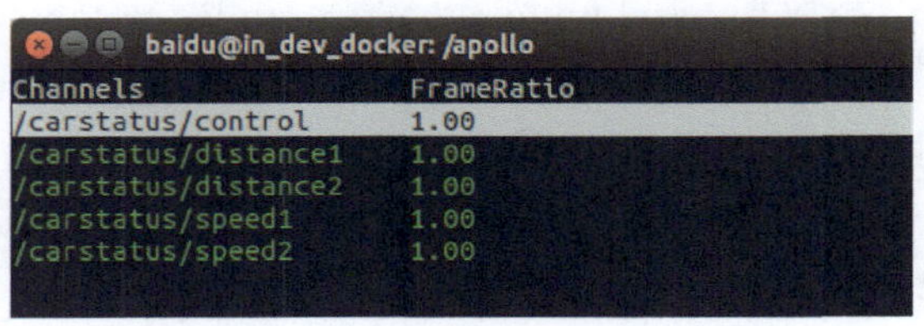

图 5.19 cyber_monitor

默认显示为红色，若某一通道上有数据到达，则该通道对应的行显示为绿色。第一列列举了当前运行的所有通道的信息，可以看到我们创建的 5 个通道上面都有数据，第二列是通道数据的频率信息。当我们按上下箭头键，把光标放在某一个 channel 上时，按右箭头键即可看到详细的 channel 信息，把所有的 channel 信息整合在一起，如图 5.20 所示。

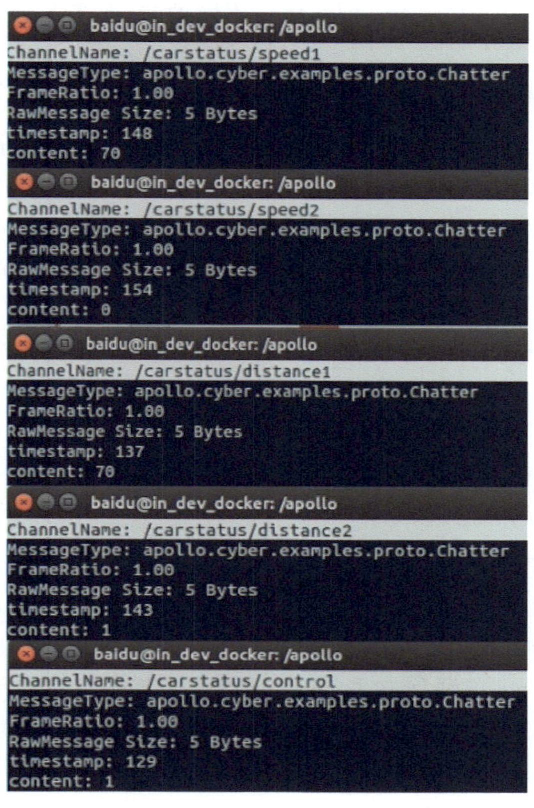

图 5.20 cyber_monitor 具体 channel 信息

5.3.3 Cyber RT 计算框架通信组件

1. 基本概念

Cyber RT 中定义并封装好了一系列计算框架通信组件，不仅通信效率高，使用简单，还可以满足不同场景不同功能的通信要求。例如在 Cyber RT 中，我们可以根据是否需要请求应答，选择基于信道的通信或是基于服务的通信。我们还可以根据主机及进程搭建环境的需要，选择是同一进程内通信、同一主机进程间通信还是跨机间的通信方式。

下面介绍 Cyber RT 中的一些基本通信组件概念。

(1) 节点(Node)：在 Cyber RT 框架中，节点是最基础的单元，每个节点都有各自独立的算法程序，如点云预处理算法、障碍物检测算法等。它能够基于信道、服务等功能与其他节点进行通信，各个节点之间进行通信即可形成拓扑关系，并完成指定任务。通过使用节点，可将代码和功能解耦，提高了系统容错能力和可维护性，使系统简化。同时，节点允许了 Cyber RT 能够布置在任意多个机器上并同时运行。

(2) 信道(Channel)：若需要完成节点之间的通信，则需要建立一条信息传输通道，在 Cyber RT 中称为信道。节点可以将消息发送进入某一指定的信道之中，若有其他节点定义接口接收此信道的消息，则可完成消息收发过程。若没有，则消息也依然存在于信道之中。

(3) 服务(Service)：服务是 Cyber RT 中的另一种通信方式，与信道通信相同，基于服务的通信也需要有消息的收发节点。但与信道不同的是，服务需要两个节点之间完成请求或应答才可完成通信。

2. 基于信道的通信

若需要完成基于信道的通信，首先需要定义消息的发送方(Writer)和接收方(Reader)，以保证消息可以通过 Writer 和 Reader 共同指定的 Channel，从一个节点传输到另一个节点。这类通信方式有以下特点。

(1) 同一个节点可以同时发送多条消息，也可以同时接收多条消息，即可以同时定义多个 Writer 和 Reader。

(2) 基于信道的通信是一种单向通信，消息只能由 Writer 传输到 Reader，而不能够反向传输。

(3) 信道中的消息不需要实时应答，也就是说，当某一条消息通过 Writer 送入 Channel 后，可以没有 Reader 来读取消息。当某一个 Reader 想要读取 Channel 中的信息时，Channel 中也许并没有消息输入。

3. 基于服务的通信

在自动驾驶系统中，除了各节点的消息发送和接收之外，很多场景还需要在节点之间进行双向通信，并能够获得应答。这就需要利用服务来通信。Service 是节点之间通信的另一种方式，不同于 Channel 的通信方式，Service 的一个节点如果想要获取信息，需要给另一个节点发送请求，以此来获取响应，这就完成了节点之间的双向通信。在 Service 中，发送请求的一方为客户端(Client)，接收请求的一端为服务端(Server)。

4. 三种通信模型

在 Cyber RT 中提供了不同的通信方式，以应对各类自动驾驶需求。根据上层模块所处的进程，可以将模块间的关系划分为同一进程内、同主机进程间和跨主机 3 种。

同一进程内通信指的是在同一个主机下的同一进程节点之间的相互通信，对于进程内的数据，直接传递消息对象的指针。这样可以避免消息数据复制的开销，尤其是一些较大的消息，如图像和点云等。

同主机进程间通信就是在同一个主机下、不同进程之间节点的传播或交换信息。对于跨进程的数据，我们利用共享内存传输，这样不仅可以减少传输中的数据复制，显著提升传输效率，还能够有效满足一对多的传输场景。在之后讲解的基于信道的通信实验中，就是同主机跨进程的通信方式，消息发送方和消息接收方在不同的进程下启动。共享内存通信可以分为 3 个主要步骤：写入数据、发出可读通知、读取数据。其中发出可读通知的通知机制有多种选择，例如采用进程间共享的条件变量唤醒。由于 channel 间的共享内存是隔离的，如果采取条件变量唤醒，每个跨进程通信的 channel 都需要创建一个读取线程，如图 5.21 所示。

为了减少线程数，采用了 UDP 组播的方式通知。这样，每个进程内的所有 channel 都可以共用一个线程去获取可读通知，线程数就实现了可控，如图 5.22 所示。

跨主机的数据利用 socket 传输。目前，跨主机通信采用了第三方的开源库 Fast RTPS (Real Time Publish Subscribe，实时发布订阅协议)。RTPS 是 DDS 标准中的通信协议，而 Fast RTPS 是支持 RTPS 协议版本的一个订阅发布消息的组件，具有高性能、实时性高、多

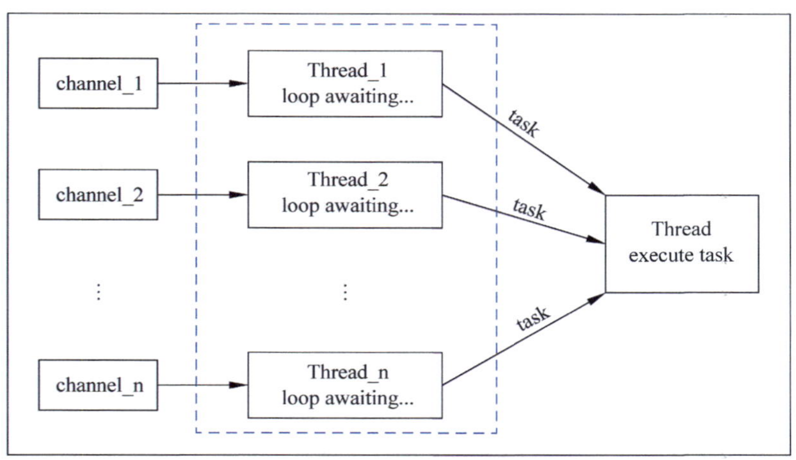

图 5.21 跨进程通信的多个线程读取

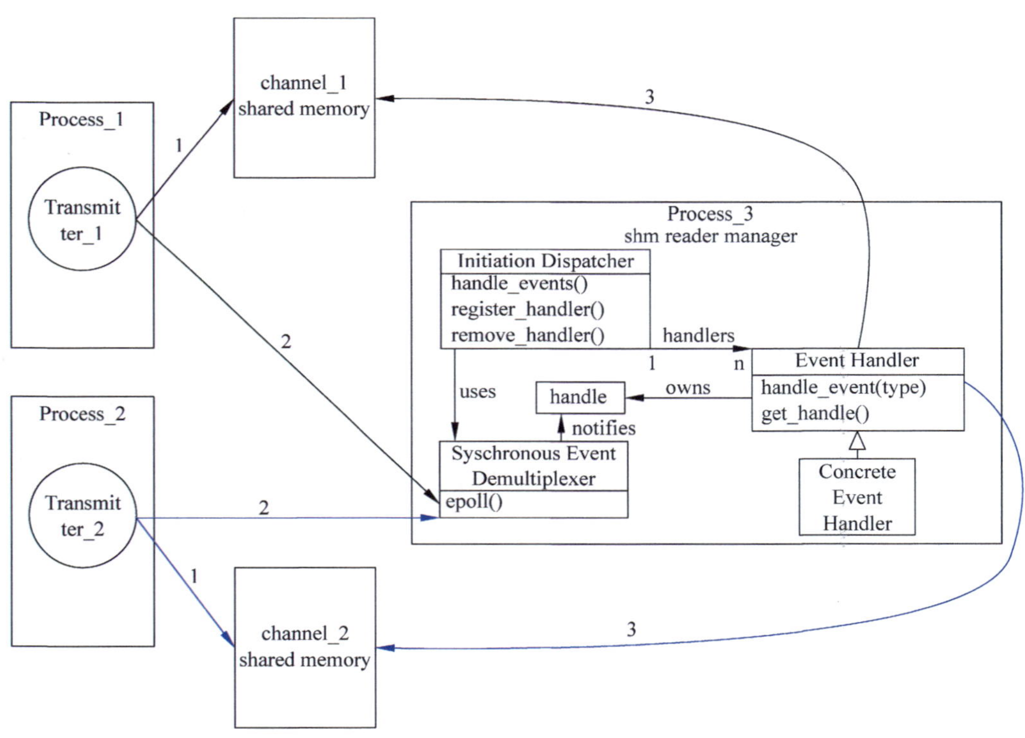

图 5.22 跨进程通信的共用线程

平台支持等优点。

5. 计算框架通信组件实验

1）基于信道的通信

在了解以上基础内容之后，我们就可以尝试创建自己的通信组件了。首先学习创建节点。在具体的通信任务中，节点的作用类似于句柄，在创建如 Writer 和 Reader 等具体功能对象时，需要基于已有的节点实例才能创建。节点在系统中必须有唯一的名称，以保证节点使用特有名称与其他节点进行通信而不产生歧义。

我们尝试利用 CreateNode 接口创建一个名称为"talker"的节点如下：

```
auto talker_node = apollo::cyber::CreateNode("talker");
```

创建完节点之后，就可以自由选择通信方式了。首先尝试建立基于信道的通信。

消息通过指定的信道传输时，需要与该信道的消息类型相匹配。这些消息大多数都是 protobuf 格式（一种序列化数据结构的协议，可以用于网络通信和数据存储），会被定义保存在一个.proto 文件中。例如想要定义一个名为"Chatter"的消息类型，需要它包含消息时间戳、雷达时间戳、消息频率、文本内容等消息类型，就可以用如下代码完成：

```
syntax = "proto2";
package apollo.cyber.examples.proto;
message Chatter {
  optional uint64 timestamp = 1;
  optional uint64 lidar_timestamp = 2;
  optional uint64 seq = 3;
  optional bytes content = 4;
};
```

接下来就可以创建消息发送方和接收方了。为创建一个消息发送方，首先需要创建一个节点，之后需要基于这个节点创建一个 Writer。Writer 是 Cyber RT 中用于发送消息的组件，每个 Writer 对应一个 channel 及具体的数据类型。Writer 可以通过节点的 CreateWriter 接口创建，如下所示：

```
auto talker = talker_node->CreateWriter<Chatter>("channel/chatter");
```

可以看出，定义的 Writer 指定了 Chatter 这类消息类型来传输消息，同时定义该信道名称为"channel/chatter"。

接下来我们就可以发送消息了，在 Chatter 消息类型的范围内，我们可以发送消息时间戳、雷达时间戳、消息发送频率以及消息文本内容等类型，如下代码所示：

```
1.  while (apollo::cyber::OK()) {
2.   static uint64_t seq = 0;
3.   auto msg = std::make_shared<Chatter>();
4.   msg->set_timestamp(Time::Now().ToNanosecond());
5.   msg->set_lidar_timestamp(Time::Now().ToNanosecond());
6.   msg->set_seq(seq++);
7.   msg->set_content("Hello, apollo!");
8.   talker->Write(msg);
9.   AINFO << "talker sent a message!";
10.  rate.Sleep();
11. }
```

第 4～7 行定义了消息的类型。通过 Writer 的 Write 接口发送消息，完成之后利用 AINFO 将“talker sent a message!”文本发送到终端。完成以上工作就创建好了一个消息发送方。

接下来尝试创建一个消息接收方。与 Writer 一样，首先需要创建一个节点，之后在此节点上创建一个 Reader。Reader 是 Cyber RT 中用于接收消息的组件，可以通过节点的 CreateReader 接口创建。Reader 在创建时会绑定一个回调函数，当该路 Channel 有新消息到达时，会调用回调函数处理。可以指定消息接收信道为 channel/chatter，回调函数为 MessageCallback，如下所示：

```
auto listener = listener_node -> CreateReader < apollo::cyber::examples::proto::Chatter >
( "channel/chatter", MessageCallback);
```

在回调函数定义中，可以将接收到的消息，如消息发送频率和消息文本内容等，利用 AINFO 输出到终端，如下所示：

```
void MessageCallback(
  const std::shared_ptr < apollo::cyber::examples::proto::Chatter > & msg) {
  AINFO << "Received message seq -> " << msg -> seq();
  AINFO << "msgcontent ->" << msg -> content();
}
```

这样就创建好了一个消息接收方，但是还需要做一些其他工作来保证通信成功运行。将消息发送方和消息接收方保存为.cpp 文件，消息发送方命名为 talker，消息接收方命名为 listener，名称可以任意指定。在该文件目录下的 Build 文件中添加：

```
cc_binary(
  name = "talker",
  srcs = ["talker.cc"],
  deps = [
    "//cyber",
    "//cyber/examples/proto:examples_cc_proto",
  ],
)

cc_binary(
  name = "listener",
  srcs = ["listener.cc"],
  deps = [
    "//cyber",
    "//cyber/examples/proto:examples_cc_proto",
  ],
)
```

填写好 Build 文件就能利用 bazel build 命令来对这两个指定.cpp 文件进行编译了。我们首先进入 docker 环境中，输入 bazel build 命令编译消息发送方和消息接收方的所在文件夹：

```
bazel build /apollo/cyber/examples/...
```

编译成功之后输入：

```
cd /apollo/bazel - bin/cyber/examples
ll
```

其中 cyber/examples 这个只是实验存放路径，可以任意指定其他路径存放.cpp 文件，利用 ll 命令可以看到文件夹下是否有你所编写的 .cpp 文件所转换成的二进制文件，如果有，输入以下命令：

```
./talker
```

这样就可以看到终端有消息输出，如图 5.23 所示，说明 talker 已成功运行。

```
baidu@in_dev_docker:/apollo/bazel-bin/cyber/examples$ ./talker
WARNING: Logging before InitGoogleLogging() is written to STDERR
I0113 20:29:13.371665  3839 global_data.cc:122] [talker] host ip: 192.168.1.118
W0113 20:29:13.372272  3839 scheduler_factory.cc:62] [talker] Pls make sure schedconf exist and which format is correct.
I0113 20:29:13.375106  3839 init.cc:112] [talker] Register exit handle succ.
I0113 20:29:13.382349  3839 talker.cc:42] [talker] talker sent a message!
I0113 20:29:14.383400  3839 talker.cc:42] [talker] talker sent a message!
I0113 20:29:15.382697  3839 talker.cc:42] [talker] talker sent a message!
I0113 20:29:16.382490  3839 talker.cc:42] [talker] talker sent a message!
I0113 20:29:17.382568  3839 talker.cc:42] [talker] talker sent a message!
I0113 20:29:18.382565  3839 talker.cc:42] [talker] talker sent a message!
I0113 20:29:19.382541  3839 talker.cc:42] [talker] talker sent a message!
I0113 20:29:20.382524  3839 talker.cc:42] [talker] talker sent a message!
I0113 20:29:21.382580  3839 talker.cc:42] [talker] talker sent a message!
I0113 20:29:22.382663  3839 talker.cc:42] [talker] talker sent a message!
```

图 5.23 启动 talker

因为将消息发送方和消息接收方分别保存为了两个 .cpp 文件，意味着它们需要在两个终端中打开，即跨进程通信。打开另一个终端，进入 docker 环境中，重复上述 cd 命令，之后输入：

```
./listener
```

同时打开 talker 和 listener 就可以看到 listener 所在进程的终端有消息输出，如图 5.24 所示。

```
baidu@in_dev_docker:/apollo/bazel-bin/cyber/examples$ ./listener
WARNING: Logging before InitGoogleLogging() is written to STDERR
I0113 20:29:07.809202  3814 global_data.cc:122] [listener] host ip: 192.168.1.11
8
W0113 20:29:07.809962  3814 scheduler_factory.cc:62] [listener] Pls make sure sc
hedconf exist and which format is correct.
I0113 20:29:07.810559  3814 init.cc:112] [listener] Register exit handle succ.
I0113 20:29:14.384444  3817 listener.cc:22] [listener] Received message seq-> 1
I0113 20:29:14.384519  3817 listener.cc:23] [listener] msgcontent->Hello, apollo
!
I0113 20:29:15.384671  3818 listener.cc:22] [listener] Received message seq-> 2
I0113 20:29:15.384745  3818 listener.cc:23] [listener] msgcontent->Hello, apollo
!
I0113 20:29:16.382594  3819 listener.cc:22] [listener] Received message seq-> 3
I0113 20:29:16.382620  3819 listener.cc:23] [listener] msgcontent->Hello, apollo
!
I0113 20:29:17.382675  3821 listener.cc:22] [listener] Received message seq-> 4
I0113 20:29:17.382707  3821 listener.cc:23] [listener] msgcontent->Hello, apollo
```

图 5.24 启动 listener

说明 talker 和 listener 之间通信成功。

可以通过 cyber_monitor 这个工具了解通信内容，另起终端进入 docker 镜像环境，输入：

```
cyber_monitor
```

会有如图 5.25 的显示。

我们可以清楚了解到通信的流程和内容：消息通过消息发送方 talker 发给名为 channer/chatter 的信道一个消息，消息内容有时间戳、雷达时间戳、频率和“Hello，apollo!”的消息文本，listener 通过同一个信道接收消息，并输出频率和消息文本信息。

```
ChannelName: channel/chatter
MessageType: apollo.cyber.examples.proto.Chatter
FrameRatio: 1.00
RawMessage Size: 39 Bytes
timestamp: 1547383098382474832
lidar_timestamp: 1547383098382475769
seq: 545
content: Hello, apollo!
```

图 5.25 cyber_monitor 输出框

当然，消息发送方和消息接收方也可以定义在同一个终端中，只需要将 Writer 和 Reader 写在同一个.cpp 文件内完成编译即可。

2）基于服务的通信

如果我们已经学会了建立基于信道的通信，那么学习建立基于服务的通信也就轻而易举了。服务通信模块与信道通信一样，首先需要创建一个节点，然后基于此节点利用 CreateService 接口，并指定消息格式，即可创建一个 Server。同时，还需要创建一个消息请求(Request)和回应(Response)，以用于接收 Client 发送的请求，并在处理后返回。代码如下：

```
1. auto server = node->CreateService<Driver, Driver>(
2.   "test_server", [](const std::shared_ptr<Driver>& request,
3.             std::shared_ptr<Driver>& response) {
4.     AINFO << "server: i am driver server";
5.     static uint64_t id = 0;
6.     ++id;
7.     response->set_msg_id(id);
8.     response->set_timestamp(0);
9.   });
```

上述实例中，第 1～2 行定义了一个 Server，指定消息格式为 Driver，命名为“test_server”，并创建了所需的 request 和 response。在第 7～8 行中利用 response 返回给 Client 处理好的消息 ID 和时间戳。

接下来我们尝试创建一个 client，利用节点的 CreateClient 接口，并指定消息格式和 Server 名称来创建。之后还需要定义发送请求的消息类型，并利用 Client 的 SendRequest 接口来发送请求，代码如下所示：

```
 auto client = node->CreateClient<Driver, Driver>("test_server");
auto driver_msg = std::make_shared<Driver>();
driver_msg->set_msg_id(0);
driver_msg->set_timestamp(0);
while (apollo::cyber::OK()) {
 auto res = client->SendRequest(driver_msg);
 if (res != nullptr) {
   AINFO << "client: responese: " << res->ShortDebugString();
 } else {
   AINFO << "client: service may not ready.";
 }
 sleep(1);
}
```

第 1 行定义了 Client，指定了 Driver 消息格式和之前定义的名为 test_server 的服务端，在第 2～4 行中定义了消息内容为 id 和时间戳，第 6 行发送消息请求，第 8 行收到 response 并输出到终端。

启动一个 Service 通信，可参考如上的操作，如保存.cpp 文件，修改 Build 文件，进入 docker 镜像，编译，等等。完成后输入命令：

```
./bazel - bin/cyber/samples/service
```

可以看到终端显示如图 5.26 所示。

```
baidu@in_dev_docker:/apollo/bazel-bin/cyber/examples$ ./service
WARNING: Logging before InitGoogleLogging() is written to STDERR
I0113 21:08:08.696247  4490 global_data.cc:122] [service] host ip: 192.168.1.118
W0113 21:08:08.697109  4490 scheduler_factory.cc:62] [service] Pls make sure schedconf exist and which format is correct.
I0113 21:08:08.697711  4490 init.cc:112] [service] Register exit handle succ.
I0113 21:08:08.710292  4520 service.cc:29] [service] server: i am driver server
I0113 21:08:08.710690  4490 service.cc:42] [service] client: responese: msg_id: 1 timestamp: 0
I0113 21:08:09.711308  4521 service.cc:29] [service] server: i am driver server
I0113 21:08:09.712148  4490 service.cc:42] [service] client: responese: msg_id: 2 timestamp: 0
I0113 21:08:10.712649  4522 service.cc:29] [service] server: i am driver server
I0113 21:08:10.712954  4490 service.cc:42] [service] client: responese: msg_id: 3 timestamp: 0
I0113 21:08:11.713624  4523 service.cc:29] [service] server: i am driver server
I0113 21:08:11.714314  4490 service.cc:42] [service] client: responese: msg_id: 4 timestamp: 0
```

图 5.26　service 通信试验

可以看到 Server 和 Client 都已启动，Client 发出请求，Server 处理后给出响应，Client 将响应即消息 ID 进行输出，说明通信成功。这样就完成了客户端发送请求给服务端，服务端处理后返回响应的功能。

3）3 种通信模型

（1）同一进程内：若想实现同一进程内节点之间的通信，需要将通信组件创建并运行在同一进程之中。如上述讲解的基于服务的通信实验中，就是在同一进程内传递数据，Server 和 Client 都创建在同一个进程下。

（2）同主机进程间：若想实现同主机进程间的通信，只需要将使用的通信组件创建并运行在同一主机上，但不同的进程之间。如上述的基于信道的通信实验中，只需要在各个通信组件中定义好接口，在不同进程内运行 talker 和 listener，就可以完成信息收发了。

（3）跨主机：在 Cyber RT 中实现跨机通信，首先需要保证两台机器在同一个局域网中，配置好 SSH 服务，然后将/apollo/cyber 下的 setup.bash 文件进行修改，找到 export CYBER_DOMAIN_ID=文本，将两台机器的 ID 改为相同的数字。这样两台机器就可以完成跨机通信了。

5.3.4　Cyber RT 计算框架调度组件

1. Cyber RT 调度概述

在自动驾驶系统中，传感设备的增多带来了信息量的增大，系统的有向无环图也会越来越复杂。在有向无环图中，有些消息传递的路径比较短，有的比较长；有的没有复杂的计算仅仅实现消息的传递，但是有的却要进行各种计算，消耗比较多的系统资源。因此如何对系统的资源进行合理地配置，使得信息的传递及时、有序、准确和完整，是自动驾驶系统中比较重要的一个问题。

目前主流的自动驾驶系统通常使用 ROS(Robot Operating System)作为基础通信框

架。在这种通信框架下，各算法模块作为单独进程各自开发，存在资源相互抢占的风险，而且工程与算法深度耦合，每个算法模块定义为一个进程不方便总体协调和调度，模块内部包含大量的工程冗余建设，同时由于算法和工程耦合过于紧密，算法策略拆分以进行并行计算受到很大程度的制约。Cyber RT 将自动驾驶所有算法处理任务封装成一个最小计算单元，模块策略开发只需要定义算法以及算法的输入输出，模块之间的数据通信、服务调用、数据接口等放到优先级队列中由框架进行全局统一管理调度。Cyber RT 调度系统的调度策略主要分为 classic(经典)策略和 choreography(编排)策略，根据 DAG 文件描述生成自动驾驶模块算法拓扑链路，通过读取算法上下游依赖，确定算法执行先后顺序，然后分配执行单元进行运算。

2. Cyber RT classic 调度策略

classic 调度策略是 Cyber RT 较为通用的调度策略，如果对于车上的 DAG 结构不清楚时，优先使用该策略。该策略可以指定每个节点的优先级，可以设置节点运行在哪些 processor 上，当设置好之后，这些节点便会按照设定优先级的顺序，按照默认的调度策略运行在设置的 processor 上，系统会根据任务量的大小自动分配在不同的 processor 上运行，每个 processor 运行的负担差不多。

下面是 cyber/conf/example_classic. conf 文件：

```
scheduler_conf {
 policy: "classic"
 classic_conf {
  groups: [
   {
    processor_num: 2
    affinity: "range"
    cpuset: "0 - 1"
    tasks: [
     {
      name: "speed"
      prio: 10
     },{
      name: "cal1"
      prio: 11
     },{
      name: "control"
      prio: 12
     },{
      name: "distance"
      prio: 1
     },{
      name: "cal2"
      prio: 2
     }
    ]
   }
  ]
 }
```

```
}
```

其中，processor_num 指定分配调度线程的个数，affinity 是指定分配 CPU 的编排方式，rang 是一对多的编排方式，cpuset 是设置哪些 CPU 供使用，在 task 里面，每个 name 都是节点或者组件的名称，prio 是指该节点或者组件的优先级。

上述程序代码把 5.3.2 节拓扑试验的所有组件都进行了优先级的定义，其中 speed-> call1-> control 设置的优先级比较高，其他路径设计的优先级比较低。

3. Cyber RT choreography 调度策略

choreography 策略是基于对车上任务足够熟悉，根据任务的依赖执行关系、任务的执行时长、任务 CPU 消耗情况、消息频率等，对任务进行编排。同样可以设置 classic 策略中的线程数目、编排方式之外，还可以设置每个线程的优先级、线程的调度策略等。

下面是 cyber/conf/example：

```
scheduler_conf {
 policy: "choreography"
 choreography_conf {
  choreography_processor_num: 1
  choreography_affinity: "1to1"
  choreography_cpuset: "0"
  choreography_processor_policy: "SCHED_FIFO"
  choreography_processor_prio: 10
  pool_processor_num: 2
  pool_affinity: "range"
  pool_cpuset: "1"
  tasks: [
   {
    name: "control"
    processor: 0
    prio: 12
   },{
    name: "call1"
    processor: 0
    prio: 11
   },{
    name: "speed"
    processor: 0
    prio: 10
   }
  ]
 }
}
```

choreography_affinity 中的 1to1 是指一对一的编排方式，choreography_processor_policy 是设置调度的策略，其中 SCHED_FIFO 是先来先服务的策略，在这种策略模型下，Cybert RT 调度线程池根据算法元 task 的先后到达顺序，将 task 逐一放到待调度队列中，处理线程池按照先来先处理的原则将调度队列中的 task 分配放到不同的执行器中消费。choreography_processor_prio 是设置线程的优先级。在 task 任务里只针对 speed-> call1->

control 这一路径上的组件进行了调度的设置，指定了组件运行的 CPU 以及各自的优先级。

4. RT 调度试验

1）基于 classic 调度策略的调度实验

该调度实验是在 5.3.2 节拓扑组件实验章节的基础上进行的，当编写好 cyber/conf/example_classic. conf 文件之后，需要重新新建一个 launch 文件，并修改参数时期采用 example_classic. conf 文件的调度策略。

下面是 control_classic. launch 文件，在 process_name 里面把线程名字改成配置的文件名 example_classic。

```
<cyber>
  <module>
    <name>speed</name>
    <dag_conf>/apollo/cyber/examples/component/speed/speed.dag</dag_conf>
    <process_name>example_classic</process_name>
  </module>
  <module>
    <name>cal1</name>
    <dag_conf>/apollo/cyber/examples/component/cal1/cal1.dag</dag_conf>
    <process_name>example_classic</process_name>
  </module>
  <module>
    <name>cal2</name>
    <dag_conf>/apollo/cyber/examples/component/cal2/cal2.dag</dag_conf>
    <process_name>example_classic</process_name>
  </module>
  <module>
    <name>control</name>
    <dag_conf>/apollo/cyber/examples/component/control/control.dag</dag_conf>
    <process_name>example_classic</process_name>
  </module>
  <module>
    <name>distance</name>
    <dag_conf>/apollo/cyber/examples/component/distance/distance.dag</dag_conf>
    <process_name>example_classic</process_name>
  </module>
</cyber>
```

然后运行 cyber_launch start cyber/examples/component/control_classic. launch，让各组件运行起来。然后新建终端框，输入 top 命令查看 CPU 的运行情况，按下 1 键可查看每个 CPU 的工作情况，如图 5.27 所示。

可以看到，4 个 CPU 中睡眠的进程数目差不多，即每个 CPU 的负荷基本相同，也就是说系统按照配置的 classic 调度方案把所有的程序平均分配给每个 CPU 来运行。

2）基于 choreography 调度策略的调度实验

同样地，当编写好 cyber/conf/example_choreography. conf 文件之后，需要重新新建一个 launch 文件，并修改参数时期采用 example_choreography. conf 文件的调度策略。

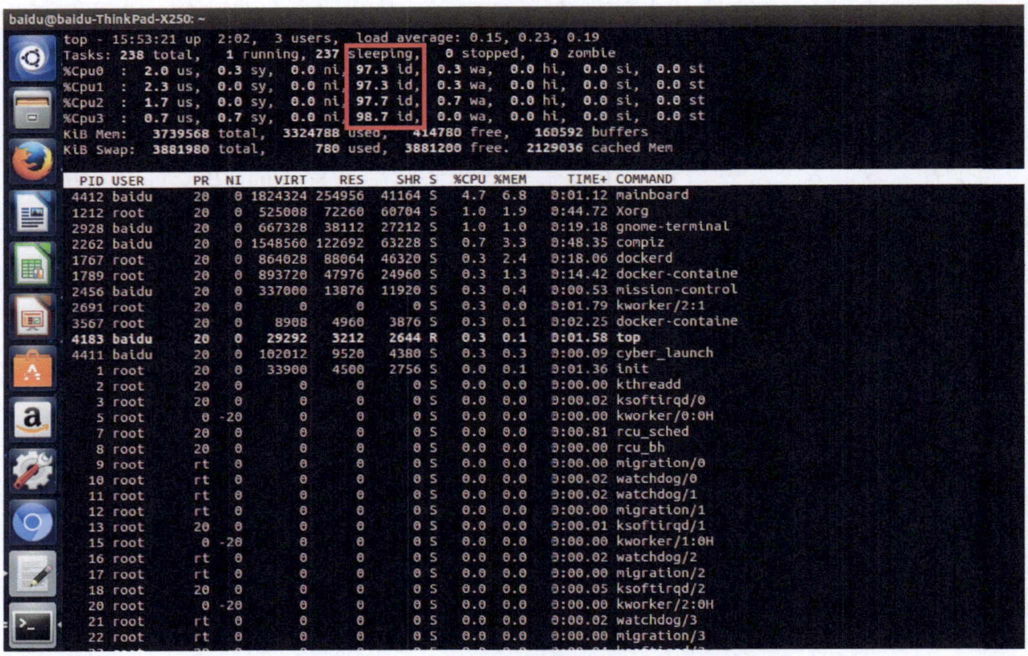

图 5.27 classic 调度策略下的 CPU 工作情况

下面是 control_choreography. launch 文件，在 process_name 里面把线程名字改成配置的文件名 example_choreography 即可。

```
<cyber>
  <module>
    <name>speed</name>
    <dag_conf>/apollo/cyber/examples/component/speed/speed.dag</dag_conf>
    <process_name>example_choreography</process_name>
  </module>
  <module>
    <name>cal1</name>
    <dag_conf>/apollo/cyber/examples/component/cal1/cal1.dag</dag_conf>
    <process_name>example_choreography</process_name>
  </module>
  <module>
    <name>cal2</name>
    <dag_conf>/apollo/cyber/examples/component/cal2/cal2.dag</dag_conf>
    <process_name>example_choreography</process_name>
  </module>
  <module>
    <name>control</name>
    <dag_conf>/apollo/cyber/examples/component/control/control.dag</dag_conf>
    <process_name>example_choreography</process_name>
  </module>
  <module>
    <name>distance</name>
    <dag_conf>/apollo/cyber/examples/component/distance/distance.dag</dag_conf>
```

```
    <process_name>example_choreography</process_name>
  </module>
</cyber>
```

然后运行 cyber_launch start cyber/examples/component/control_choreography.launch，让各组件运行起来。然后新建终端框，输入 top 命令查看 CPU 的运行情况，按下 1 键可查看每个 CPU 的运行情况，如图 5.28 所示。

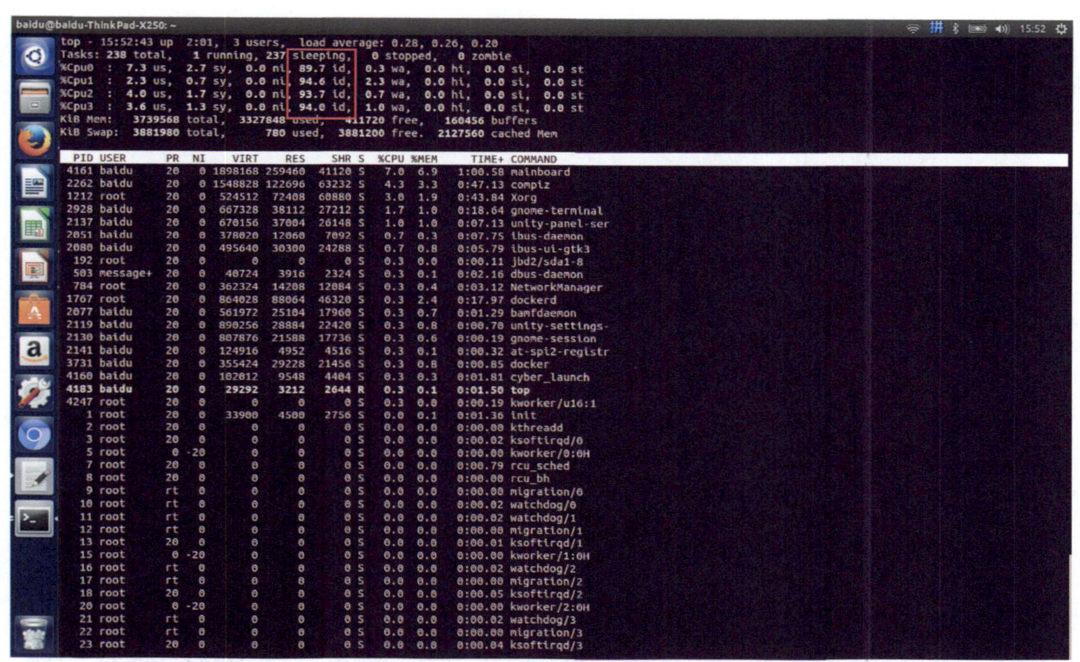

图 5.28 choreography 调度策略下的 CPU 工作情况

从图中可以看出，由于我们在 choreography 调度中使得试验程序在同一 CPU0 下运行，因此 CPU0 的睡眠进程数目少于其他的 CPU，这表明 CPU0 的负担比其他 CPU 的负担要重，也就间接地说明试验程序确实按照调度配置的要求来运行。

3）非编排的默认调度实验

前面通过编写 cyber/conf/文件夹下的 conf 文件来实现信息传递的调度方案，为了便于比较每个调度策略，本例程不采用任何的调度策略，直接进行运行，查看调度的情况。同样地，需要修改 control.launch 文件，程序如下所示：

```
<cyber>
  <module>
    <name>speed</name>
    <dag_conf>/apollo/cyber/examples/component/speed/speed.dag</dag_conf>
    <process_name>control</process_name>
  </module>
  <module>
    <name>call1</name>
    <dag_conf>/apollo/cyber/examples/component/call1/call1.dag</dag_conf>
    <process_name>control</process_name>
```

```
    </module>
    <module>
      <name>cal2</name>
      <dag_conf>/apollo/cyber/examples/component/cal2/cal2.dag</dag_conf>
      <process_name>control</process_name>
    </module>
    <module>
      <name>control</name>
      <dag_conf>/apollo/cyber/examples/component/control/control.dag</dag_conf>
      <process_name>control</process_name>
    </module>
    <module>
      <name>distance</name>
      <dag_conf>/apollo/cyber/examples/component/distance/distance.dag</dag_conf>
      <process_name>control</process_name>
    </module>
</cyber>
```

然后运行 cyber_launch start cyber/examples/component/control_choreography.launch，让各组件运行起来，如图 5.29 和图 5.30 所示。

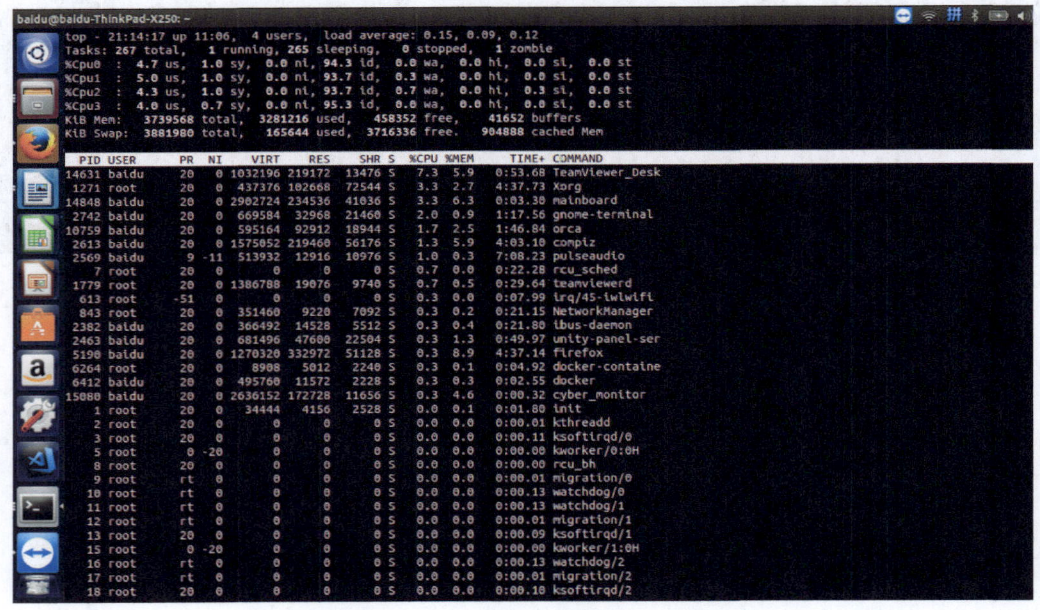

图 5.29 无调度策略下的 CPU 工作情况

4）3 种调度策略性能分析

（1）CPU 占用情况。

根据上面的运行结构，比较 3 种不同的调度策略的 CPU 占用情况可以对 3 种调度策略进行分析。首先在经典调度策略下，如图 5.27 所示，4 个 CPU 睡眠的进程数目几乎相同，说明每个 CPU 的负荷在经典调度策略下几乎平均分配，达到了比较良好的分配效果，如果每一条信道的流通数量和速度几乎一致，采用该调度策略无疑是比较好的选择。但是不同

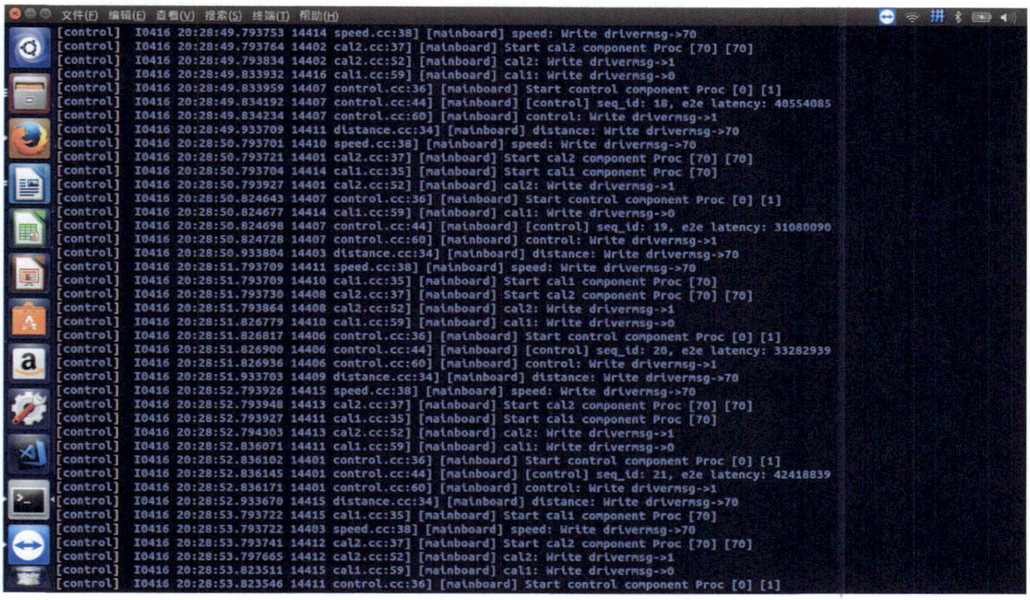

图 5.30 无调度策略下的运行情况

的传感器的信息量不同，需要处理的任务量也不尽相同，因此很难保证每一条信道都保持相同的负荷。一种常见的拓扑结构是某一条或几条信道信息量比较大，但是其他信道信息量较小，采用经典的调度策略难免会造成信息传递的延迟，因此 Cyber RT 支持进行编排的调度策略。如图 5.28 所示，在编排调度策略下，CPU0 的睡眠进程明显少于其他 CPU，我们可以将某一信道的数据传输固定到特定的 CPU 上，提高运行的效率。如图 5.29 所示，非编排的默认调度策略没有进行任何 CPU 的调度，每个任务随机地分配到 CPU 上，虽然每个 CPU 负荷大致相同，但是几个 CPU 之间的相对负荷比较随机，没有经典调度策略那样平均。

(2) Latency 时延情况。

在 speed.cc 文件的 Proc()函数中，通过时间戳函数 out_msg-> set_lidar_timestamp(cur_time)将当前的时间戳发送出去。

```
bool speed::Proc() {
 static int i = 0;
 auto out_msg = std::make_shared<EChatter>();
 // current time
 auto cur_time = apollo::cyber::Time::Now().ToNanosecond();
 out_msg->set_timestamp(cur_time);
 out_msg->set_lidar_timestamp(cur_time);
 out_msg->set_seq(i++);
 out_msg->set_content(70);
 speed_writer_->Write(out_msg);
 AINFO << "speed: Write drivermsg->"
     << out_msg->content();
 return true;
}
```

在 call1.cc 文件的 Proc()函数中，将时间戳信息 msg0-> lidar_timestamp()赋值给变量 lt，然后，将携带时间戳信息的变量 lt 通过时间戳函数 out_msg-> set_lidar_timestamp(lt)发送出去。

```
bool call1::Proc(const std::shared_ptr<EChatter>& msg0) {
  AINFO << "Start call1 component Proc [" << msg0->content() << "]";
  // time_stamp
  auto lt = msg0->lidar_timestamp();
  // sequence id
  auto sid = msg0->seq();

  auto out_msg = std::make_shared<EChatter>();
  if(msg0->content()> 100) {
   out_msg->set_content(1);
  } else {
   out_msg->set_content(0);
  }

  int a = 0;
  for (int i = 0; i < 10000000; ++i) {
   a += 1;
  }

  // proc time stamp
  auto ts = apollo::cyber::Time::Now().ToNanosecond();
  out_msg->set_timestamp(ts);
  out_msg->set_lidar_timestamp(lt);
  out_msg->set_seq(sid);
  call1_writer_->Write(out_msg);
  AINFO << "call1: Write drivermsg->"
     << out_msg->content();
  return true;
}
```

在 control.cc 文件的 Proc()函数中，同样将时间戳信息 msg0-> lidar_timestamp()赋值给变量 lt，将当前的时间戳信息赋值给变量 ts，于是将 ts 和 lt 的差值赋值给变量 e2e，最终输出时间差信息 e2e。

```
bool control::Proc(const std::shared_ptr<EChatter>& msg0,
                   const std::shared_ptr<EChatter>& msg1) {
  AINFO << "Start control component Proc [" << msg0->content() << "] ["
     << msg1->content() << "]";
  auto lt = msg0->lidar_timestamp();
  auto sid = msg0->seq();
  // proc time stamp
  auto ts = apollo::cyber::Time::Now().ToNanosecond();
  // end_to_end latency
  auto e2e = ts - lt;
  AINFO << "[control] seq_id: " << sid
    << ", e2e latency: " << e2e;

```

```
auto out_msg = std::make_shared<EChatter>();
if(msg0->content()>0||msg1->content()>0) {
  out_msg->set_content(1);
}
else {
  out_msg->set_content(1);
}

out_msg->set_timestamp(ts);
out_msg->set_seq(sid);
out_msg->set_lidar_timestamp(lt);
control_writer_->Write(out_msg);

AINFO << "control: Write drivermsg->"
     << out_msg->content();
return true;
}
```

将 3 种调度策略逐一运行一定的时间后，将输出结果保存下来，导入 Excel 表格中，筛选含有时间差的数据，得到图 5.31。然后进行时间差数据的整理，利用 Excel 的分列命令，将时间差数据分离出来，然后取平均值，如图 5.32 所示。该平均值便可以代表该调度策略下的时延情况。

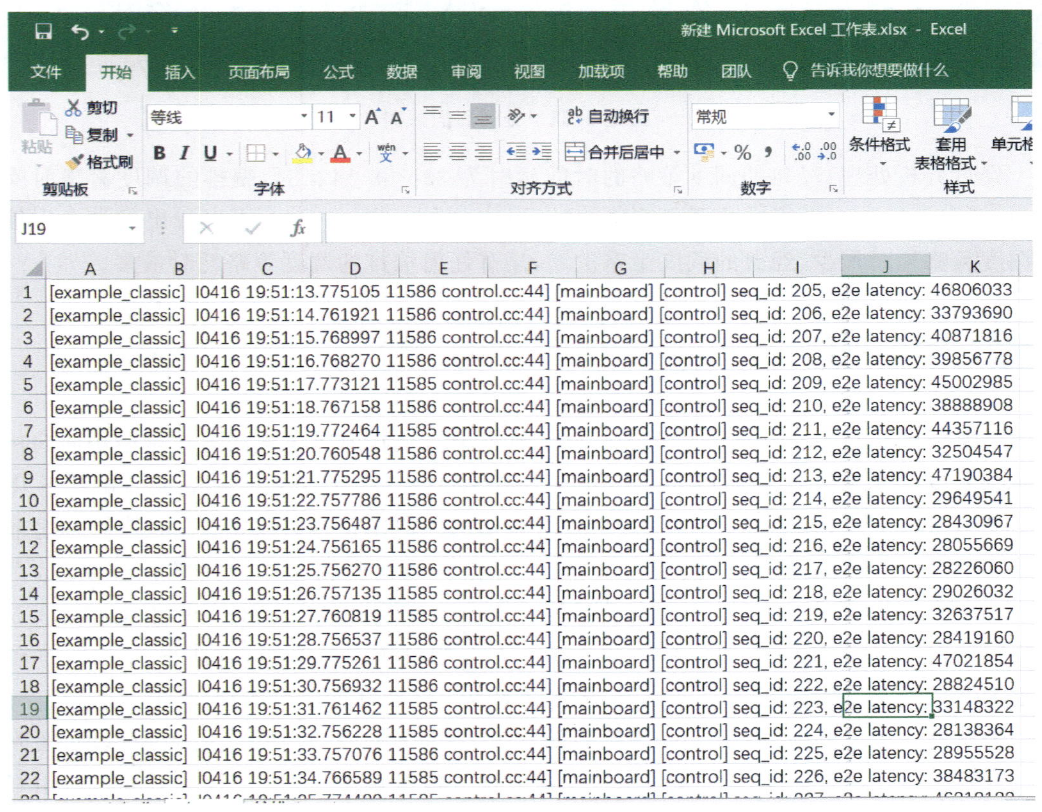

图 5.31 得到的时间差序列

	A	B	C	D	E	F	G
1	[example_choreography] I0416 1	54	10.200428 11665 control.cc	44] [mainboard] |	17, e2e latency	29609287	32597559.2
2	[example_choreography] I0416 1	54	11.201447 11665 control.cc	44] [mainboard] |	18, e2e latency	30540790	
3	[example_choreography] I0416 1	54	12.207298 11665 control.cc	44] [mainboard] |	19, e2e latency	36443695	
4	[example_choreography] I0416 1	54	13.205679 11665 control.cc	44] [mainboard] |	20, e2e latency	34790619	
5	[example_choreography] I0416 1	54	14.205058 11665 control.cc	44] [mainboard] |	21, e2e latency	34218564	
6	[example_choreography] I0416 1	54	15.200402 11665 control.cc	44] [mainboard] |	22, e2e latency	29558488	
7	[example_choreography] I0416 1	54	16.207676 11665 control.cc	44] [mainboard] |	23, e2e latency	36751972	
8	[example_choreography] I0416 1	54	17.201925 11665 control.cc	44] [mainboard] |	24, e2e latency	31095354	
9	[example_choreography] I0416 1	54	18.200960 11665 control.cc	44] [mainboard] |	25, e2e latency	30142122	
10	[example_choreography] I0416 1	54	19.201485 11665 control.cc	44] [mainboard] |	26, e2e latency	30669603	
11	[example_choreography] I0416 1	54	20.206094 11665 control.cc	44] [mainboard] |	27, e2e latency	35236026	
12	[example_choreography] I0416 1	54	21.216588 11665 control.cc	44] [mainboard] |	28, e2e latency	45738174	
13	[example_choreography] I0416 1	54	22.201160 11665 control.cc	44] [mainboard] |	29, e2e latency	30334686	
14	[example_choreography] I0416 1	54	23.201582 11665 control.cc	44] [mainboard] |	30, e2e latency	30758696	
15	[example_choreography] I0416 1	54	24.200985 11665 control.cc	44] [mainboard] |	31, e2e latency	30172021	
16	[example_choreography] I0416 1	54	25.200820 11665 control.cc	44] [mainboard] |	32, e2e latency	29948082	
17	[example_choreography] I0416 1	54	26.201670 11665 control.cc	44] [mainboard] |	33, e2e latency	30784556	
18	[example_choreography] I0416 1	54	27.207923 11665 control.cc	44] [mainboard] |	34, e2e latency	36997813	
19	[example_choreography] I0416 1	54	28.202668 11665 control.cc	44] [mainboard] |	35, e2e latency	31845959	
20	[example_choreography] I0416 1	54	29.201076 11665 control.cc	44] [mainboard] |	36, e2e latency	30247248	
21	[example_choreography] I0416 1	54	30.200660 11665 control.cc	44] [mainboard] |	37, e2e latency	29817932	
22	[example_choreography] I0416 1	54	31.208139 11665 control.cc	44] [mainboard] |	38, e2e latency	37175343	

图 5.32 分列后的数据

经过分析处理，经典的调度策略的时间延时为 33 368 142.84，编排的调度策略时间延时为 32 597 559.2，无编排的调度策略的时间延时为 34 556 517.8，可以看出经过合理编排的调度策略耗时最少，经典的调度策略次之，没有任何编排的调度策略耗时最多。

5.4 本章小结

本章详细介绍了自动驾驶汽车的软件计算框架。现在业界主流的方式是使用面向机器人系统开发的开源系统 ROS(Robert Operation System)，大量开发者和商业公司基于 ROS 做了无数升级工作，以使得 ROS 系统更适合自动驾驶汽车使用，Apollo 在 3.5 版本之前也是使用 ROS 作为计算框架。但因为 ROS 系统在自动驾驶领域中应用的种种缺陷，百度 Apollo 团队转而开发自有的、面向自动驾驶系统的计算框架 Cyber RT，并随 Apollo 3.5 版本一同发布。可以说，这个框架组件是 Apollo 3.5 中最重大的升级，它使得 Apollo 平台摆脱了 ROS 系统的固有缺陷，使 Apollo 能够更加专注自动驾驶技术本身。

为帮助读者更好地理解 Cyber RT 计算框架，本章不仅详细介绍了其工作原理，还附带一些可独立运行的代码实例。有兴趣的读者可自行运行调试这些实例，以更深入地用好这个自动驾驶开发中的利器。

参考文献

[1] ROS wiki[EB/OL]. [2019-04-06]. http://wiki. ros. org.

[2] 恩里克·费尔南德斯,等. ROS机器人程序设计[M]. 刘锦涛,译. 北京: 机械工业出版社,2016.

[3] Apollo Cyber RT framework[EB/OL]. [2019-04-06]. http://apollo. auto/cyber_cn. html.

[4] Cyber RT 协程技术解读[EB/OL]. (2019-04-01) [2019-04-06]. https://mp. weixin. qq. com/s/6LdFTZrTiRZfF_gv1NJhzg.

第6章 自动驾驶汽车辅助开发平台

6.1 自动驾驶汽车仿真平台

6.1.1 概述

为了保证自动驾驶车辆开发的安全性、有效性和可持续性，必须进行广泛的开发和测试。然而传统的自动驾驶路测昂贵耗时，具有风险性，且只能够在有限交通场景下进行试验。此外，一些特殊场景，如极端天气、传感器故障、道路部分路段损毁等也不能够进行反复的测试和复现。自动驾驶仿真系统的出现为这个难题提供了一种安全有效的解决途径。

自动驾驶仿真测试是指通过传感器仿真、车辆动力学仿真、高级图形处理、交通流仿真、数字仿真、道路建模等技术模拟路测环境，并添加算法，搭建相对真实的驾驶场景，来完成自动驾驶汽车路测工作的一种形式。一定程度上来说，仿真测试是可以代替真实路测、加快测试速度的一种有效测试方式。

6.1.2 仿真平台的构成

仿真平台包含仿真层和硬件层两大模块。其中仿真层包括了仿真车辆模型设计、多仿真传感器模拟以及多虚拟交通场景构建。硬件控制层与仿真层相连接构成闭环测试系统，用于全面测试和验证硬件和算法。仿真传感器信息以及车身状态由仿真层输入，算法进行相关计算后输出结果，硬件控制单元生成相应的控制指令，如制动、节气门、转向指令等，再传入仿真层对车辆进行相应控制。

6.1.3 仿真平台行业现状概览

1. 商业仿真平台

随着自动驾驶汽车研发热度的逐步提升，仿真测试平台也吸引了广泛的关注，近年来出现了一大批商业仿真平台。自动驾驶仿真平台公司按照成立时间区分为两类：老牌仿真软件研发公司和专门研发自动驾驶仿真平台的公司，前者包括MSC、Ansys、Mathworks等老牌公司，自动驾驶仿真平台是众多仿真产品线中新增的一类；后者多为近几年成立的专门从事仿真平台研发的公司。表6.1列出了近年来发布自动驾驶仿真平台的公司、发布的产品及特色，方便读者了解仿真平台发展历史。

表6.1 商业自动驾驶仿真平台列表

企业	成立时间	地点	业务类型	合作企业	最新进展
Panosim	2014	中国	汽车等	一汽、长安、福特等	更新至V2.4版本，优化升级了雷达、GPS等模型，模拟实验场景更加丰富
51VR	2015	中国	汽车等	宝马、戴姆勒等	2018年5月51VR自动驾驶仿真平台在国内曝光
MSC Software (Adams)	1963	美国	汽车、航空航天、机械、船舶、医疗等	一汽等	2017年7月发布MSC Adams，提高Adams Solver和Adams Car的易用性和仿真速度，扩展了Adams实时仿真功能
Ansys	1970	美国	汽车、航空航天、医疗、建筑等	奥迪等	2018年5月，3亿美元并购Optis公司，利用模拟平台加速研发自动驾驶技术
Mentor	1981	美国	汽车、电子设计自动化等	上汽、江淮等	2017年推出Mentor DRS360平台，满足L5级自动驾驶汽车的需求
MathWorks	1984	美国	汽车、医疗等	上汽等	2018年6月与东南大学合作，为全校师生提供MATLAB和Simulink以作教学和学术之用
Mechanical simulation (carsim)	1996	美国	汽车、教育、赛车等	福特、大众、博世等	2018年5月，OTSL在Autonomous Vehicle Technology World Expo两大展会上采用CarSim模拟软件演示车辆操作
Metamoto	2016	美国	汽车等	车厂、Tier1、传感器公司	2018年8月推出自动驾驶模拟服务，包括Director、Designer和Analyzer三部分
RightHook	2016	美国	汽车等	福特等	2017年7月推出第二款产品RightWorldHIL，可通过高清地图模拟环境，创建场景
Parallel Domain	2017	美国	汽车等	蔚来等	2018年5月完成250万美元的种子轮融资，宣称其运营项目不到1分钟就可生成城市街区
IPG Automotive	1984	德国	汽车等	大众、宝马、博世、大陆等	2018年1月与Eletrobit建立技术合作伙伴关系，共同开发自动驾驶功能
dSPACE	1988	德国	汽车、航空航天、医学工程等	一汽、越博动力等	2018年8月在日本大阪设立新的销售处，这是在日本的第四个办事处
TESIS	1988	德国	汽车等	丰田、一汽等	2018年7月与恒润科技召开研讨会

续表

企　业	成立时间	地点	业务类型	合作企业	最新进展
VI-grade	2005	德国	汽车、摩托车、铁路、飞机、赛车等	宝马、沃尔沃、蔚来等	2018年9月参加在法国举办的“DSC 2018”会议
AAI	2017	德国	汽车等	奥迪等	伟世通与DeepScale、Stee、StradVision、AAI等多家技术公司合作研发自动驾驶平台DriveCoreTM
Oktal	1989	法国	航空、汽车、铁路等	雷诺等	2018年8月收购Sydac
CVC (CARLA)	1995	西班牙	汽车等	英特尔、丰田等	2018年6月，丰田研究院向自动驾驶开源模拟器CARLA投入十万美元
rFPro	2007	英国	汽车、赛车等	法拉利等	2018年4月推出世界上第一个商业可用的仿真平台，用于培训和开发自动驾驶车辆
TASS (Prescan)	2013	荷兰	汽车等	Applus IDIADA等	2018年8月TASS International发布了PreScan V8.5，用于ADAS应用和自动驾驶的开发、测试和验证
Cognata	2016	以色列	汽车等	NVIDIA、微软等	2018年6月奥迪与其合作，加快研发自动驾驶车辆

2. 自用软件仿真平台

大多数研发自动驾驶技术的科技公司和初创企业不遗余力地搭建了属于自己的仿真平台。这其中包括Waymo、NVIDIA、百度等目前在自动驾驶技术方面投入最多的公司。

Waymo开发的自动驾驶仿真平台Carcraft，包含海量场景，均为自动驾驶汽车在公路上可能会碰到的环境；还包括几个美国城市的完整模型，例如奥斯汀、山景城、凤凰城等。在这个虚拟世界里面，共有25 000辆虚拟自动驾驶汽车在其中行驶。截至2018年年底，谷歌的虚拟道路无人驾驶测试总里程已经达到70亿英里。

NVIDIA在2017年3月发布自动驾驶仿真系统Drive Constellation。此外，Drive. ai的自动驾驶汽车可以在其搭建的三维场景库中进行不间断的驾驶训练，景驰科技的无人车每天也会在自己开发的模拟器中行驶22 000km。

3. 行业共建仿真测试平台

2018年11月15日，中国汽车技术研究中心有限公司发布了“驾驶场景仿真平台”，其架构如图6.1所示。平台是由中汽中心公司的数据资源中心依据丰富的驾驶场景数据库并深度整合工具链资源打造的高水平、高精度、高集成、高兼容的自动驾驶仿真平台，能够面向ADAS/AD功能开发、仿真测试、产品验证及评价等领域提供专业化的技术及咨询服务，并为ISO/ASAM等国际场景数据标准格式开发与应用提供技术支撑。

驾驶场景仿真平台以中汽中心多年测试积累的驾驶场景数据库为基础，基于国际主流高精地图及驾驶场景数据格式开发标准接口，实现半自动化场景导入，构建虚拟测试场景。仿真平台具有先进的车辆动力学模型、传感器仿真模型、交通流模型以及驾驶员模型，支持

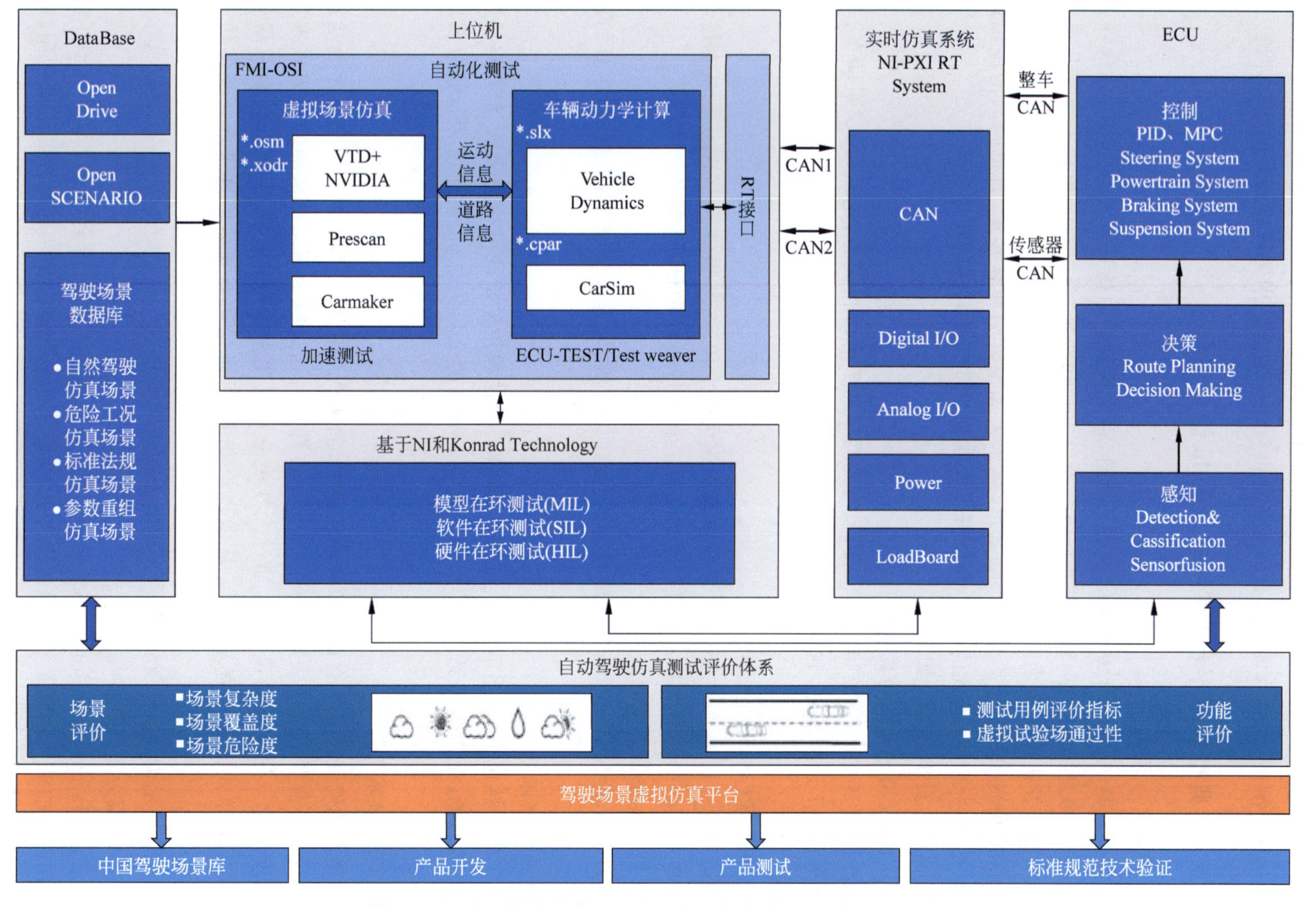

图 6.1　中国汽车技术研究中心构建的驾驶场景仿真平台架构

IPG Carmaker、VTD 及 Prescan 等主流仿真软件，支持 OpenDrive 高精地图数据导入，基于 NI 和 Konrad 技术实现 MIL/SIL/HIL 等仿真功能，NVIDIA 高性能工作站为平台提供场景渲染与加速测试。此外，场景仿真平台还提供自动化的测试用例管理及测试结果评价。

6.1.4 典型仿真平台介绍——Apollo 仿真平台

1. 概述

仿真平台是 Apollo 开放平台的重要工具链，百度希望借由仿真技术与广大合作伙伴共建生态，积累海量场景数据，让开发者在仿真平台中轻松实现“日行百万里”，大幅提升自动驾驶技术的开发进度和智能程度。

Apollo 仿真引擎拥有大量的场景数据，基于大规模云端计算容量，打造强大的虚拟运行能力，形成一个快速迭代的闭环，帮助开发者实现自动驾驶算法的快速迭代。

Apollo 仿真平台特点如下。

1）内置高精地图的仿真场景

基于路型，包括十字路口、调头、直行、弯道等。基于障碍物类型，包括行人、机动车、非机动车等。基于道路规划，包括直行、调头、变道、转弯、并道等。基于红绿灯信号，包括红灯、黄灯、绿灯。

2）场景运行与算法上传

支持同时多场景的高速运行；支持单算法模块的上传运行，提供基于 Apollo 基本整车环境的单个模块的仿真结果；支持系统整套算法和运行环境的上传与运行。

3）智能的场景判别系统

目前开放了 10 个判别标准：碰撞检测、闯红灯检测、限速检测、在路检测、到达目的地检测等。

4）三维展示

提供实时路况，包括当前车道、红绿灯、限速。算法模块输出的可视化信息，包括路径规划、动态障碍物、无人车规划轨迹等。输出无人车状态的全局信息，包括速度、制动、节气门状态。

2. 关键技术

构建自动驾驶仿真平台需要累积海量场景，如何高效利用海量场景，提高仿真平台运行效率是搭建平台要解决的关键问题。Apollo 仿真平台通过两个不同层次的实现方式来进行大幅度优化。从宏观角度出发，通过大规模分布式化来进行；所以 Apollo 仿真从最开始，就是以分布式仿真作为方向的。从微观角度出发，通过动态变速仿真来进行具体仿真测试。

图 6.2 所示为 Apollo 仿真平台大规模分布式架构。

1）大规模分布式架构

下层是 Hardware Resource Scheduler。由于仿真节点的运行会用到 GPU+CPU 或 only CPU 或 CPU+FPGA 等多种硬件组合，又由于仿真的运行是一种弹性的资源使用，所以单独剥离出来一层 Hardware Resource Scheduler。这层 Scheduler 是支持更换的。例如，开源系统支持使用 K8S；百度跟 Microsoft Azure 合作的 Apollo Simulation Global 中

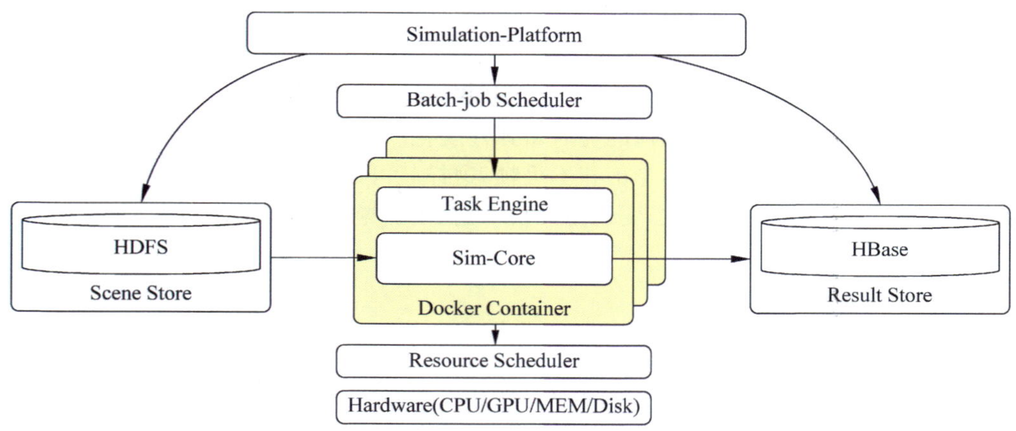

图 6.2 Apollo 仿真平台大规模分布式架构

使用了 MS 的 cosmos；其他开发者也可使用其内部专门的 Resource Scheduler。

上层是 Batch-job Scheduler。因为分布式仿真运行模式为 Batch-job，所以单独剥离一层 Batch-job Scheduler。它负责 job 的整个生命周期的运行状态的推进，例如各种部署、启动、运行状态检查、重试、优先级、弹性伸缩等逻辑。单独剥离出一层的原因在于，需要解耦这层标准化的分布式计算模型，也允许根据用户特别的需要进行替换。例如，支持更换成业界主流的 K8S。

中间层是仿真核心，它运行在 Docker Container 中。仿真核心中运行的是客户的算法与仿真逻辑：包括场景重建＋动力学模型＋精细化度量。由于运行模型复杂，所以在 Container 内抽象了上下两层：上层为 Task Engine，专门负责复杂的仿真执行流程调度；下层是 Sim-Core，用来放置用户自己的算法。

在外层有两个 Storage Component 分别是 Scene Store 和 Result Store，围绕着计算，统一管理数据。Simulation-Platform 主要提供了提交接口、数据分析、Dashboard 接口，串通起完整的仿真流程，供用户使用。

2）动态变速仿真技术

图 6.3 所示为 Apollo 仿真平台动态变速仿真技术。

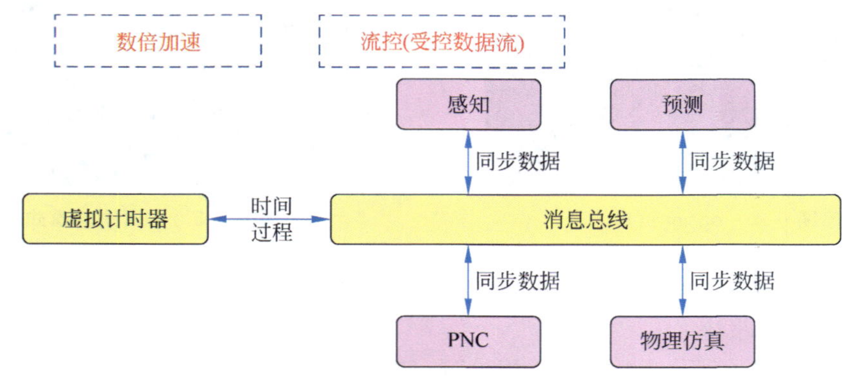

图 6.3 Apollo 仿真平台动态变速仿真技术

动态变速仿真技术，本质上是对无人车复杂数据流进行流控的过程：

(1) 对于处理时间较短的帧，压缩了数据处理的间隔；

(2) 对于处理时间较长的帧，等待处理完成再继续处理后续的帧。

整个调度系统根据当前处理帧的耗时做弹性变化。

通过这两项改造可以达到不等待和不丢帧，这样就可以充分地利用硬件资源，以最快速度运行。据实际测试，采用了动态变速仿真技术，在不影响仿真结果的前提下，单机仿真效率可以提升数倍。

3. Apollo 仿真平台使用简介

1) 仿真平台界面概述

基于大量的驾驶场景数据和大规模的云计算能力，Apollo 仿真引擎为自动驾驶系统的开发创建了一个强大的虚拟闭环——从算法到分级再到改进的算法。它使开发人员和初创企业能够每天运行数百万英里的模拟，从而大大加快了开发周期。

通常有两种类型的场景：worldsim 和 logsim。worldsim 是通过特定且明确定义的障碍物行为和交通灯状态手动创建的。它们在明确定义的环境中测试自动驾驶汽车非常简单而有效。然而，它们确实缺乏现实世界交通条件下的复杂性。另一方面，logsim 是从真实世界的数据中提取的，如图 6.4 所示。它们更现实，但也更不确定。感知的障碍可能是模糊的，交通条件更复杂。

当前版本的 Apollo 仿真引擎具有以下特征。

(1) 场景。

目前提供了大约 200 个情景案例，包括：

① 不同类型的道路，如交叉路口、调头车道、直通车道、丁字路口和弯道；

② 不同类型的障碍物，如行人、汽车、自行车等；

③ 不同的驾驶计划，例如车道跟随、调头、车道变换、左转、右转和车道合并；

④ 不同的红绿灯状态，如红色、黄色和绿色。

(2) 执行模式。

如图 6.5 所示为仿真执行模式。

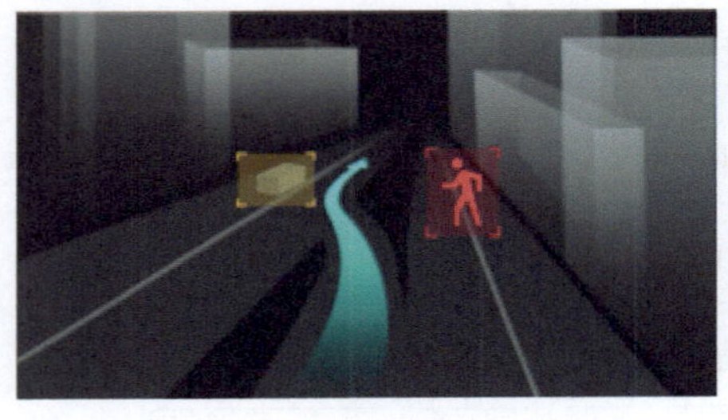

图 6.4 logsim 仿真场景

图 6.5 仿真执行模式

该模式支持同时高效运行多个场景，支持在 Apollo 环境中验证一个或多个模块。

(3) 自动评分系统。

当前版本启用的评分指标有：碰撞检测、红灯违规检测、超速检测、越野检测、到达测试、硬制动检测、加速测试、路由寻径测试、节点检测中的变道行为、人行横道上的行人避让、紧急制动、停车标志处停车。

(4) 三维可视化。

如图 6.6 所示为仿真可视化界面。

① 表现实时路况,例如当前车道、交通灯和车速限制。

② 输出模块的可视化,例如路径、障碍物和规划轨迹。

③ 显示自动驾驶车辆的状态,例如速度、航向和制动或节气门状态。

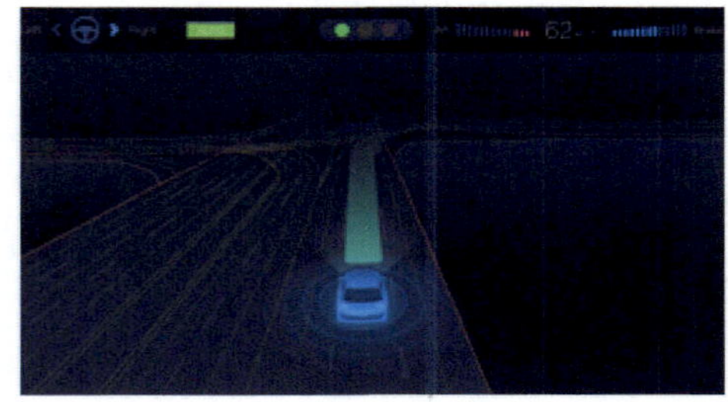

图 6.6 仿真可视化界面

2) 使用方法

(1) 开发符合 Apollo 模块接口的算法。

Apollo 仿真平台允许用户为某些模块插入自己的算法,例如动作规划。用户可以订阅仿真平台发布的消息作为自己的算法的输入。最好的方法是从开源 Apollo 派生出自己的 Git。

仿真平台将为多个模块提供输出,开发人员可以订阅一个或多个主题,并根据需求从 API 检索数据。表 6.2 和表 6.3 描述了每个模块的标准 API。

表 6.2 仿真平台模块标准 API(一)

模块	主 题	描 述	接口	仿真模块提供的输出
定位	/apollo/localiztion/pose	Output the position, heading etc. of the autonomous car	proto file	position, orientation, heading, linear_velocity, linear_acceleration, angular_velocity
感应	/apollo/perception/obstacles	Output the position, heading, velocity, shape etc. of the obstacles	proto file	id, position, heading, velocity, length, width, height, type, polygon points
CAN 总线	/apollo/perception/traffic_light	Output the traffic light status	proto file	color, id, tracking_time
	/apollo/canbus/chassis	Output the speed, driving mode etc. of the autonomous car	proto file	speed_mps
路由	/apollo/routing_response	Output the navigation results	proto file	the entire routing response as defined by proto file

用户自主开发模块的输出应满足表 6.3 所示的标准 API。值得注意的是,规划模块始终有输出,而预测模块输出是可自主选择的。

表 6.3 仿真平台模块标准 API(二)

模块	主 题	描 述	接口	用户模块提供的输出
规划	/apollo/planning	Output a trajectory to be followed by the autonomous car in the next tew seconds	proto file	timestamp_sec in Header v. a. relative_time in TrajectoryPoint x, y, z, theta, kappa in PathPoint MainDecision in DecisionResult ObjectDecisions in DecisionResult
预测	/apollo/prediction	Output the predicted trajectories of various obstacles	proto file	trajectory in PredictionObstacle

(2) 管理所需要的场景组成。

在“场景管理”(Scenario Management)页面中,用户可以根据测试需求对测试场景进行分组。只需输入新的组别名称,然后选择要包含在该组中的测试方案,也可以删除不再需要的组,如图 6.7 所示。

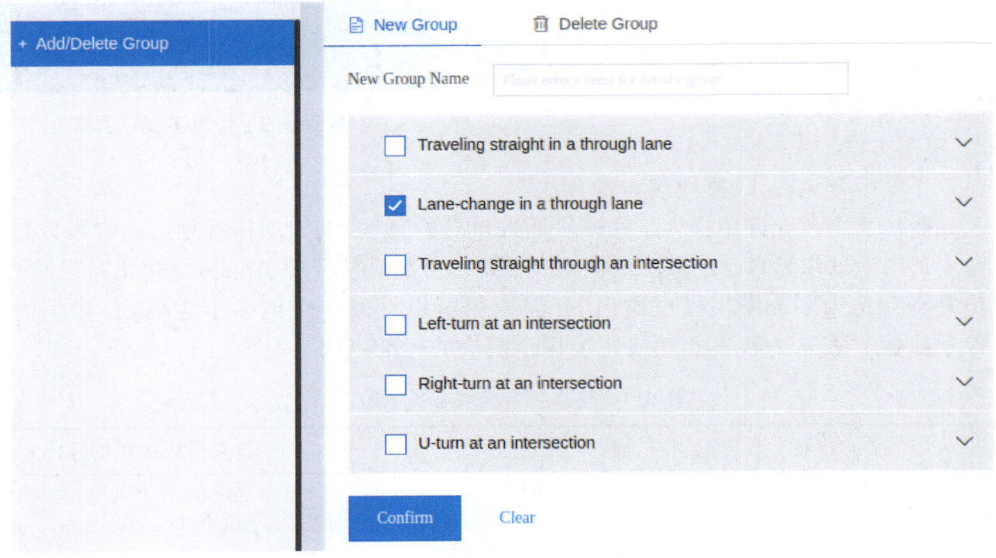

图 6.7 仿真平台场景管理

(3) 场景运行仿真。

用户可以通过以下步骤上传自己的算法以批量测试方案,如图 6.8 所示。

① 选择模拟主页左侧边栏上的“任务管理”(Task Management)选项卡。

② 单击“新建任务”(New Task)以开始创建新的批处理执行任务。

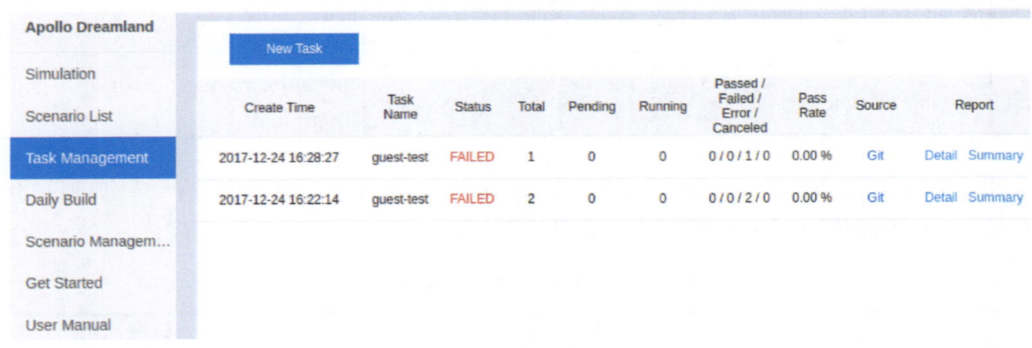

图 6.8 仿真平台运行记录

③ 创建任务名称,然后单击“选择场景”(Select Scenarios)以选择要包含在此任务中的测试场景,如图 6.9 所示。

④ 在 ADS 选择界面中,用户可以根据需要选择适当的方案。目前,用户可以逐个选择场景,也可以根据场景分类选择一组场景。同时,它允许用户选择在“场景管理”页面中创建的用户定义组,如图 6.10 所示。

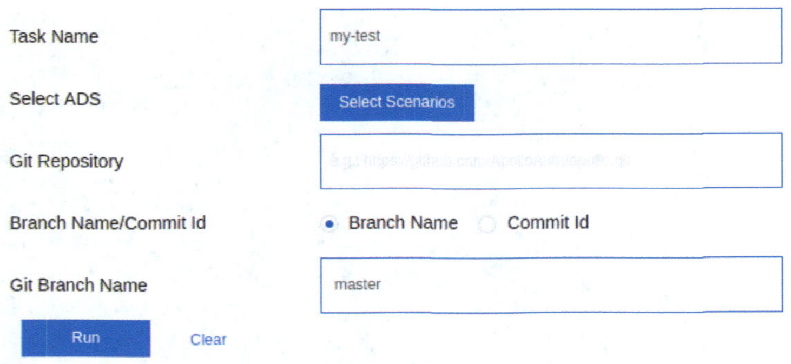

Task Name	my-test
Select ADS	Select Scenarios
Git Repository	
Branch Name/Commit Id	● Branch Name ○ Commit Id
Git Branch Name	master

Run Clear

■图 6.9 仿真平台任务创建

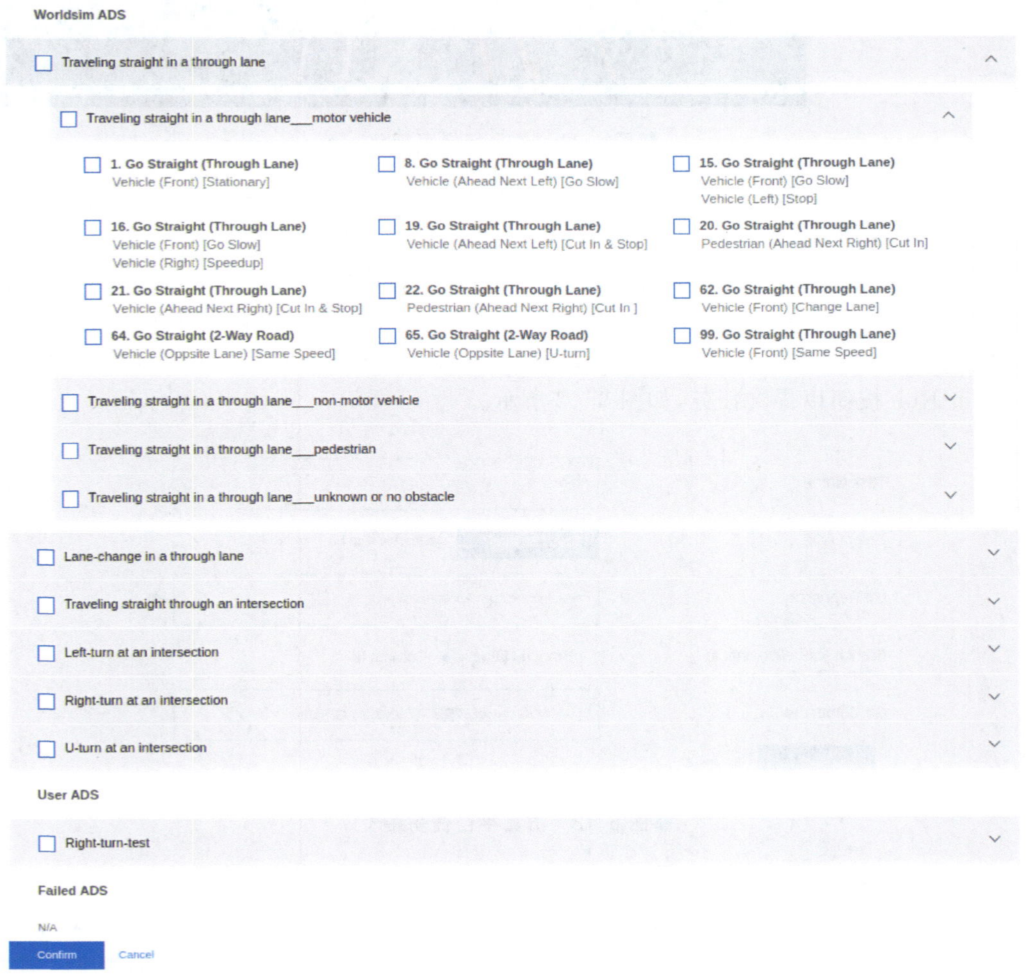

Worldsim ADS

☐ Traveling straight in a through lane

☐ Traveling straight in a through lane___motor vehicle

☐ 1. Go Straight (Through Lane) Vehicle (Front) [Stationary]	☐ 8. Go Straight (Through Lane) Vehicle (Ahead Next Left) [Go Slow]	☐ 15. Go Straight (Through Lane) Vehicle (Front) [Go Slow] Vehicle (Left) [Stop]
☐ 16. Go Straight (Through Lane) Vehicle (Front) [Go Slow] Vehicle (Right) [Speedup]	☐ 19. Go Straight (Through Lane) Vehicle (Ahead Next Left) [Cut In & Stop]	☐ 20. Go Straight (Through Lane) Pedestrian (Ahead Next Right) [Cut In]
☐ 21. Go Straight (Through Lane) Vehicle (Ahead Next Right) [Cut In & Stop]	☐ 22. Go Straight (Through Lane) Pedestrian (Ahead Next Right) [Cut In]	☐ 62. Go Straight (Through Lane) Vehicle (Front) [Change Lane]
☐ 64. Go Straight (2-Way Road) Vehicle (Oppsite Lane) [Same Speed]	☐ 65. Go Straight (2-Way Road) Vehicle (Oppsite Lane) [U-turn]	☐ 99. Go Straight (Through Lane) Vehicle (Front) [Same Speed]

☐ Traveling straight in a through lane___non-motor vehicle

☐ Traveling straight in a through lane___pedestrian

☐ Traveling straight in a through lane___unknown or no obstacle

☐ Lane-change in a through lane

☐ Traveling straight through an intersection

☐ Left-turn at an intersection

☐ Right-turn at an intersection

☐ U-turn at an intersection

User ADS

☐ Right-turn-test

Failed ADS

N/A

Confirm Cancel

■图 6.10 仿真平台场景选择

如果需要查看场景具体画面，回到主页面在菜单选项中单击 Sample Scenarios 即可通过可视化界面看到特定场景内容，如图 6.11 所示。

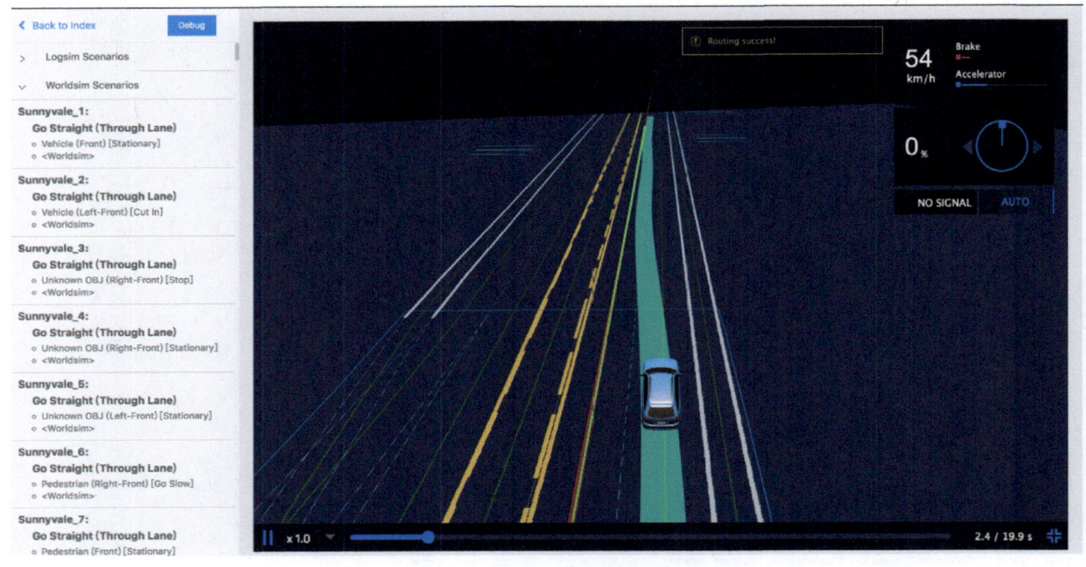

图 6.11 仿真场景可视化

确认所选仿真场景后，回到任务创建界面单击 Confirm 按钮以提交选择，新任务页面将反映所选方案的数量。

⑤ 仿真平台允许用户使用可公开访问的 Git 运行自己的算法。填写所需 Git 存储库的 https 链接，例如 https://github.com/ApolloAuto/apollo.git，并选择分支名称以指定要编译和测试的代码的版本。目前只保证与从 Apollo 2.0.0 起分叉的 Git 代码的兼容性。

单击 Run 按钮以提交任务，如图 6.12 所示。

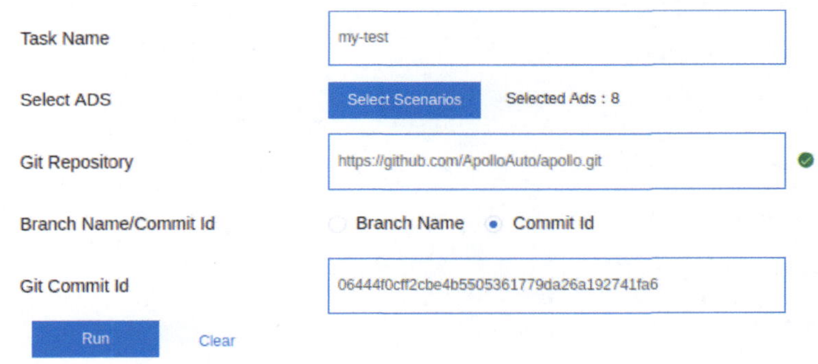

图 6.12 仿真平台任务提交

⑥ 仿真结果分析。

在“任务管理”(Task Management)页面中，用户能够获得创建的任务列表。对于每个任务，用户可以单击“详细信息”(Detail)以检查每个方案的详细结果，然后单击“摘要”(Summary)以查看任务的统计报告，如图 6.13 所示。

对于每种场景，每个度量标准的评分结果将显示在“详细信息”(Detail)页面中，如图 6.14 所示。

Create Time	Task Name	Status	Total	Pending	Running	Passed / Failed / Error / Canceled	Pass Rate	Source	Report	Action
2017-12-14 14:21:02	intersection-test	PASSED	17	0	0	17 / 0 / 0 / 0	100.00 %	Git	Detail Summary	-
2017-12-14 14:09:08	through-lane-test	FAILED	29	0	0	20 / 9 / 0 / 0	68.97 %	Git	Detail Summary	-
2017-12-14 13:36:24	my-test	FAILED	8	0	0	0 / 8 / 0 / 0	0.00 %	Git	Detail Summary	-

图 6.13　仿真平台仿真日志列表

Scenario Name	Run Status	Collision Detection	Speeding Detection	Off-Road Detection	Red-Light Violation Detection	Arrival Test	Hard Braking Detection	Acceleration Test	Action
9. Turn Left (Intersection w/ Lights) - Pedestrian (Left Cross) [Cross]	Passed	Passed	Passed	Passed	Passed	Passed	Passed	Passed	Debug Play
29. Turn Left (Intersection w/o Lights) - No OBJ	Passed	Passed	Passed	Passed	Passed	Passed	Passed	Passed	Debug Play
47. Turn Left (Intersection w/o Lights) - Vehicle (Right Cross) [Go Straight Fast]	Passed	Passed	Passed	Passed	Passed	Passed	Passed	Passed	Debug Play
48. Turn Left (Intersection w/o Lights) - Vehicle (Opposite Lane) [Turn Right Earl y]	Passed	Passed	Passed	Passed	Passed	Passed	Passed	Passed	Debug Play
49. Turn Left (Intersection w/o Lights) - Pedestrian (Ahead Right) [Cross Early]	Passed	Passed	Passed	Passed	Passed	Passed	Passed	Passed	Debug Play
68. Turn Left (Intersection w/ Lights) - Vehicle [Same Direction] U-turn - Vehicle (Right Cross) [Go Straight]	Passed	Passed	Passed	Passed	Passed	Passed	Passed	Passed	Debug Play
71. Turn Left (Intersection w/ Lights) - Vehicle (Right Cross) [Go Straight] - Pedestrian (Left Cross) [Cross]	Passed	Passed	Passed	Passed	Passed	Passed	Passed	Passed	Debug Play
72. Turn Left (Intersection w/ Lights) - Pedestrian (Left Cross) [Cross] - Vehicle (Opposite Lane) [Turn Right]	Failed	Passed	Passed	Failed	Passed	Passed	Passed	Passed	Debug Play
73. Turn Left (Intersection w/ Lights) - Pedestrian (Ahead Right) [Cross] - Vehicle (Right Cross) [Go Straight]	Passed	Passed	Passed	Passed	Passed	Passed	Passed	Passed	Debug Play
80. Turn Left (Intersection w/ Lights) - Vehicle (Opposite Lane) [Go Straigh]	Passed	Passed	Passed	Passed	Passed	Passed	Passed	Passed	Debug Play
81. Turn Left (Intersection w/ Lights) - Pedestrian (Ahead Right) [Cross]	Passed	Passed	Passed	Passed	Passed	Passed	Passed	Passed	Debug Play
82. Turn Left (Intersection w/ Lights) - Vehicle (Same Direction) [U-turn]	Failed	Passed	Passed	Failed	Passed	Passed	Passed	Passed	Debug Play
83. Turn Left (Intersection w/o Lights) - Pedestrian (Left Cross) [Cross]	Passed	Passed	Passed	Passed	Passed	Passed	Passed	Passed	Debug Play
91. Turn Left (Intersection w/o Lights) - Vehicle (Opposite Lane) [Go Straigh]	Passed	Passed	Passed	Passed	Passed	Passed	Passed	Passed	Debug Play

1

图 6.14　仿真结果详细信息

单击"播放"(Play)以查看其三维可视化效果，如图 6.15 所示。单击"调试"(Debug)以使用此特定场景和更新的 Git 提交新任务。

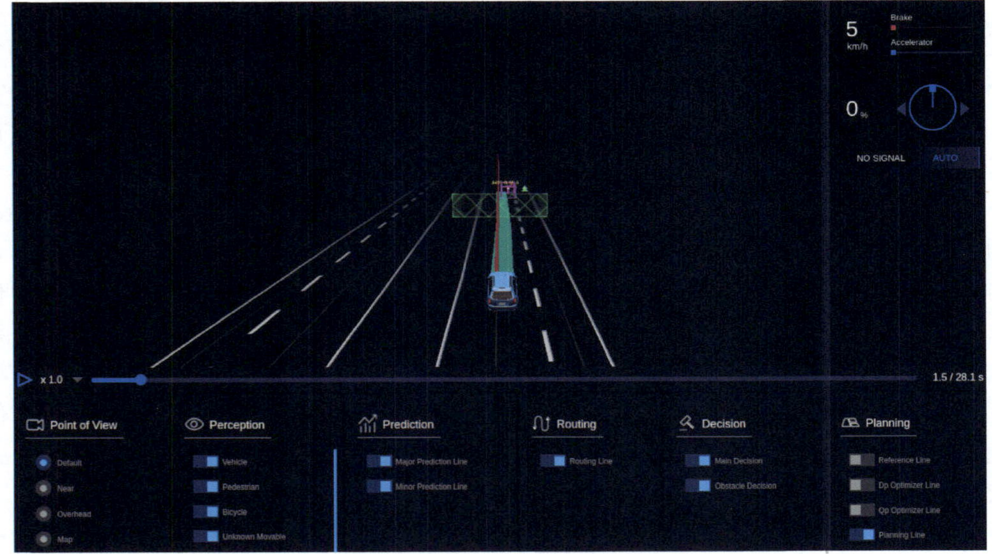

图 6.15　仿真效果可视化

可以在“摘要”(Summary)页面中查看统计报告，如图 6.16 所示。

BatchRun Result 2018-01-18

Task Result Failed Routing Mileage： 127.78 m Total Scenarios:18 Total Metrics： 8

BatchRun Details (2018-01-18)

Worldsim Passing Rate： 88.89% Actual Mileage： 2.78 km/d

Type	Name		Pass Rate	Total Failures
User Experience	Hard Braking Detection	Worldsim	100.00%	0
	Arrival Test	Worldsim	100.00%	0
	Acceleration Test	Worldsim	100.00%	0
Traffic Safety	Red-Light Violation Detection	Worldsim	100.00%	0
	Collision Detection	Worldsim	100.00%	0
	Speeding Detection	Worldsim	100.00%	0
	Off-Road Detection	Worldsim	88.89%	2

图 6.16 仿真结果详细报告

6.2 自动驾驶汽车数据平台

6.2.1 概述

研发自动驾驶汽车，尤其是高等级的自动驾驶汽车，需要用非常复杂的算法策略解决非常复杂的场景，海量场景数据的积累是必不可少的步骤。根据兰德公司报告，量产自动驾驶汽车需积累 100 亿公里自动驾驶里程经验，如果采用传统方法，例如直接在车端研发、车端调试，其测试效率是远远不够的。目前主流的解决办法是通过“云＋端”的研发迭代新模式提高研发效率。

自动驾驶数据可以分为 4 大类：①自动驾驶车辆产生的原始数据，主要是传感器数据、车辆自身数据、驾驶行为数据等。这些数据的特点是数据量极大、类型多样、以非结构化半结构化数据为主；无论对存储、传输、处理都构成比较大的挑战。②为了在深度学习中使用数据，还需要大量标注数据。主要有红绿灯数据集、障碍物数据集(二维、三维)、语义分割数据集、自由空间数据集、行为预测数据集等。③为了刻画自动驾驶行为，需要将数据抽象成逻辑数据；主要是完美感知数据、环境抽象数据、车辆动力学模型等。④最后，为仿真系统构建仿真数据，主要是参数模糊化数据、三维重建数据、互动行为数据等，如图 6.17 所示。

数据平台具有以下几个特点，包括规模化的实时处理能力、机器学习及深度学习和分布式运算能力等。

数据平台概述
●通过工程化能力，推动构建数据闭环，加快数据流转效率，通过数据驱动业务快速迭代
●通过平台化能力，探索建设数据生态，加快数据积累和合作，通过生态数据反哺业务
数据生态
数据共享
数据众包
数据合作
数据闭环
获取
• 数据落盘
• 数据同步
• 实时传输
• 落盘规范
• 高吞吐
• 稳定性
传输
• 数据传输
• 拔插盘传
• 实时通路
• 自动上传
• 自动重试
• 跨网传输
存储
• 落盘数据
• 地图数据
• 仿真数据
• 标注数据
• 点云数据
• 基站数据
处理
• 预处理
• 数据解算
• 质量分析
• Tag挖掘
• 数据统计
• 实时处理
服务
• 数据统计
• 数据检索
• 数据下载
• 数据管理
• 数据调试
• 数据展示
感知
PNC
仿真
地图定位
…
数据工程
基础架构
消息队列
RPC
自动化工具
JPaaS
数据模型
存储架构
AFS
BOS
Table
Mongo
ES
计算架构
资源编排及调度
容器技术
平台化
工程化
生态反哺
图6.17 数据平台概述

1）规模化的实时处理能力

自动驾驶汽车将综合考虑雷达（10～100KB/s）、声呐（10～100KB/s）、GPS（50KB/s）、摄像头（20～40MB/s）及激光雷达所传输的多种数据输出，从而对车辆的位置及车辆周边环境进行全面了解。经计算得出，自动驾驶汽车每小时所产生及处理的车载数据量将高达4TB。为此，数据平台需要支持实时数据处理及决策能力（例如应对制动或加速操作时）。

2）机器学习及深度学习

业内人士愈发强调采用机器学习及深度学习技术，从而作出更好的决策。这意味着需要 Caffe2 或 TensorFlow 等新兴软件框架来提供支持，未来还将会有更多新的软件框架应运而生。为支持上述应用，数据平台需支持各类处理引擎及数据类型，还需要为复杂应用开发过程提供辅助，且确保软件冲突应尽可能小。

3）分布式运算能力

在许多情况下，车辆与数据中心/云端之间务必要实现双向数据传送，从而使机器学习建模可基于数据中心中所存储的试验（数据）来实现重新打分及改进。该数据平台将为互联汽车应用提供支持，该平台不关注基础，但务必要为持续、协调性数据流提供支持，实现数据中心与/或云端及车辆间的无缝式数据传输。目前主要的挑战在于管控传感器产生的数据，因为这类数据体量大、传输速度极快，数据平台需要采用机器学习等新兴运算框架为该类数据的实时处理提供辅助，从而实现互联汽车与数据中心的无缝连接。

6.2.2 自动驾驶数据集

自动驾驶已逐步从实验室进入到规模化上路、量产阶段，在自动驾驶开发测试中，海量、高质的真实数据是必不可缺的“原料”。但是，少有团队有能力开发并维持一个适用的自动驾驶平台，定期校准并收集新数据，因此行业急需一个数据量充沛、涵盖场景丰富的自动驾驶专用数据平台。目前，多家高校及企业发布了自动驾驶数据集，并面向社会开放，所有从事自动驾驶汽车开发的个人或机构都可以使用。

数据集一般需要满足以下四个方面的要求：大规模、多样性、在道路上获取并包含时间信息。其中数据的多样性对于验证感知算法的鲁棒性十分关键。然而目前的公开数据集并没有完全覆盖上述特性。数据集一般分为两类：一类是通用数据集，这是由纯计算机视觉领域提出的数据集，这类数据集仅仅有“车”的元素；另一类是自动驾驶数据集，不光包括计算机视觉信息，还有 IMU、GPS 等信息。

下面介绍目前影响力比较大的数据集。

1. KITTI

KITTI 数据集由德国卡尔斯鲁厄理工学院和丰田美国技术研究院联合创办，主要用于算法评测，如图 6.18 所示。KITTI 数据采集平台包括两个灰度摄像机、两个彩色摄像机、一个 Velodyne 三维激光雷达、4 个光学镜头，以及一个 GPS 导航系统。一共细分为 Road、City、Residential、Campus 和 Person 5 类数据；包含市区、乡村高速公路的数据，每张图像最多有 15 辆车及 30 个行人，而且还包含不同程度的遮挡。整个数据集由 389 对立体图像和光流图、39.2km 视觉测距序列以及超过 200 000 个三维标注物体的图像组成。

KITTI 数据集中，目标检测包括了车辆检测、行人检测、自行车 3 个单项，目标追踪包括车辆追踪、行人追踪两个单项，道路分割包括 urban unmarked、urban marked、urban multiple marked 3 个场景及这 3 个场景的平均值 urban road 等 4 个单项；数据集大小超过 200GB。KITTI 数据集是自动驾驶学术圈使用最广泛的数据集之一。

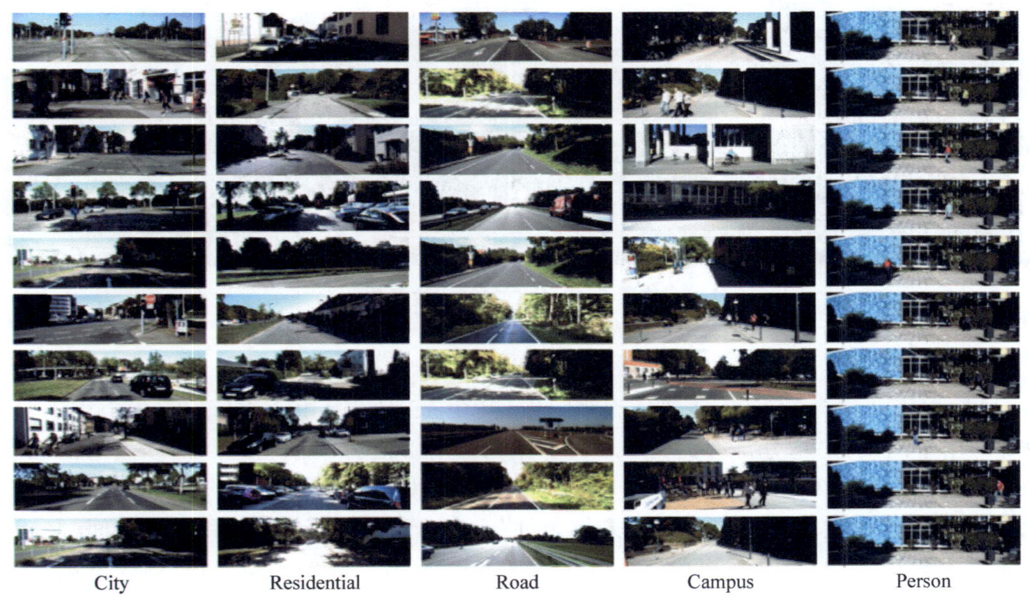

图 6.18 KITTI 数据集

2. Cityscapes

Cityscapes 数据集主要由奔驰主推，提供自动驾驶环境下的图像分割数据集，用于评估视觉算法在城区场景语义理解方面的性能。Cityscapes 包含 50 个城市的不同场景、不同背景、不同季节的街景，提供 5000 张精细标注的图像、20 000 张粗略标注的图像、30 类标注物体。用 PASCAL VOC 标准的 intersection-over-union(IoU)得分来对算法性能进行评价。Cityscapes 数据集共有 fine 和 coarse 两套评测标准，前者提供 5000 张精细标注的图像，后者提供 5000 张精细标注的图像加 20 000 张粗糙标注的图像。

3. BDD100K

BDD100K 是 UC Berkeley 大学 AI 实验室(BAIR)发布的高质量标注公开驾驶数据集，如图 6.19 所示，其中包含了十万段超过 1100 小时的高清驾驶视频数据、十万张标记二维边框的道路目标检测数据、一万幅实例分割数据、十万张可行驶区域数据以及十万张车道线标记数据。数据库翔实丰富，覆盖了不同的时间、光照、天气和地理位置，甚至包含了 GPS 和 IMU 以及对应的时间戳信息。

数据集中还提供了关键帧的详细标注。数据集以每段视频的第十秒帧作为关键帧，并在不同层次上对其进行了标注，包括：图像标签、道路对象边界框、可行驶区域、车道线以及完整的实例分割标注。这些标注将会帮助我们更好地理解数据的多样性以及在不同场景下的目标统计信息。

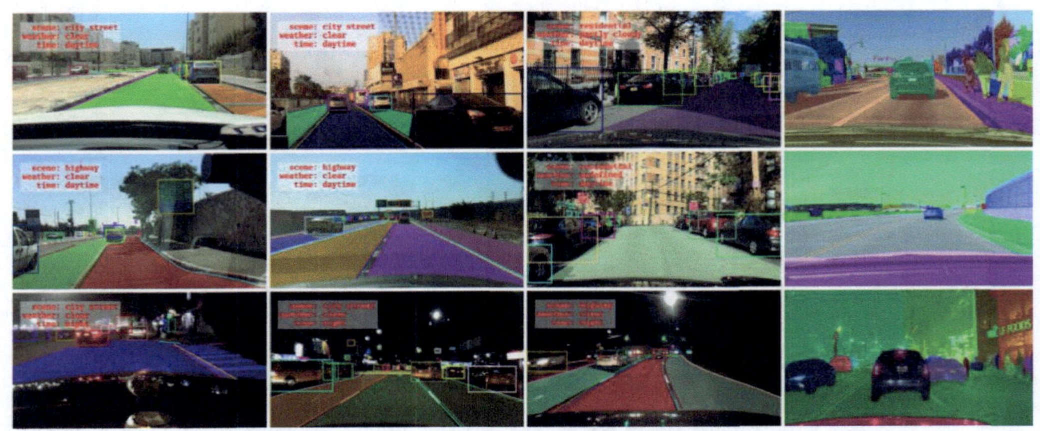

图 6.19 BDD100K 数据集

4. Mapillary

该数据集共包含 25 000 个高分辨率图像(其中 18 000 个用于训练,2000 个用于验证,5000 个用于测试,平均分辨率约为 900 万像素),具有 200 万个手动绘制的多边形的像素注释;包含 100 个对象类别,其中 60 个为特定实例(即枚举对象);涵盖北美和南美、欧洲、非洲、亚洲和大洋洲的全球地理区域;天气条件(太阳、雨、雪、雾、阴霾)和捕获时间(黎明、白天、黄昏甚至夜晚)具有高度变异性;相机传感器范围广泛,涵盖焦距变化、图像宽高比以及不同类型的相机噪音;涵盖不同的拍摄观点(道路、人行道和越野)。

5. ApolloScape

ApolloScape 是百度 Apollo 自动驾驶开放平台的专题项目之一,是目前行业内环境最复杂、标注最精准、数据量最大的三维自动驾驶数据集。如图 6.20 所示,ApolloScape 开放了比 Cityscapes、KITTI 等同类数据集大 10 倍以上的数据量,包括感知、仿真场景、路网数据等数十万帧逐像素语义分割标注的高分辨率图像数据,以及与其对应的逐像素语义标注、稠密点云、立体图像、立体全景图像。

图 6.20 ApolloScape 数据集

ApolloScape 数据集涵盖了最复杂的道路状况,提供最有挑战性的数据支持,数据集包括了全新提供的逐帧标注的视频序列和三维背景,以及中国最复杂的街景,单张图片内可以包含上百个车和行人。同时，ApolloScape 数据集采用了逐像素语义分割标注的方式，包含数十万帧逐像素语义分割标注的高分辨率图像数据。为便于研究人员更好地利用数据集的价值，ApolloScape 数据集中定义了共 26 个不同语义项的数据实例（例如汽车、自行车、行人、建筑、路灯等），并将进一步涵盖更复杂的环境、天气和交通状况等。

6.2.3　典型数据服务平台——Apollo 数据开放平台

1. 概述

数据平台是支撑智能汽车的"云＋端"研发迭代新模式的核心平台，Apollo 数据开放平台架构如图 6.21 所示。由数据采集与传输、自动驾驶数据仓库，自动驾驶计算平台 3 个部分构成。首先是数据采集与传输部分，使用 Data-Recorder 按 Apollo 数据规范产生完整的、精确记录的数据包，可以完成问题复现，也同时完成数据积累。通过传输接口，可以将数据高效地传输到运营点和云集群中。接着是自动驾驶数据仓库部分，将全部海量数据成体系地组织在一起，快速搜索，灵活使用，为数据流水线和各业务应用提供数据支撑。自动驾驶计算平台部分基于云资源异构计算硬件提供超强算力，通过细粒度容器调度提供多种计算模型，来支撑起各业务应用，如训练平台、仿真平台、车辆标定平台等。

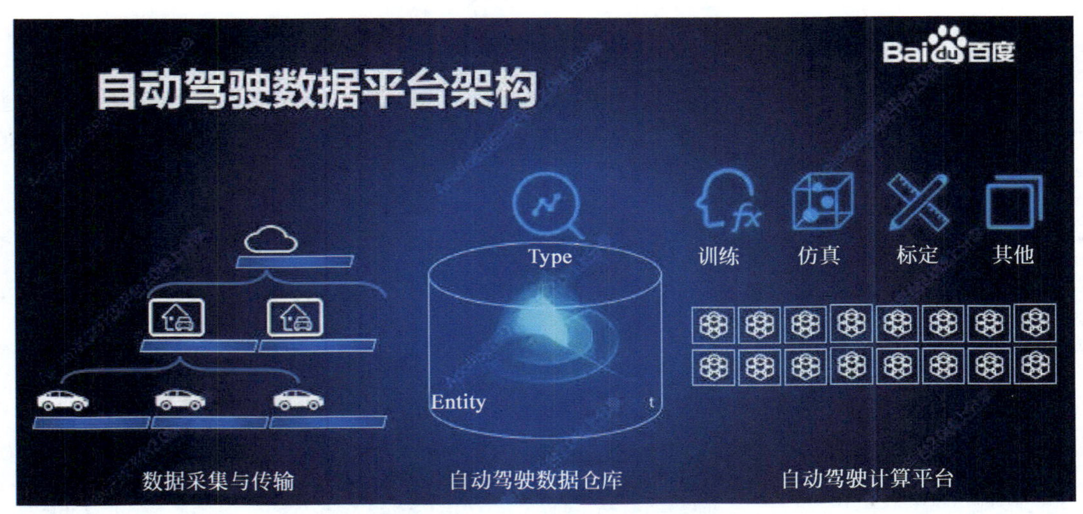

图 6.21　Apollo 数据开放平台架构

2. Apollo 数据开放平台构成

1）Apollo 开放资源数据集

Apollo 开放资源数据集分为以下 3 大部分。仿真数据集，包括自动驾驶虚拟场景和实际道路真实场景；演示数据集，包括车载系统演示数据、标定演示数据、端到端演示数据、自定位模块演示数据；标注数据集，包括 6 部分数据集：激光点云障碍物检测分类、红绿灯检测、Road Hackers、基于图像的障碍物检测分类、障碍物轨迹预测、场景解析。Apollo 开放资源数据集如图 6.22 所示。

除开放数据外，还配套开放云端服务，包括数据标注平台、训练学习平台、仿真平台和标定平台，为 Apollo 开发者提供一整套数据计算能力的解决方案，加速迭代创新。

图 6.22 Apollo 开放资源数据集

2）Apollo 训练平台

Apollo 训练平台为每一个数据集提供类配套的计算能力。训练平台的特色是：通过“Docker+GPU”集群，提供与车端一致的硬件计算能力。集成多种框架，提供完整的深度学习解决方案。通过交互式可视化结果分析，方便算法调试优化，如图 6.23 所示。

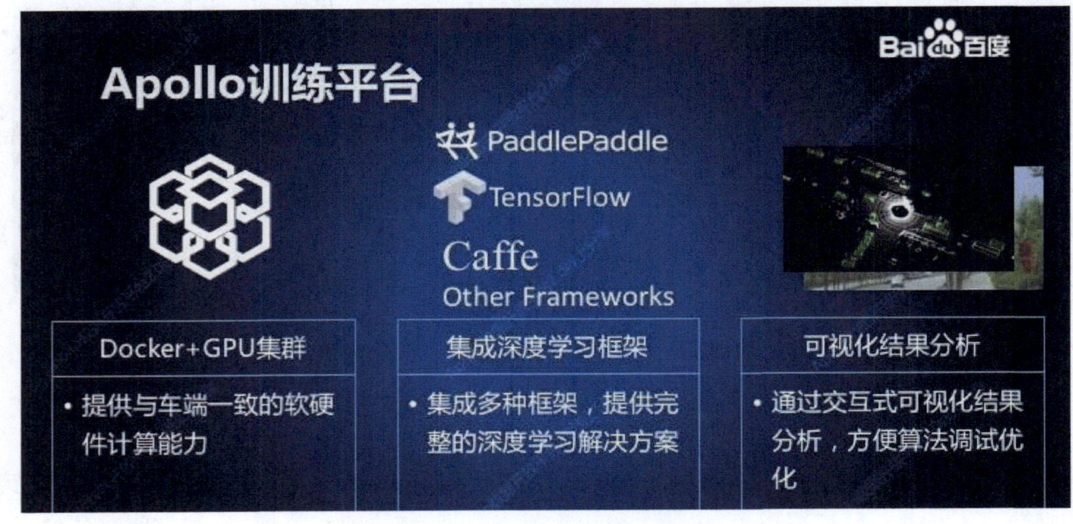

图 6.23 Apollo 训练平台

3）云端开放平台架构逻辑介绍

在自动驾驶的算法开发中，最大的难点之一就是需要对海量数据集反复尝试。通过将深度学习算法的研发流程（开发、训练、验证、调试）在云端实现，可以在充分利用云端大量计算资源的同时，将数据的流动仅在云端的服务器内完成，从而大幅提高算法研发效率。具体来说，首先开发者在本地开发机中基于 Docker 开发算法，部署依赖环境。接着将开发好的环境推到云端的私有 Docker Repository 中。接下来在平台上挑选数据集，发起训练任务。Apollo 训练平台的云计算调度就会将任务调度到计算集群上执行。这个过程中，在云集群的内部，开发者的程序使用数据获取接口，获得自动驾驶数据仓库中的数据集。最终由业务管理框架将执行过程、评估的结果和 Model 返回给可视化平台，完成可视化的调试。

图 6.24 所示为云端开放平台架构逻辑。

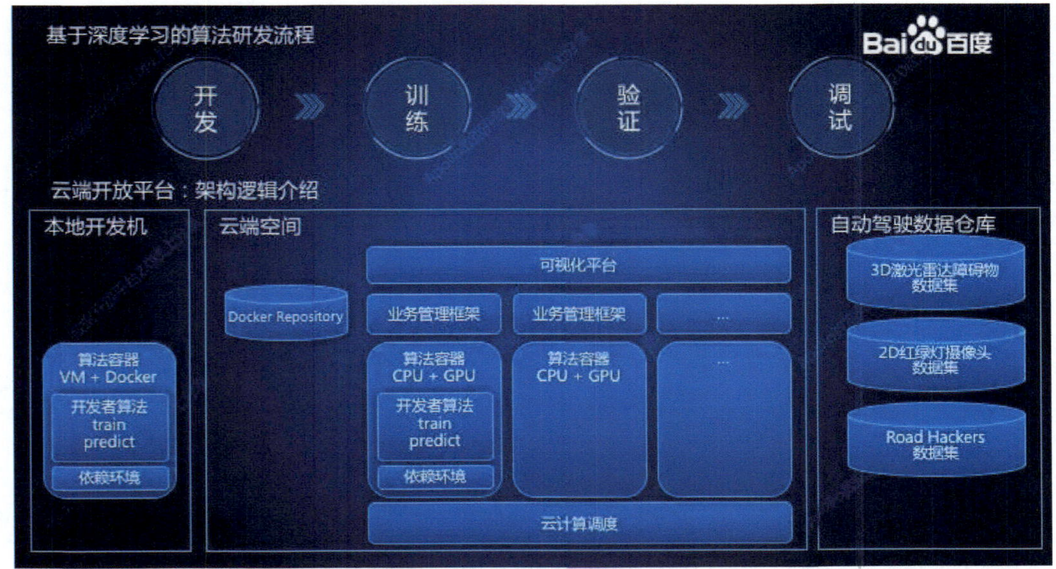

图 6.24 云端开放平台架构逻辑

3. Apollo 数据平台使用介绍

1）仿真场景数据

仿真场景数据包括人工编辑以及真实采集的场景，覆盖多种路型、障碍物类型以及道路环境，同时开放云端仿真平台，支持算法模块在多场景中并发在线验证，加速算法迭代速度。

图 6.25 所示为人工编辑场景集，图 6.26 所示为真实采集场景集。

2）标注数据

标注数据是为满足深度学习训练需求，经人工标注而生成的数据，目前 Apollo 开放了多种标注数据，同时在云端配套提供相应的计算能力，供开发者在云端训练算法，提升算法迭代效率。

（1）激光点云障碍物检测分类。

激光点云障碍物检测分类数据集提供 20 000 帧三维点云标注数据，包括 10 000 帧训练数据和 10 000 帧测试数据。其中训练数据可用于算法模型的训练，含障碍物约 236 000 个；测试数据可用于算法的测试，含障碍物约 239 000 个。此外，数据集还提供 100 帧可下载数据，可用于算法的调试、测试及可视化。

数据集全部为真实路面场景，数据采集场景丰富，每帧点云数据中通过专业标注人员标

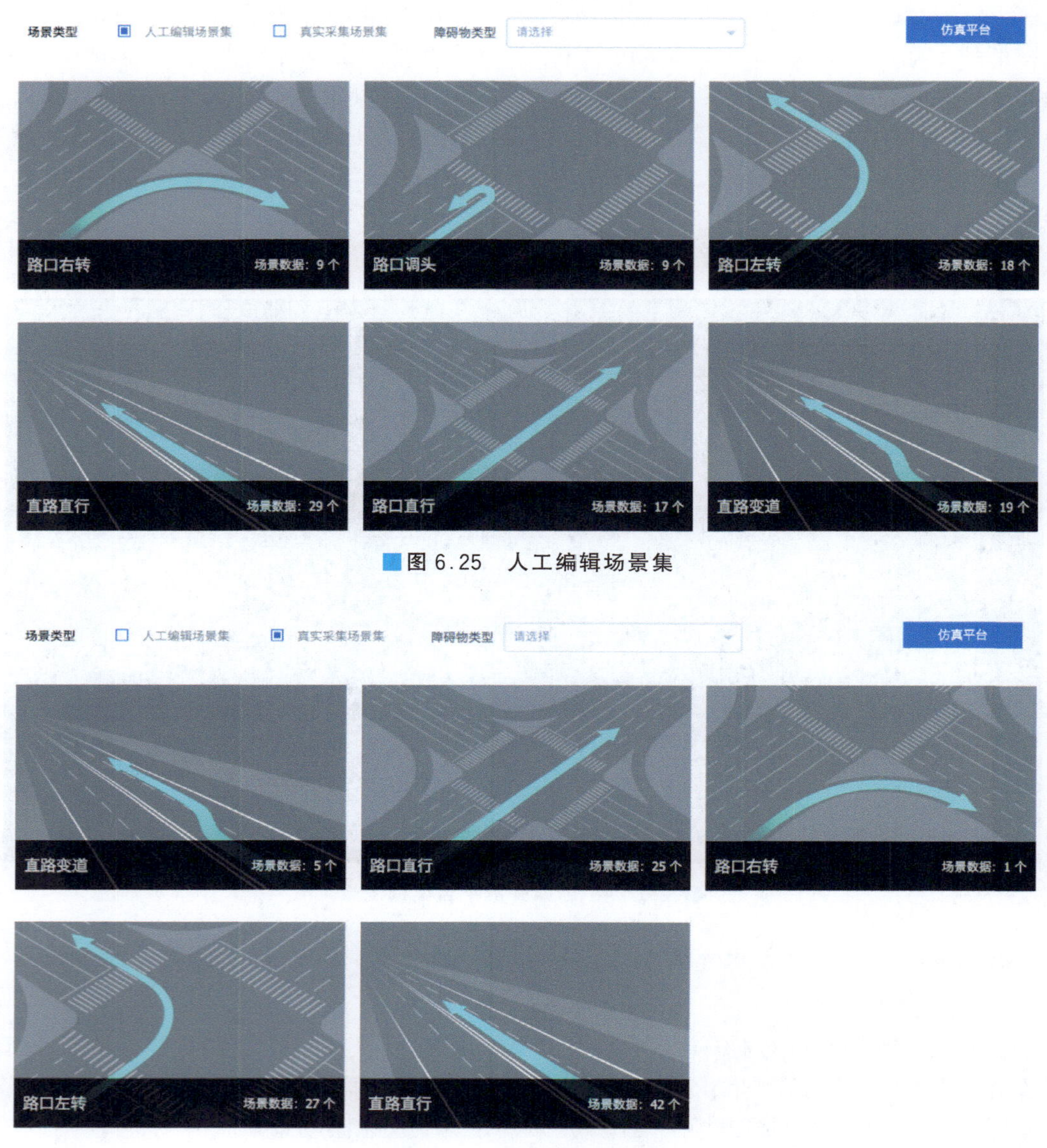

图 6.25　人工编辑场景集

图 6.26　真实采集场景集

注出 4 类障碍物：行人(pedestrian)、机动车(vehicle)、非机动车(cyclist)以及其他(dontCare)。标注覆盖了场景 360°内 0～60m 的所有障碍物，标注障碍物总量约为 475 000 个。标注结果如图 6.27 所示，图中绿色框表示机动车，蓝色框表示非机动车，红色框表示行人，黄色框表示其他障碍物。

(2) 红绿灯检测。

此数据集提供 20 000 帧图像数据，分为 10 000 帧训练集和 10 000 帧测试集，测试集中抽取 200 帧作为样例图像。采集时段集中在 8:00～17:00，采集区域集中在北京市部分道路，采集天气覆盖晴天、阴天和雾天。图像为 1080P 彩色图像。红绿灯为竖式(包含 3 个圆饼或箭头)，标注的灯头宽度大于 10 个像素，按照颜色分为绿灯与非绿灯两类，其中非绿灯

图 6.27 激光点云障碍物检测及标注

包括了红灯、黄灯与黑灯(不确定颜色、很暗或不发光)。20 000 帧图像共包含 27 787 个绿灯和 43 852 个非绿灯(包括 36 880 个红灯、1785 个黄灯和 5187 个黑灯)。

对于红绿灯识别任务来说,数据的广度非常重要。百度无人车团队采集、标注了大量红绿灯数据,并仍在不断扩充中。数据具有如下特点。

① 标注信息丰富。标注包括:红绿灯的位置,亮灯颜色(红、黄、绿、黑),亮灯形状(圆饼、箭头等),灯组类别(横式、竖式、方形等)等信息。

② 覆盖场景广。数据覆盖多种天气状况(晴天、阴天、雾天、雨天等)和光照条件(白天、傍晚和夜晚)。

(3) 基于图像的障碍物检测分类。

此数据集提供 20 000 帧图像数据,分为 10 000 帧训练集和 10 000 帧测试集。训练集、测试集中各抽取 100 帧作为样例图像。采集区域为北京市部分区域。图像为 1080P 彩色图像。标注内容主要包括汽车、三轮车、两轮车、行人及道路上的静态障碍物。20 000 帧图像共包含 176 779 辆汽车、17 317 辆三轮和两轮车、35 738 个行人、4633 个锥桶。

(4) 障碍物轨迹预测任务。

障碍物轨迹预测数据集提供了 20 000 个障碍物运动数据,其中包括 10 000 个训练数据和 10 000 个测试数据,每个数据表示一个障碍物的当前运动特征和真实的行为意图。其中训练数据可用于算法模型的训练;测试数据可用于算法的测试。此外,数据集还提供 100 个可供下载的数据,用于算法的调试、数据分析及数据可视化。

数据集采样全部来自真实路面场景,数据采集场景丰富,每个数据均为路面上真实的机动车障碍物。其中,包含了该机动车多帧的历史数据信息,并经过感知层一系列处理后,形成相应的障碍物特征和路面特征。数据的标注信息是根据在后续 1s 观测中障碍物是否在预设车道内进行的自动标注,其结果是形成一个二分类问题:>0 为正例,即 1s 后该障碍物在预设车道内;≤0 为负例,即 1s 后该障碍物不在预设车道内。其中,若标注为 1,则为沿当前车道正样本;若标注为 0,则为沿当前车道负样本;若标注为 2,则为变道正样本;若标注为 −1,则为变道负样本。

(5) Road Hackers。

该数据集是通过百度自己的地图采集车采集而来。目前，该数据集覆盖了中国整个公路网，总长达百万千米。数据集提供车前图像和车辆运动状态两种类型数据。地图采集车辆捕获 360°视图图像，但是由于文件大小限制，只提供 320×320 分辨率的车前图像。车辆运动状态数据包括当前速度和轨迹曲率。

(6) 场景解析数据集。

场景解析数据集是为推动自动驾驶技术的研发提供的一个大规模的开放数据集。数据集不仅包括了上万帧的高分辨率 RGB 视频和与其对应的逐像素语义标注，如图 6.28 所示，还提供了具有语义分割测量级别的稠密点云、紧急情况的立体视频以及立体全景图像，如图 6.29 所示。百度将持续采集更多不同环境、天气和交通条件下的数据，致力于为全世界的研究者提供更为实用的数据资源。

图 6.28 逐像素语义标注图

图 6.29 深度图

3) 演示数据

目前 Apollo 开放了多种演示数据，覆盖了车载系统演示数据、自定位、端到端数据等模块数据，旨在帮助开发者调试各模块代码，确保 Apollo 最新开放的代码模块能够在开发者本地环境运行成功，通过演示数据体验各模块的能力。

(1) 车载系统演示数据。

数据提供真实场景下采集的传感器数据，涵盖完整的激光雷达点云数据(LiDAR)、相机图像数据(Camera)和雷达数据(Radar)，可用于了解本期 Apollo 主要算法模块，包括感知、决策控制等。

激光雷达点云数据是感知模块障碍物检测识别算法最主要的数据源之一。它是一组三维空间中的点集，包括三维坐标、激光的反射强度、时间戳等信息，用来描述激光雷达附近的真实立体场景。感知模块通过读取点云数据，检测识别行驶道路上的障碍物，包括车辆、行人、自行车等物体，进而使系统具备识别、躲避障碍等功能。

（2）标定演示数据。

从 Apollo 1.5 开始为 Velodyne 64 线激光雷达 HDL-64ES3 与 NovAtel 之间的外参标定提供线上服务。数据是标定服务的测试数据，结合标定指南帮助用户了解标定服务的使用方式。

数据使用车端标定数据采集工具录制得到。该工具可在 GitHub 的 Apollo 代码库中得到。数据中仅包含 64 线激光点云、NovAtel 的相对运动以及定位状态。

数据中的点云使用 HDL-64ES3 采集，定位数据由 NovAtel SPAN-CPT 采集。定位信息经由采集程序处理，去除了绝对坐标。

（3）端到端演示数据。

数据主要来源于传感器的原始数据，包括图像、激光雷达、雷达等。端到端输入以图像为主。输出是车辆的控制决策指令，如方向盘角度、加速、制动。连接输入输出的是深度神经网络，即通过神经网络直接生成车辆控制指令，对车辆进行横向控制和纵向控制，中间没有人工参与的逻辑程序。

横向控制，主要是指通过方向盘控制车身横向移动，即方向盘角度。纵向控制，是指通过节气门和制动控制车身纵向的移动，即加速、制动等。

横向模型的输出没有采用方向盘角度，而是使用要行驶的曲率（即拐弯半径的倒数）。原因如下：①曲率更普适，不受车辆自身参数如 steering ratio、wheel base 等影响。②曲率与方向盘角度之间的函数关系简单，低速时通过 Ackermann 模型就可以反演，高速时通过一个简单的网络也可以拟合。故得到的横向控制模型就是：通过前向的影像，给出车辆要行驶的曲率。纵向模型的输出是加速度。

（4）自定位模块演示数据。

数据集提供了 1063 帧自定位测试数据，分为 testdata1 和 testdata2 两组，分别包含 586 帧和 477 帧连续帧数据。每帧测试数据包含一张彩色图像和对应的低精度 GNSS 数据和高精度 INS 数据，其中高精度 INS 数据只作为自定位真实值。采集区域为某高速公路，其中图像为 RGB 三通道彩色图像，分辨率为 1920×1208，采集频率为 30Hz，GNSS 数据频率为 8Hz，INS 数据频率为 20Hz。

该组测试数据主要测试自定位算法在正常高速道路不拥堵场景下的自定位能力。自车以 100km/s 左右速度正常行驶，覆盖巡航、变道、旁车超车等情形。

4）相关产品与服务

除开放数据外，Apollo 开发平台还配套开放云端服务，如图 6.30 所示，包括数据标注平台、训练平台、仿真平台和标定平台，为 Apollo 开发者提供一整套数据解决方案，加速迭代创新。

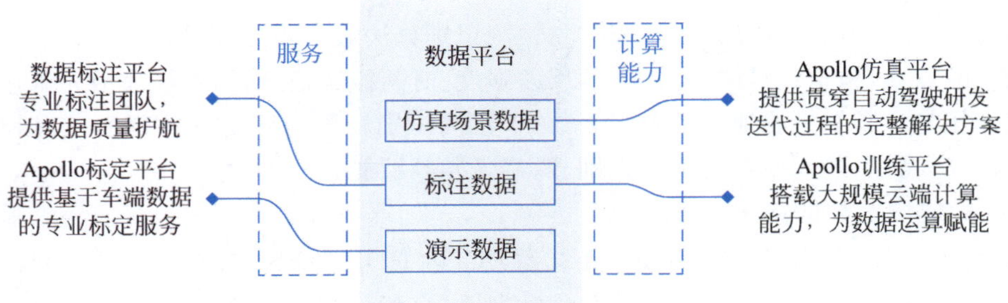

图 6.30 数据平台功能结构

6.3 本章小结

本章详细介绍了自动驾驶汽车使用的仿真平台和数据平台。其中，自动驾驶汽车的仿真平台包括各厂商推出的专用商业仿真平台，各自动驾驶技术公司自有的仿真平台和中国国内行业共建的仿真测试平台。仿真平台的出现极大提升了自动驾驶汽车的测试效率和测试完整度。自动驾驶汽车的数据平台需要 3 种能力：其一，规划化的实时处理能力；其二，机器学习及深度学习能力；其三，分布式运算能力。现在业界常见的自动驾驶数据集有 KITTI、Cityscapes、BDD100K、Mapillary 和 ApolloScape，其中，ApolloScape 提供了比同类数据集大 10 倍以上的数据量，包括感知、仿真场景、路网数据等数十万帧逐像素语义分割标注的高分辨率图像数据等。读者朋友需要了解的是，ApolloScape 和 Apollo 平台开放的数据平台不是同一套数据集，需分别至其官方网站下载使用。

参考文献

[1] Apollo 仿真开放平台[EB/OL]. [2019-04-06]. http://apollo.auto/platform/simulation_cn.html.
[2] Apollo 数据开放平台[EB/OL]. [2019-04-06]. http://data.apollo.auto/? locale=zh-cn&lang=en.
[3] Apollo 的数据开放平台介绍[EB/OL]. (2018-01-28) [2019-04-06]. https://www.jianshu.com/p/eb00a55a33a9.
[4] Apollo Scape[EB/OL]. [2019-04-06]. http://apolloscape.auto.
[5] The KITTI Vision Benchmark Suit[EB/OL]. [2019-04-06]. http://www.cvlibs.net/datasets/kitti/index.php.
[6] BDD100K: A Large-scale Diverse Driving Video Database[EB/OL]. (2018-05-30) [2019-04-06]. https://bair.berkeley.edu/blog/2018/05/30/bdd/.
[7] Cityscapes Dataset-Semantic Understanding of Urban Street[EB/OL]. [2019-04-06]. https://www.cityscapes-dataset.com.
[8] Mapillary[EB/OL]. (2017-09-06) [2019-04-06]. https://www.mapillary.com.